Smart City
智慧城市

智慧城市
大数据、互联网时代的城市治理
（第5版）

金江军 著

电子工业出版社
Publishing House of Electronics Industry
北京·BEIJING

内 容 简 介

智慧城市是大数据、互联网时代的城市治理方式。本书首先介绍了我国城镇化和城市信息化发展历程，建立了智慧城市的体系框架，阐述了城市信息学研究内容、研究方法以及与其他城市科学的关系，分析了国内外智慧城市发展情况，指出了智慧城市建设过程中存在的主要问题，提出了智慧城市发展对策。然后论述了物联网、云计算、移动互联网、大数据、人工智能、区块链等新一代信息技术及其在智慧城市中的应用，描述了信息基础设施、智慧政府、智慧经济、智慧社会、发展环境等智慧城市五大组成部分。最后提出城市的领导干部要树立信息化思维，阐述了信息化与"五位一体"总体布局、"四个全面"战略布局、新发展理念的关系。

本书适合全国各级城市的市领导和城市信息化主管，智慧城市产品和服务提供商，以及计算机应用、信息管理、公共管理、城市管理等专业的高年级本科生和研究生阅读。

未经许可，不得以任何方式复制或抄袭本书之部分或全部内容。
版权所有，侵权必究。

图书在版编目（CIP）数据

智慧城市：大数据、互联网时代的城市治理 / 金江军著. —5 版. —北京：电子工业出版社，2021.8
ISBN 978-7-121-41830-3

Ⅰ．①智… Ⅱ．①金… Ⅲ．①现代化城市－城市管理－研究 Ⅳ．①C912.81

中国版本图书馆 CIP 数据核字（2021）第 169600 号

责任编辑：张来盛（zhangls@phei.com.cn）
印　　刷：北京盛通数码印刷有限公司
装　　订：北京盛通数码印刷有限公司
出版发行：电子工业出版社
　　　　　北京市海淀区万寿路 173 信箱　邮编：100036
开　　本：720×1 000　1/16　印张：18.5　字数：384.8 千字
版　　次：2016 年 6 月第 1 版
　　　　　2021 年 8 月第 5 版
印　　次：2025 年 1 月第 9 次印刷
定　　价：78.00 元

凡所购买电子工业出版社图书有缺损问题，请向购买书店调换。若书店售缺，请与本社发行部联系，联系及邮购电话：（010）88254888，88258888。
质量投诉请发邮件至 zlts@phei.com.cn，盗版侵权举报请发邮件至 dbqq@phei.com.cn。
本书咨询联系方式：（010）88254467；zhangls@phei.com.cn。

序

习近平总书记指出,"没有信息化就没有现代化"。建设智慧城市,是推进城市治理体系和治理能力现代化的重要举措。

党中央、国务院高度重视智慧城市工作。《国家新型城镇化规划(2014—2020年)》提出"推进智慧城市建设",国家发展改革委、工信部、科技部、公安部、财政部、国土资源部、住建部、交通运输部等八部委2014年出台了《关于促进智慧城市健康发展的指导意见》,党的十八届五中全会提出"促进新型工业化、信息化、城镇化、农业现代化同步发展",《中共中央 国务院关于进一步加强城市规划建设管理工作的若干意见》提出"推进城市智慧管理",李克强总理在 2016 年的政府工作报告中提出了"打造智慧城市"。

近年来,全国许多城市都在建设智慧城市,既有成功经验,也有不少教训。目前智慧城市理论方法研究滞后于实践,导致智慧城市盲目建设、低水平重复建设等现象时有发生,亟待理论指导和顶层设计。金江军编写的这本书反映了智慧城市的一些新理论、新方法、新技术、新应用、新趋势以及作者的独到见解和最新研究成果,既有理论高度,又有一定的实际指导意义。

我国已经进入信息社会、互联网时代,以物联网、云计算、移动互联网和大数据为代表的新一轮信息技术革命正在深刻地影响、改变和重塑我国经济、政治、文化、社会、生态文明和党建等各个领域,从"城市管理"走向"城市治理"的技术条件已经具备。

作为城市的党政负责人,市(区、县)委书记和市(区、县)长应顺应时代发展潮流,学习智慧城市方面的知识,了解什么是智慧城市,为什么要建设智慧城市,如何建设智慧城市。本书深入浅出地回答了这些问题,值得各市(区、县)党政主要负责同志参阅。同时,打造智慧城市需要市(区、县)政府各个职能部门的密切配合,本书也值得各市(区、县)局委办领导干部在相关工作中参考。

2016 年 1 月,习近平总书记在省部级主要领导干部学习贯彻十八届五中全会精神专题研讨班开班式上强调:"党的干部是党的事业的骨干。要加强对干部的教育培训,开展精准化的理论培训、政策培训、科技培训、管理培训、法规培训,增强适应新形势新任务的信心和能力。"打造智慧城市，是走中国特色新型城镇化道路的必然要求。各市（区、县）委组织部和公务员局以及有关单位的人事教育部门等应加强智慧城市方面的干部培训，使领导干部们充分认识建设智慧城市的重要性、必要性和紧迫性，树立信息化思维，学会从信息化角度去思考、解决城市发展面临的问题，把城市治理好。

此外，打造智慧城市需要电信运营商、IT 企业、互联网企业、咨询公司等市场化力量和社会各界的共同参与，本书还值得与智慧城市相关从业人员和一切对智慧城市感兴趣的读者阅读。

中共中央党校原教育长（副部级）　李兴山

前　言

城镇化是中国经济发展的最大引擎。加快建设新型智慧城市，是新型城镇化的重要内容，是推进城市治理体系和治理能力现代化、推动城市高质量发展的重要举措。

党的十八大以来，习近平总书记对智慧城市作了一系列重要论述，多次强调加快推进新型智慧城市建设。2020年3月底，习近平总书记在杭州考察时指出："通过大数据、云计算、人工智能等手段推进城市治理现代化，大城市也可以变得更'聪明'。从信息化到智能化再到智慧化，是建设智慧城市的必由之路，前景广阔。"2021年3月，十三届全国人大四次会议通过的《中华人民共和国国民经济和社会发展第十四个五年规划和2035年远景目标纲要》，提出"分级分类推进新型智慧城市建设"。

党的十九大提出我们党要"善于运用互联网技术和信息化手段开展工作"。中共中央印发的《2018—2022年全国干部教育培训规划》提出"开展互联网、大数据、云计算、人工智能等新知识新技能学习培训"。近年来，越来越多的地方政府把智慧城市纳入干部培训内容。

自本书初版出版以来，受到许多领导干部的一致好评，多次改版、重印。近十多年来，著者主持了多个智慧城市规划编制项目和政策研究课题，多次在领导干部培训班上讲授智慧城市，多次担任智慧城市项目评审专家，应邀担任一些地方智慧城市专家咨询委员会专家顾问。

本次修订在第4版的基础上更新了书中的一些数据，补充了一些国内外智慧城市建设最新动态，解读了习近平总书记关于智慧城市的重要论述以及我国智慧城市方面的一些最新政策文件，增加了一些智慧城市方面的最新研究成果，补充了上海"一网通办"改革、浙江"最多跑一次"改革、佛山市禅城区"智信城市"建设等典型案例，增加了区块链、新基建、数字经济、工业互联网、平台经济、城市大脑、数字孪生城市、领导干部的大数据思维等方面的内容。

本次修订工作得到中央党校许多省部班、厅局班、中青班、县委书记班学员的支持和帮助,有的学员提出了很好的建议,有的学员还提供了相关素材,在此一并表示感谢。

智慧城市还处于不断发展过程中,由于著者才疏学浅,书中肯定存在不足之处,敬请读者批评指正。

著 者

2021 年 3 月 1 日

目　　录

第一章　绪论 ... 1

第一节　城镇化与信息化融合 ... 1
一、中国城镇化发展历程 ... 1
二、中国城市发展现状 ... 3
三、城市信息化建设的意义 ... 4

第二节　中国城市信息化发展历程 ... 6
一、数字城市 ... 6
二、信息城市 ... 7
三、智慧城市 ... 8
四、互联城市 ... 9

第三节　新型智慧城市的体系框架 ... 10
一、组成部分 ... 10
二、关键技术 ... 12

第四节　城市信息学 ... 16
一、研究内容 ... 16
二、研究方法 ... 17
三、与其他城市科学的关系 ... 17

第二章　国内外智慧城市建设进展 ... 23

第一节　国外智慧城市发展情况 ... 23
一、美国 ... 23
二、欧盟 ... 24
三、澳大利亚 ... 26
四、韩国 ... 27
五、新加坡 ... 30

第二节　中国智慧城市发展情况 ... 31
一、智慧城市规划和政策制定情况 ... 31
二、智慧城市试点情况 ... 32

第三节　中国智慧城市存在的问题 ... 35

第四节　中国智慧城市发展对策……………………………………………36

第三章　物联网技术及其在智慧城市中的应用………………………………**39**
　　第一节　物联网技术概述……………………………………………………39
　　　　一、内涵………………………………………………………………39
　　　　二、相关技术…………………………………………………………40
　　第二节　物联网技术在企业的应用…………………………………………42
　　　　一、应用现状…………………………………………………………42
　　　　二、存在的问题………………………………………………………46
　　　　三、发展对策…………………………………………………………46
　　第三节　物联网技术在政府部门的应用……………………………………47
　　　　一、应用现状…………………………………………………………47
　　　　二、发展对策…………………………………………………………54

第四章　云计算技术及其在智慧城市中的应用………………………………**56**
　　第一节　云计算技术概述……………………………………………………56
　　　　一、内涵与特点………………………………………………………56
　　　　二、主要类型…………………………………………………………57
　　　　三、优点分析…………………………………………………………59
　　第二节　云计算技术在企业的应用…………………………………………59
　　　　一、应用现状…………………………………………………………59
　　　　二、应用对策…………………………………………………………61
　　第三节　云计算对数字政府建设的影响分析………………………………62
　　第四节　政务云………………………………………………………………63
　　　　一、国外政务云发展现状……………………………………………63
　　　　二、中国政务云发展现状……………………………………………65
　　　　三、政务云发展对策…………………………………………………66

第五章　移动互联网技术及其在智慧城市中的应用…………………………**68**
　　第一节　移动互联网和移动终端……………………………………………68
　　　　一、移动通信技术……………………………………………………68
　　　　二、Wi-Fi 和 WLAN…………………………………………………70
　　　　三、智能终端…………………………………………………………71
　　　　四、我国移动互联网发展情况………………………………………72

第二节　"两微一端" ·· 73
　　　　一、微博 ·· 73
　　　　二、微信 ·· 73
　　　　三、移动客户端（App） ··· 74
　　第三节　移动电子商务 ·· 76
　　第四节　移动电子政务 ·· 76
　　　　一、移动电子政务的优点 ··· 77
　　　　二、移动电子政务发展趋势 ··· 78
　　　　三、移动电子政务发展对策 ··· 79
　　　　四、政府 App 发展对策 ··· 80

第六章　大数据技术及其在智慧城市中的应用 ·· 81
　　第一节　大数据技术概述 ·· 81
　　　　一、历史背景 ··· 81
　　　　二、内涵和特点 ··· 82
　　　　三、关键技术 ··· 83
　　第二节　领导干部的大数据思维 ··· 84
　　第三节　国外政府大数据战略 ··· 85
　　　　一、美国政府大数据计划 ··· 85
　　　　二、澳大利亚公共服务大数据战略 ··· 87
　　第四节　政府大数据 ·· 89
　　　　一、必要性和可行性分析 ··· 89
　　　　二、应用现状 ··· 91
　　　　三、相关政策 ··· 100
　　　　四、发展对策 ··· 102
　　第五节　公共数据资源开放 ·· 103
　　　　一、国外公共数据资源开放情况 ··· 103
　　　　二、国内公共数据资源开放情况 ··· 107
　　　　三、公共数据资源开放对策 ··· 110

第七章　人工智能及其在智慧城市中的应用 ·· 112
　　第一节　人工智能概述 ·· 112
　　　　一、发展情况 ··· 112
　　　　二、相关技术和应用 ·· 112

第二节　我国人工智能发展情况 116
　　　　一、发展现状 116
　　　　二、存在的问题 116
　　　　三、发展对策 117
　　第三节　机器人 118
　　　　一、工业机器人 118
　　　　二、生活机器人 120
　　　　三、特种机器人 120
　　　　四、军用机器人 120
　　第四节　新硬件 121
　　第五节　人工智能在智慧政府中的应用 123
　　　　一、人工智能在政府部门的应用 123
　　　　二、典型案例 126

第八章　区块链及其在智慧城市中的应用 128
　　第一节　区块链概述 128
　　　　一、区块链的特点与类型 128
　　　　二、区块链的应用价值 129
　　　　三、相关政策 130
　　第二节　区块链技术在政府部门的应用 130
　　　　一、司法公信 131
　　　　二、政务服务 132
　　　　三、市场监管 132
　　　　四、其他领域 133
　　第三节　佛山市禅城区的区块链技术应用实践 135
　　　　一、发展背景 135
　　　　二、主要做法 136
　　　　三、典型应用 138

第九章　智慧城市的"新基建" 141
　　第一节　"新基建"概述 141
　　　　一、"新基建"的范畴 141
　　　　二、新型信息基础设施与"新基建"的关系 142
　　　　三、新型信息基础设施的类型 142

第二节　网络基础设施……………………………………………………143
　　一、宽带城域网………………………………………………………143
　　二、5G 网络…………………………………………………………144
　　三、政务网络…………………………………………………………144
第三节　数据基础设施……………………………………………………144
　　一、数据中心…………………………………………………………144
　　二、基础信息库………………………………………………………145
第四节　计算基础设施……………………………………………………148
　　一、云计算平台………………………………………………………148
　　二、超算中心…………………………………………………………148
第五节　智能基础设施……………………………………………………149
　　一、智能测温系统……………………………………………………149
　　二、城市大脑…………………………………………………………149
第六节　安全基础设施……………………………………………………153
　　一、公钥基础设施（PKI）……………………………………………154
　　二、授权管理基础设施（PMI）………………………………………154
　　三、密钥管理基础设施（KMI）………………………………………155
　　四、数据灾备中心……………………………………………………155

第十章　智慧政府……………………………………………………156

第一节　国外数字政府发展情况…………………………………………156
　　一、美国………………………………………………………………156
　　二、英国………………………………………………………………159
　　三、德国………………………………………………………………161
　　四、澳大利亚…………………………………………………………162
　　五、日本………………………………………………………………163
第二节　智慧政府概述……………………………………………………164
　　一、内涵与特征………………………………………………………164
　　二、体系框架…………………………………………………………165
　　三、发展对策…………………………………………………………166
第三节　政府知识管理和政务智能………………………………………167
　　一、知识管理…………………………………………………………167
　　二、政务智能…………………………………………………………170
第四节　互联网＋政务服务………………………………………………172
　　一、相关政策…………………………………………………………172

二、上海"一网通办"改革 …………………………………… 174
　　三、浙江"最多跑一次"改革 …………………………………… 176
　　四、"互联网＋政务服务"发展对策 …………………………… 184

第十一章　智慧经济 …………………………………………… 186
第一节　数字经济 …………………………………………… 186
　　一、内涵和意义 ………………………………………………… 186
　　二、发展对策 …………………………………………………… 188
第二节　智能制造 …………………………………………… 189
　　一、国外智能制造战略 ………………………………………… 189
　　二、中国智能制造发展对策 …………………………………… 191
第三节　工业互联网 ………………………………………… 195
第四节　3D打印技术 ………………………………………… 196
　　一、3D打印类型 ………………………………………………… 197
　　二、3D打印应用领域 …………………………………………… 197
第五节　智慧产业和智慧企业 ……………………………… 199
　　一、智慧产业 …………………………………………………… 199
　　二、智慧企业 …………………………………………………… 201
　　三、深化新一代信息技术在小微企业的应用 ………………… 203
第六节　智能产品 …………………………………………… 204
　　一、内涵分析 …………………………………………………… 204
　　二、发展现状 …………………………………………………… 205
　　三、发展对策 …………………………………………………… 208
第七节　共享经济与平台经济 ……………………………… 208
　　一、共享经济 …………………………………………………… 208
　　二、平台经济 …………………………………………………… 210

第十二章　智慧社会 …………………………………………… 212
第一节　智慧教育 …………………………………………… 212
　　一、主要特征 …………………………………………………… 212
　　二、体系框架 …………………………………………………… 213
　　三、新一代信息技术在智慧教育中的应用 …………………… 214
　　四、发展对策 …………………………………………………… 216
第二节　智慧医疗 …………………………………………… 217
　　一、主要特征 …………………………………………………… 217

二、新一代信息技术在智慧医疗中的应用……218
　　三、智慧医院……220
第三节　智慧社区……220
　　一、内涵和特点……220
　　二、新一代信息技术在智慧社区中的应用……221
　　三、发展现状……222
　　四、发展对策……223
第四节　智慧家庭……224
　　一、智能家电……225
　　二、智能家具……226
第五节　智慧旅游……227
　　一、内涵与特征……227
　　二、体系框架……228
　　三、关键技术……229
　　四、发展现状……230
　　五、相关政策……231
　　六、发展对策……232

第十三章　智慧城市发展环境……234

第一节　政策环境……234
　　一、习近平总书记关于智慧城市的重要论述……234
　　二、智慧城市相关国家政策……235
第二节　经济环境……236
　　一、数字经济发展情况……236
　　二、信息通信技术产业发展情况……237
第三节　社会环境……237
　　一、互联网普及率快速提高……237
　　二、信息化在改善民生方面成效显著……238
第四节　技术环境……239
　　一、新一代信息技术快速发展……239
　　二、信息系统国产化程度不断提高……240

第十四章　强化城市治理的信息化思维……242

第一节　树立信息化思维……242
　　一、领导决策的信息化思维……243

二、城市安全的信息化思维 243
　　三、经济发展的信息化思维 244
　　四、政府履职的信息化思维 244
第二节　信息化与"五位一体"总体布局 245
　　一、信息化与经济建设 245
　　二、信息化与政治建设 249
　　三、信息化与文化建设 251
　　四、信息化与社会建设 253
　　五、信息化与生态文明建设 254
第三节　信息化与"四个全面"战略布局 257
　　一、信息化与全面建设社会主义现代化国家 257
　　二、信息化与全面深化改革 261
　　三、信息化与全面依法治国 263
　　四、信息化与全面从严治党 265
第四节　信息化与新发展理念 267
　　一、信息化与创新发展 267
　　二、信息化与协调发展 268
　　三、信息化与绿色发展 268
　　四、信息化与开放发展 269
　　五、信息化与共享发展 269

附录A　智慧城市相关政策文件 271

参考文献 274

后记 281

第一章 绪 论

近年来,物联网、云计算、移动互联网、大数据、人工智能、区块链等新一代信息技术飞速发展。这些新技术的推广应用,对于政府部门的行政管理和公共服务,企业的经营管理和商业模式,以及人民群众的生产生活,都产生了深刻的影响。目前,城市信息化正逐步从数字化、网络化向智能化、智慧化方向发展。加快构建新型智慧城市,是中国走集约化、智能化、绿色低碳的新型城镇化道路的必然要求。

第一节 城镇化与信息化融合

城镇化是指人口和产业活动在空间上集聚、乡村地区转变为城市地区的过程。城镇化是社会生产力发展到一定阶段,农村人口转化为非农村人口,人口向城镇集聚,农村地区转化为城镇地区,城镇数量增加的过程。

一、中国城镇化发展历程

从 1949 年新中国成立到 1978 年"十一届三中全会"以前,中国城镇化相当缓慢。在这 30 年中,中国城镇化率在 10%～20%之间徘徊,如图 1-1 所示。

图 1-1 1949—1978 年中国城镇化率

1949—1978 年期间中国城镇化具有如下 5 个特点:(1)政府是城镇化动力机制的主体;(2)城镇化对非农劳动力的吸纳能力很低;(3)城镇化的区域发展受高度集中的计划体制的制约;(4)劳动力的职业转换优先于地域转换。(5)城市运行机制具有非商品经济的特征。这种城镇化的结果是形成了城乡之间相互隔离和相互封闭的二元社会。1978 年改革开放以后的中国城镇化是在国民经济高速增长条件下迅速推进的，城乡之间的壁垒逐渐松动并被打破，特别是乡镇企业的发展，使得中国的城镇化呈现出以小城镇迅速扩张、人口就地城镇化为主的特点[82]。

改革开放以来，我国的城镇化进程大致经历了以下 3 个阶段[78]：

（1）恢复期（1978—1984 年）。这个时期城镇化的主要动力是农村经济体制改革，"先进城后建城"的特征比较明显。第一，大约有 2000 万上山下乡的知识青年和下放干部返城并就业，高考的全面恢复和迅速发展也使得一批农村学生进入城市；第二，城乡集市贸易的开放和迅速发展，使得大量农民进入城市和小城镇，出现大量城镇暂住人口；第三，乡镇企业开始崛起，促进了小城镇的发展；第四，城市建设投资力度加大，改善了城市面貌。1978—1984 年中国城镇化率如图 1-2 所示。

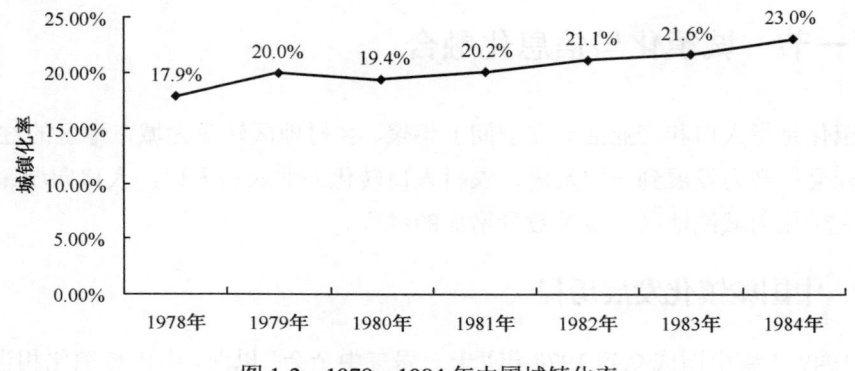

图 1-2　1978—1984 年中国城镇化率

（2）稳步增长期（1985—1999 年）。这个时期城镇化的主要动力是乡镇企业和城市改革。东南沿海地区出现了大量新兴的小城镇和经济开发区。1999 年，中国城镇化率达 30.89%，比 1978 年提高了约 13%。1985—1999 年中国城镇化率如图 1-3 所示。

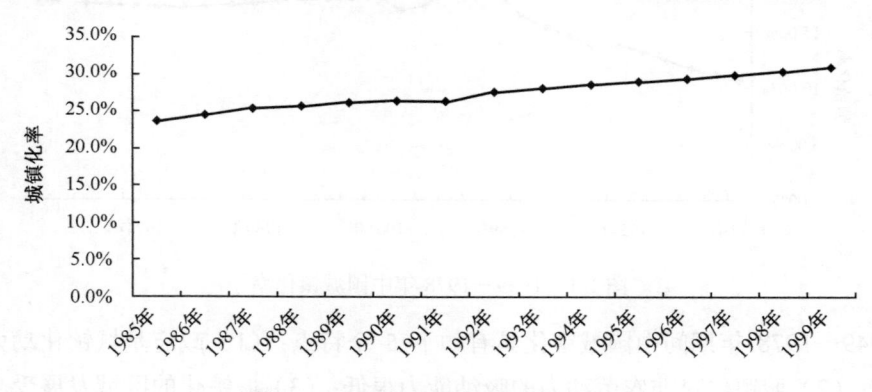

图 1-3　1985—1999 年中国城镇化率

（3）快速增长期（2000年至今）。我国城镇化已从沿海向内地全面展开，农民工大量进城，城市规模快速扩张，生产要素在城市快速集聚。中心城市带动区域发展的作用日益显现，长三角、珠三角、环渤海等城镇密集地区的经济发展十分活跃。2000年到2019年，中国城镇化率由36.2%提高到60.6%，提高了24.4个百分点。2011年，中国城市人口首次超过农村人口。2000—2019年中国城镇化率如图1-4所示。

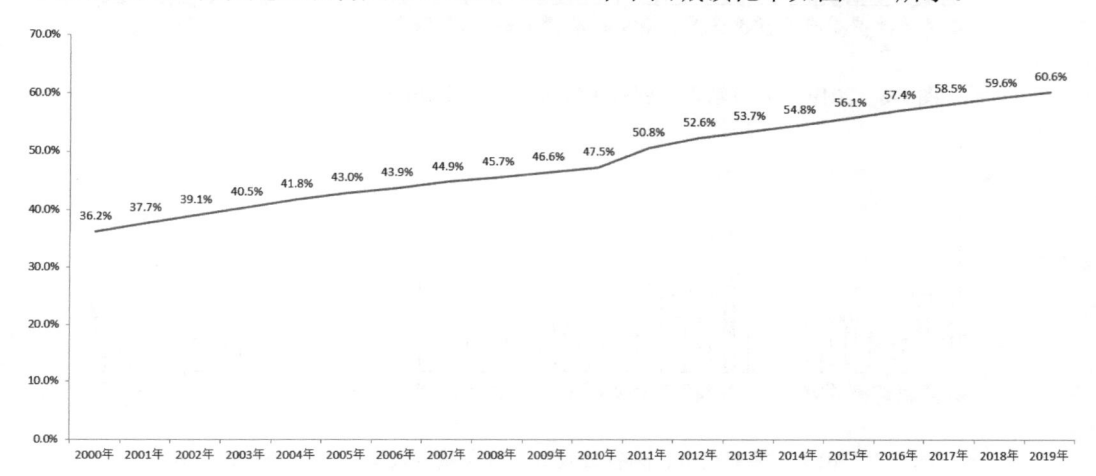

图1-4　2000—2019年中国城镇化率

二、中国城市发展现状

根据国家统计局出版的《2020年中国统计年鉴》，2019年末全国地级及以上城市297个，其中市辖区户籍人口400万人以上的20个，200万~400万人的44个，100万~200万人的98个，50万~100万人的88个，20万~50万人的39个，20万人以下的8个。2019年全国直辖市、副省级城市、省会城市户籍人口和经济状况如图1-5至图1-7所示。

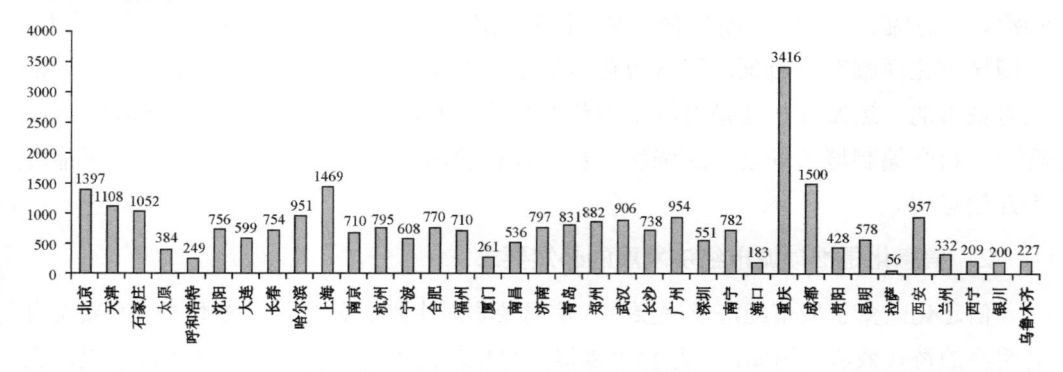

图1-5　2019年各直辖市、副省级城市、省会城市户籍人口总数（单位：万人）

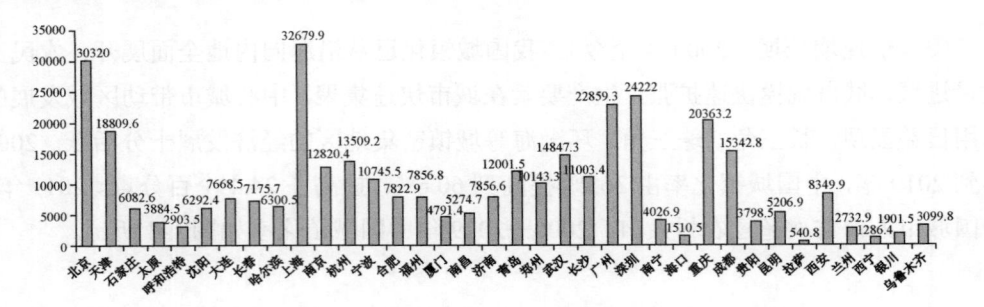

图 1-6　2019 年各直辖市、副省级城市、省会城市 GDP 总量（单位：亿元）

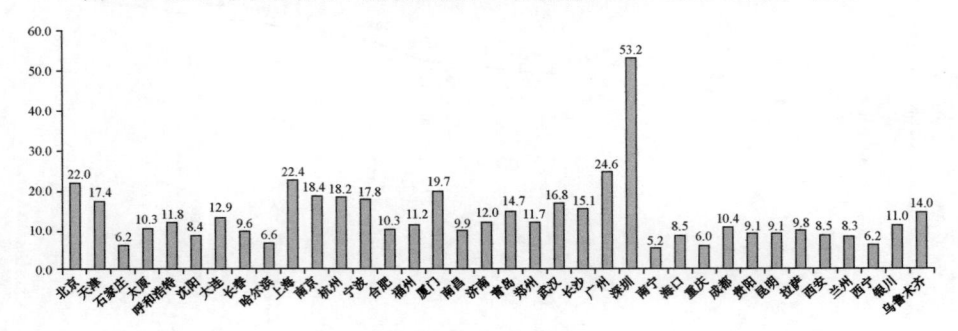

图 1-7　2019 年各直辖市、副省级城市、省会城市人均 GDP（单位：万元）

三、城市信息化建设的意义

目前，中国正处于城镇化加速阶段，城市在我国国民经济社会发展中发挥着越来越重要的作用。工业增加值的 60%、第三产业增加值的 85%、国内生产总值的 70%、国家税收的 80% 都来自城市。可见，城市信息化是国家信息化的核心和龙头。

1．信息化是合理指导城镇化工作的必然要求

20 世纪 80 年代以后，中国城镇化进入快速发展时期。在城镇化进程中，人流、物流、信息流、资金流不断集聚进来，同时向附近区域辐射出去。陈述彭院士认为，中国城镇化面临双重瓶颈，即城镇化滞后于工业化，信息化又滞后于城镇化，无论是对城市的长远发展，还是对城市地位的提升，都产生了明显的制约。在城镇化过程中，科学编制城市规划、加强城市建设项目管理、保障城市健康运行等方面都离不开信息化。

2．信息化是推动城市经济发展的必然要求

信息化改变了城市经济发展要素，信息要素对土地、劳动力、资本等生产要素有着明显的替代效应。例如，信息化可以提高单位用地面积的产出；信息化可以提高企业生产率，减少用工需求；信息化可以提高企业流动资金周转效率。电子商务的发展使城市区位对经济发展的影响不如以前那么大。信息化可以改变过去城市经济发展成本、代价过高的局面，减少资源、能源消耗，减少污染物排放，减少拆迁、占地等引发的社会矛盾。此外，信息化可以增强城市工业、服务业、信息产业等产业的竞争力，催生互联网经济等新的经济增长点。

3．信息化是实现城市可持续发展的重要途径

在中国，城市在让人们享受物质文明的同时，也使人们受到城市病的困扰，如交通拥堵（见图 1-8）和环境污染，容易爆发传染性疾病，诱发地面沉降和地裂缝等地质灾害。信息化为中国城市可持续发展提供了新的手段。例如，建设智能交通系统，缓解城市交通拥堵；建设城市环境自动监测系统、地质灾害监测预警系统，及时采取有效措施，提高城市宜居水平。

图 1-8 中国许多城市的交通越来越拥堵（源自新华社）

4．信息化是实现城市国际化的重要基础

随着经济的全球化，中国大城市的国际化步伐也在加快，越来越多的中小城市也积极争取融入全球经济。信息化在国际贸易、旅游、文化交流等方面具有非常重要的作用。例如，通过建设外文版的城市门户网站，通过国外社交媒体宣传城市，可以让世界认识中国的城市。综观纽约、伦敦、巴黎、柏林、东京、首尔、新加坡、香港等国际大都市，它们在信息化方面都走在全球城市的前列。

目前，现代信息通信技术（ICT）已经渗透到城市政治、经济、社会各个领域，并深刻改变着市民的工作、生活和思维方式。中国城市经济、社会发展面临诸多制约因素，要实现中国城市的转型发展，必须将信息化纳入城市发展战略，采取切实、有效的措施，不断提升城市信息化水平。

第二节 中国城市信息化发展历程

从城市信息化发展历程来看，从数字城市到智慧城市是一脉相承的。正如从数据到信息再到知识，城市信息化也经历了数字城市、信息城市、智慧城市、新型智慧城市四个发展阶段，如表1-1所示。

表1-1 我国城市信息化发展历程

序号	出现时间	发展阶段	关键技术	特征	国内重点发展时期
1	1998年	数字城市	空间信息技术	数字化	"十五"期间
2	2006年	信息城市	信息技术	信息化	"十一五"期间
3	2009年	智慧城市	物联网、云计算、大数据等新一代信息技术	智能化	"十二五"、"十三五"期间
4	2016年	新型智慧城市	5G、人工智能、区块链等新一代信息技术	智慧化	"十四五"期间

一、数字城市

数字城市是指以地理空间坐标为框架，以空间信息技术为主要手段，对信息资源进行整合的支撑平台或环境。

数字城市这一概念引申于数字地球。1998年1月31日，时任美国副总统戈尔在美国加利福尼亚科学中心发表了题为"数字地球：在21世纪认识我们的行星（The Digital Earth：Understanding Our Planet in The 21st Century）"的讲演，提出了"数字地球"这个概念。"数字地球"是指可以嵌入海量地理数据的、多分辨率的、真实地球的三维表示。谷歌地球（Google Earth）就是"数字地球"的原型系统。

"数字地球"概念传到中国，引起了我国专家学者极大的关注。1998年11月，中科院地学部在北京香山饭店召开了有12位院士和其他30多位专家参加的座谈会，专家们就数字地球进行了研讨。中国科学院专门成立了对地观测与数字地球科学中心。2006年5月，国际数字地球协会在北京成立。这是少数总部设在中国的国际性学术组织。

"数字地球"概念传到中国后不久，北京大学、中科院等单位的一批专家学者就提出了"数字城市"的概念。随后许多GIS企业推出了"数字城市"产品和解决方案，一大批城市陆续提出建设"数字城市"并着手开展"数字城市"规划和建设。"数字城市"成为"十五"期间我国信息化的热点。

数字城市的关键技术是空间信息技术，如遥感、地理信息系统、卫星定位系统。

这些空间信息技术广泛应用于城市规划、建设和管理领域。例如，采用地理信息系统（GIS）技术可以建立城市三维模型，使城市管理部门可以很直观地对现实世界的城市进行管理，如图1-9所示。

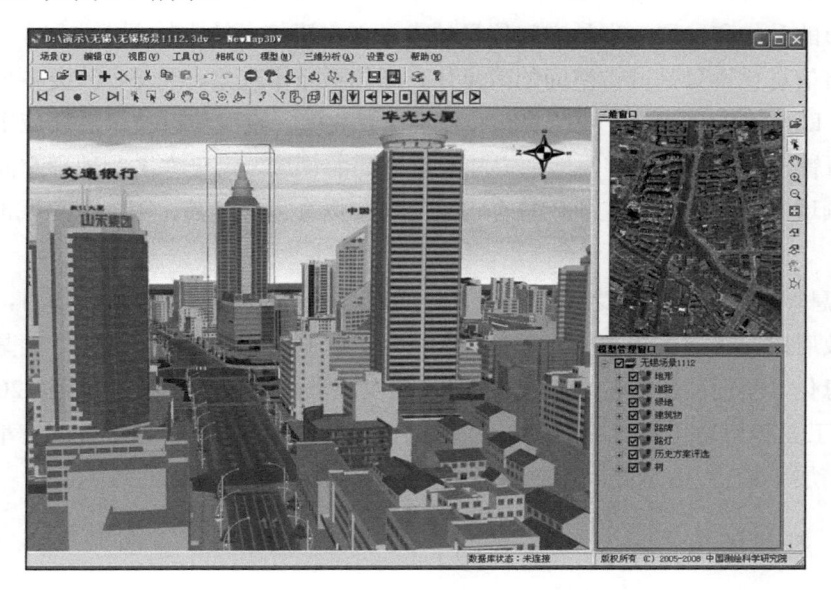

图1-9　城市三维地理信息系统示例

二、信息城市

信息城市是信息社会一种新的城市形态。1991年，美国加州大学伯克利分校教授曼纽尔·卡斯泰尔（Manuel Castells）出版了《信息化城市》（The Informational City）一书，对信息时代的城市形态、城市空间等进行了描述。他认为：信息时代正在展现一种新的城市形式，即信息城市。

2006年，金江军等在《城市信息化方法与实践》一书中提出了"信息城市"的概念，并指出了信息城市与数字城市的区别：前者只是强调用计算机模拟城市空间，即城市地理可视化，多用于城市规划、城市地籍管理、城市管线、城市道路交通、城市水利电力等各种与空间分布密切相关的领域；信息城市是一个比数字城市更加广泛的概念，除了各种城市地理可视化应用以外，还包括工商、税务、教育、社会保障等其他信息化领域，这些领域地理可视化应用并不突出。从其技术基础来说，数字城市的基础是以地理信息系统为核心的空间信息技术，而信息城市的技术基础则包括除了空间信息技术以外的主流信息技术（ICT）。

可见，数字城市强调城市空间的地理可视化，将城市经济和社会数据叠加在地理信息系统上；而信息城市的内涵比数字城市广，包括城市各个领域的信息化，将空间信息技术融入主流信息通信技术（ICT）。

当然，数字城市和信息城市是密切联系的。城市地理信息系统是许多城市信息化领域的基础平台，各种城市地理信息系统是城市信息化的重要组成部分。信息城市是数字城市的升华和发展，也是空间信息技术融入主流信息技术的必由之路。

城市信息化不只是城市空间的信息化，还包括城市政治、经济、社会各个领域的信息化，即政府信息化、产业信息化、社会信息化等。空间信息技术主要应用城市规划、城市管理、城市交通等与地理空间关系密切的领域。对于许多与地理空间关系不密切的领域，如信息化与工业化融合，数字城市概念无法涵盖，用"信息城市"更妥当些。

"信息城市"概念提出之后，得到广州等一些城市的响应。2009年5月，广州市委、市政府出台了《关于加快"信息广州"建设的意见》，提出用5年时间基本建成高度信息化、全面网络化的"信息广州"，跻身亚洲信息化先进城市行列。2009年、2010年工业和信息化部、中科院、北京市经济和信息化委员会等单位连续举办了信息城市高层论坛。"信息城市"成为"十一五"期间我国信息化的热点。

三、智慧城市

随着物联网、云计算等新一代信息技术的快速发展，2009年1月，IBM公司的首席执行官彭明盛（Sam Palmisano）在一次美国工商业领袖圆桌会议上提出了"智慧地球"（Smart Planet）这一概念。与当年"数字地球"传到国内出现"数字城市"概念类似，"智慧地球"传到国内就出现了"智慧城市"（Smart City）的概念。

智慧城市是指通过广泛采用物联网、云计算、移动互联网、大数据等新一代信息技术，提高城市规划、建设、管理、服务、生产、生活的自动化、智能化水平，使城市运转更高效、更敏捷、更低碳。智慧城市是继数字城市、信息城市之后城市信息化的高级阶段，是中国城市转型发展的重要方向。

值得指出的是，由于"智慧地球"概念是IBM公司提出的，一些领导干部对使用"智慧城市"这个词存在顾虑，因而改用"智能城市""感知城市"等词。实际上，智慧城市是城市信息化的发展方向。即使IBM公司不提出"智慧地球"概念，城市信息化也会发展到智慧城市阶段。而且，在IBM公司提出"智慧地球"概念以前，新加坡早就提出了"智能岛"的概念，韩国U-city的发展目标也是智慧城市。此外，还有"智能建筑""智能交通"等类似概念。从字面意思来看，"智慧城市"比"感知城市"这个词要好，因为信息化不能停留在"感知"层面，感知之后还要进行数据处理，要采取相应的行动。

习近平总书记多次强调推进新型智慧城市建设。2016年4月，习近平总书记在网络安全和信息化工作座谈会上指出，要以信息化推进国家治理体系和治理能力现代化，统筹发展电子政务，构建一体化在线服务平台，分级分类推进新型智慧城市建设，打通信息壁垒，构建全国信息资源共享体系，更好用信息化手段感知社会态势、畅通沟通渠道、辅助科学决策。

2018年10月31日，习近平总书记在主持中共中央政治局第九次集体学习时指出，推进智慧城市建设，促进人工智能在公共安全领域的深度应用，加强生态领域人工智能运用，运用人工智能提高公共服务和社会治理水平。

2019年10月24日，习近平总书记在主持中共中央政治局第十八次集体学习时指出，要推动区块链底层技术服务和新型智慧城市建设相结合，探索在信息基础设施、智慧交通、能源电力等领域的推广应用，提升城市管理的智能化、精准化水平。

新型智慧城市的"新"主要体现在新时代、新任务、新目标。随着中国特色社会主义进入新时代，智慧城市建设面临新任务。传统智慧城市偏重城市管理，目标是提升城市管理水平；而新型智慧城市侧重城市治理，目标是推进城市治理体系和治理能力现代化、推动城市高质量发展。

四、互联城市

随着互联网、物联网的快速发展，人类社会逐渐进入万物互联时代。2015年3月，李克强总理在政府工作报告中提出制定"互联网＋"行动计划。2015年7月，国务院印发了《国务院关于积极推进"互联网＋"行动的指导意见》，确定了创业创新、协同制造、现代农业、智慧能源、普惠金融、益民服务、高效物流、电子商务、便捷交通、绿色生态和人工智能等11个"互联网＋"重点行动。2015年10月，党的十八届五中全会提出实施"互联网＋"行动计划。

"互联网＋"是把互联网的创新成果与经济社会各领域深度融合，推动技术进步、效率提升和组织变革，提升实体经济创新力和生产力，形成更广泛的以互联网为基础设施和创新要素的经济社会发展新形态。其中"＋"的含义是指融合、创新和改变，即互联网与各行各业、各个领域融合，创新商业模式和政府管理方式，改变人们的生产、生活。

"互联网＋城市"（简称"互联城市"）是指互联网融入城市经济社会的各个领域，创新城市规划、城市建设、城市管理等城市发展模式。互联城市实现了城市要素之间的互联互通，是城市信息化发展的新阶段。

城镇化和信息化是当前和今后一个时期中国经济、社会发展的重要内容，新型智慧城市建设成为新时代中国城市发展的重要主题。目前，我国许多城市发展面临诸多难题。建设新型智慧城市，是解决或缓解各类"城市病"，推进城市治理体系和治理能力现代化，推动城市高质量发展，保障城市可持续发展的重要途径。

> 运用大数据、云计算、区块链、人工智能等前沿技术推动城市管理手段、管理模式、管理理念创新，从数字化到智能化再到智慧化，让城市更聪明一些、更智慧一些，是推动城市治理体系和治理能力现代化的必由之路，前景广阔。
> ——2020年3月习近平总书记在考察杭州城市大脑运营指挥中心时的讲话

第三节　新型智慧城市的体系框架

新型智慧城市包括新型信息基础设施、智慧政府、智慧经济、智慧社会、智慧城市发展环境五大部分。与智慧城市密切相关的关键技术是物联网、云计算、大数据、人工智能、5G、区块链等新一代信息技术。

一、组成部分

智慧城市包括新型信息基础设施、智慧政府、智慧经济、智慧社会、智慧城市发展环境五大部分，如图1-10所示。众所周知，城市包括政治、经济、社会三个主要方面。相应地，智慧政府、智慧经济、智慧社会是智慧城市的三大领域。

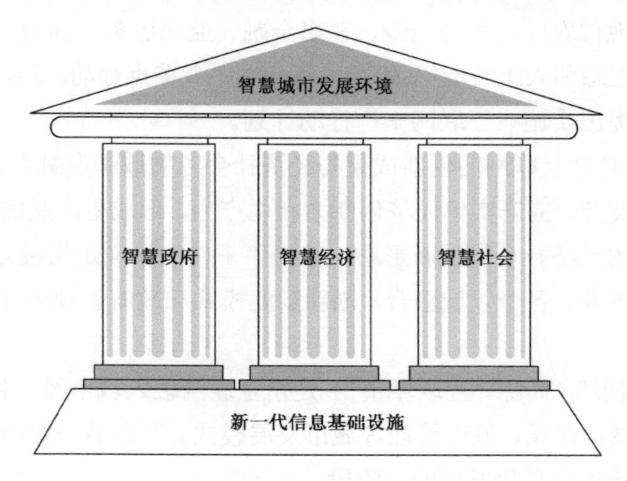

图1-10　智慧城市的五大组成部分

1. 新型信息基础设施

"新基建"是新型基础设施建设的简称，包括新型信息基础设施、新型交通基础设施、新型物流基础设施、新型能源基础设施、新型水利基础设施等。新型信息基础设施也被称为"数字基础设施"或"数字基建",是"新基建"的重要组成部分。

新型信息基础设施分为网络基础设施、计算基础设施、数据基础设施、智能基础设施和安全基础设施等类型。其中网络基础设施包括5G网络、物联网、工业互联网等,计算基础设施包括云计算平台、超算中心等,数据基础设施包括各类数据中心、基础信息库和专题数据库等,智能基础设施包括人脸识别系统、城市大脑等,安全基础设施包括公钥基础设施(PKI)、CA认证中心等。

随着城市信息化建设的深入发展,要求城市信息基础设施的性能也要相应提高。新型城市信息基础设施主要包括5G网络、城域物联网、云计算平台、城市大数据中心、城市大脑等。各级城市应根据中央决策部署,建设"光网城市""无线城市""云上城市"和"高清城市"等,形成"高速、泛在、集约、安全"的新型信息基础设施。

2. 智慧政府

现代政府事务日益复杂,传统政府的智能水平已经难以应付这种新的形势。随着物联网、云计算、大数据、人工智能、5G、区块链等新一代信息技术飞速发展,电子政务正由电子政府到智慧政府转变。智慧政府是指利用物联网、云计算、大数据、人工智能、5G、区块链等新一代信息技术,提高政府办公、监管、服务、决策的智能化水平,形成高效、敏捷、便民的新型政府。智慧政府是电子政务发展的高级阶段。与传统电子政务相比,智慧政府具有透彻感知、快速反应、主动服务、科学决策等特征。

3. 智慧经济

智慧经济也被称为"智能经济",是数字经济的重要内容,包括智慧产业化和产业智慧化。智慧产业化是指发展智力密集型产业,如物联网产业、云计算产业、大数据产业、人工智能产业、5G产业、区块链产业和数字创意产业等。产业智慧化是指提高传统工业、农业和服务业智能化水平,如发展智能制造、智慧农业、智慧旅游、智慧医疗、智慧教育等。2011年6月,美国政府确立了智慧制造(Smart Manufacturing)四个方面的优先行动计划,包括为智能制造搭建工业建模与仿真平台,可负担的工业数据采集和管理系统,业务系统、制造工厂和供应商企业级集成,以及智慧制造的教育和培训。在我国,《中国制造2025》把智能制造作为两化融合的主攻方向。

> 要培育具有重大引领带动作用的人工智能企业和产业,构建数据驱动、人机协同、跨界融合、共创分享的智能经济形态。
> ——2018年10月习近平总书记在主持中共中央政治局第九次集体学习时的讲话

智慧经济的主体是智慧企业。智慧企业是指生产经营智能化水平较高的企业，是企业信息化发展的高级阶段。智慧企业在研发设计、生产制造、经营管理、市场营销等关键环节以及综合集成的智能化程度较高，商业智能（BI）系统、知识管理系统等在企业得到应用，企业仿佛拥有"数字神经系统"。与传统企业相比，智慧企业具有学习和自适应能力，能够灵敏地感知到企业内外环境变化并快速作出反应。

4．智慧社会

智慧社会是指高度智能化的社会。智慧社会主要包括两个方面的内容：一是社会事业的智能化，如智慧教育、智慧医疗、智慧养老等；二是市民生活的智能化，如智慧社区、智慧家庭。智慧社会是社会信息化发展的高级阶段。构建智慧社会，是保障和改善民生的重要内容。

5．智慧城市发展环境

智慧城市发展环境主要包括政治环境、经济环境、社会环境、技术环境等。例如，与智慧城市相关的管理体制、政策法规、标准规范、人才队伍、资金投入、产业支撑等。智慧城市发展环境的好坏，直接影响智慧城市建设的进度和质量。因此，有关城市应理顺智慧城市建设的体制机制，构建良好的发展环境。

值得指出的是，如果智慧城市建设完全由政府主导，那政府就错位、越位了。智慧城市包括智慧政府、智慧经济、智慧社会三大领域。智慧政府建设应由政府主导，而智慧经济建设则应发挥企业的主体作用，智慧社会建设需要社会各界的力量和参与。

二、关键技术

物联网、云计算、移动互联网、大数据、人工智能、区块链、虚拟现实等新一代信息技术是智慧城市的关键技术。

1．物联网技术

物联网（Internet of Things）是不同传感器之间按约定的协议进行信息交换和通信，以实现物品的智能化识别、定位、跟踪、监控和管理的一种网络。简单地说，物联网就是通过传感器联网，以实现物与物之间的通信。物联网将人与人之间的通信连接扩展到人与物、物与物之间的通信。

物联网技术在城市交通管理、城市环境监测、城市灾害预警、重要场所安防等领域具有广阔的应用前景，可以提高有关政府部门监管水平和快速反应能力，减少人民生命和财产损失，方便人民群众生产生活。

2. 云计算技术

云计算（Cloud Computing）是一种可以随时随地方便地、按需地通过网络访问可配置计算资源的共享池的模式，这个池可以通过最低成本的管理或与服务提供商交互来快速配置和释放资源。按部署方式，云计算分为公共云、私有云和混合云三类。按服务内容，云计算分为基础设施即服务（IaaS）、平台即服务（PaaS）、软件即服务（SaaS）、数据即服务（DaaS）等类型。

云计算行业可以比喻成电力行业，与"发电－输电－用电"过程类似：软硬件集中部署在云计算中心/平台（就像"发电站"），用户使用云计算中心/平台的资源（就像"用电"），而互联网就是"输电线"。对于许多硬件设备和软件，就像不需要每家每户配备发电机而直接买电一样，用户也不需要这些硬件设备和软件而直接使用云计算中心/平台的资源。

云计算技术正好切合我国当前一些城市电子政务集中化趋势。例如，建设基于云计算的城市数据中心或超算中心，推进市政府各部门的机房大集中，实现统一运维。建设基于云计算技术的市政府网站群，形成以城市政府门户网站为主网站、部门网站为子网站的政府网站群。建设基于云计算技术的城市综合信息服务平台，推进业务应用信息系统互联互通，促进信息共享和业务协同。

3. 移动互联网技术

移动互联网就是移动通信与互联网的结合。近年来，随着中国移动、中国电信、中国联通三大电信运营商 4G/5G 业务的开展，全国各地无线城市建设的兴起，以及移动智能终端的普及，中国移动互联网将进入飞速发展阶段。根据中国互联网络信息中心发布的《第 47 次中国互联网络发展状况统计报告》，截至 2020 年 12 月，我国手机网民规模达 9.86 亿人，网民使用手机上网的比例达 99.7%，如图 1-11 所示。

图 1-11 2016—2020 年中国手机网民规模及其占网民比例

随着移动互联网技术的发展，移动电子政务（M-Government）、移动电子商务将快速发展。与传统电子政务相比，移动电子政务可以使公务员可以通过手机随时、随地处理公务，通过"微博"与企业和社会公众进行互动。企业和社会公众可以通过手机随时、随地获取政府信息或电子化服务，即时得知办事结果。移动电子商务使市民可以通过手机进行购物，方便市民生活。此外，手机微博、手机 QQ 等使市民享受数字化生活。

4．大数据技术

大数据是以容量大、类型多、存取速度快、应用价值高为主要特征的数据集合，正快速发展为对数量巨大、来源分散、格式多样的数据进行采集、存储和关联分析，从中发现新知识、创造新价值、提升新能力的新一代信息技术和服务业态。

近年来，随着城市信息化建设的深入，许多政府部门积累了海量数据，迫切需要进行处理、分析和数据挖掘。利用大数据技术对海量数据进行管理和挖掘，是提高城市规划、建设和管理智能化水平的重要手段。例如，通过对历年城市遥感图像的比对，可以掌握城市化动态和特点。

5．人工智能

人工智能是研究和开发用于模拟、延伸和扩展人的智能的理论、方法、技术及应用系统的一门新的技术科学。人工智能是计算机科学的一个分支，它试图了解智能的实质，并生产出一种新的能以人类智能相似的方式作出反应的智能机器。

1950 年，阿兰·图灵提出了著名的"图灵测试"理论，能够通过测试的就是具有人工智能的机器人。2014 年 6 月 7 日是图灵逝世 60 周年纪念日，在英国皇家学会举行的"2014 图灵测试"大会上，图 1-12 所示的聊天程序"尤金·古斯特曼"（Eugene Goostman）通过了图灵测试，标志着人工智能进入一个新时代。

图 1-12　聊天程序"尤金·古斯特曼"（Eugene Goostman）

6．区块链

区块链是由多个参与方共同记录和维护的分布式数据库，该数据库通过哈希索引形成一种链状结构，其中数据的记录和维护通过密码学技术来保护其完整性，使得任何一方难以篡改、抵赖、造假。区块链技术提供了不同机构在非可信环境下建立信任的可能性，降低了电子数据取证的成本，带来了建立信任的范式转变，在智慧城市中可以发挥重要作用。

目前，区块链技术在司法公信、政务服务、市场监管、自然资源、生态环境、公共安全、卫生健康、志愿服务、资金管理等领域得到初步应用。物联网、云计算、移动互联网、大数据、人工智能、区块链等新一代信息技术的集成应用将推动城市信息化模式创新。

7. 虚拟现实

虚拟现实（Virtual Reality，VR）技术是一种能够创建和体验虚拟世界的计算机仿真技术，利用计算机生成交互式的三维动态场景，实体行为的仿真系统能够使用户沉浸到该环境中。VR 技术让用户有一种身临其境的感觉，在工业、医学、教育、城市规划、房地产、军事、娱乐游戏、应急管理等领域具有广阔的应用前景。

2021 年 3 月，十三届全国人大四次会议通过的《中华人民共和国国民经济和社会发展第十四个五年规划和 2035 年远景目标纲要》提出，探索建设数字孪生城市。数字孪生（Digital Twin）是指充分利用物理模型、传感器采集的数据等，集成多学科、多变量、多尺度的计算机仿真过程，在虚拟空间中完成对现实世界映射，反映有关事物的全生命周期的过程。运用虚拟现实技术，可以构建数字孪生城市，推进城市精细化管理。

值得指出的是，物联网、云计算、大数据、人工智能、5G、区块链、虚拟现实这些新一代信息技术不是孤立的，而是相互关联的。物联网是采集数据，云计算是处理数据，大数据和人工智能是分析数据，5G 是传输数据，区块链是保证数据的真实性，虚拟现实是展示数据。新一代信息技术及其在智慧城市中的作用如表 1-2 所示。因此，要积极推进新一代信息技术在城市治理领域的综合集成和融合创新，加快建设新型智慧城市。

表 1-2 新一代信息技术及其在智慧城市中的作用

技术名称	含 义	角 色	适用领域示例
物联网	物与物的通信网络	采集数据	对监管对象进行自动监测、监控
云计算	由可伸缩的资源池统一提供计算资源	处理数据	政府上云、企业上云
移动互联网	无线通信网络	传输数据	"两微一端"、移动办公、移动执法等

续表

技术名称	含义	角色	适用领域示例
大数据	数据量超大、结构不同、可以从中发掘有价值信息的数据	数据挖掘，数据可视化	市场监管、社会治理、公共服务
人工智能	模拟、延伸和扩展人的智能	数据智能分析	商业智能、政务智能
区块链	分布式数据记录	防止数据被篡改、抵赖、造假	金融、司法、社会信用体系建设等
虚拟现实	建立现实世界的计算机模型	展示数据	城市规划、建设、管理等

第四节　城市信息学

我国城市信息化建设过程中存在理论落后于实践的问题，导致出现了各种各样的问题。因此，城市信息化建设迫切需要理论体系的支持。为了科学、合理地指导城市信息化建设以及解决与城市信息化相关的经济、社会等问题，有必要创建"城市信息学"（Urban Informatics）这门学科。

城市信息学是一门研究如何利用信息化手段进行城市规划、建设、管理和服务，促进城市经济社会发展的科学。城市信息学是城市科学与信息技术科学交叉的一门新兴学科，是信息时代城市科学研究的重要内容。

一、研究内容

城市信息学的研究内容主要包括城市信息化基础理论、城市信息化方法论、城市信息化相关问题三大方面。

城市信息化基础理论包括城市信息化的内涵和外延；城市信息化发展的一般规律；城市信息化发展的阶段划分等；信息化对城市规划、城市管理、城市经济、城市社会、城市空间形态等城市各个方面的影响和作用机理；信息社会的城市特征；城市信息化的总体框架；信息化与城镇化融合发展问题等。

城市信息化方法论包括城市信息化发展规划编制方法、城市信息化工程项目可行性研究和初步设计方法、城市信息化项目管理方法、城市信息化建设和运营方法、城市信息化发展水平和绩效评估方法等。此外，还要研究信息技术在城市各个领域的应用问题，包括城市规划、城市管理、城市交通、城市地下空间开发利用、城市防灾减灾等领域。

城市信息化相关问题包括城市信息共享和业务协同问题、物联网等新一代信息技术应用问题、城市信息产业发展问题以及城市信息化法律法规制定、标准规范制定、专业人才培养等。

二、研究方法

1. 建立合理的知识结构

城市信息学是一门交叉学科，与城市规划学、城市经济学、城市社会学、城市管理学、城市地理学、城市地质学、城市环境学、城市灾害学等许多学科都有交叉。目前，国内城市信息学研究人员的专业背景主要是遥感和地理信息系统、情报档案等。只具有单一学科知识的人员很难把城市信息学深入下去。要想深入研究城市信息学，不能故步自封，必须有开放、合作的心态，摒弃学科、门户之见，广泛地从其他相关学科吸收与研究领域相关的已有成果，建立科学、合理的知识结构，使中国城市信息学研究水平走在世界前列。

2. 面向城市的重大问题

城市信息学是一门操作性、实践性较强的学科。我国城市信息化实践超前于理论研究，开展城市信息学研究不能脱离实际，而是要不断从实践中提炼理论并指导实践，即"从实践中来，到实践中去"。研究人员要面向健康城镇化、城市可持续发展、产业转型升级等重大问题，深入开展相关问题研究，为政府科学决策作出贡献。

3. 采用先进的研究方法

城市信息学的研究方法可以分为定性分析法、定量分析法以及定性-定量分析法三大类。其中，定性分析法包括SWOT分析法、PEST（政治-经济-社会-技术）分析法、利益者相关分析法、标杆分析法、比较分析法、系统分析法等；定量分析法包括硬件测试法、软件评测法、统计分析法、层次分析法等。此外，研究人员还要积极采用互联网检索、数据库检索、统计分析软件等先进的信息化手段。

城市信息学是城市科学的重要分支学科。开展城市信息学研究，对于城市信息化发展具有非常重要的理论意义和现实意义。随着我国城镇化进程加速，城市发展正面临各种各样的问题，而信息化是破解这些城市问题的重要手段。

城市信息化是城市从工业化时代向信息化时代转换的基本标志，是未来城市的重要发展趋势之一。城市信息化是今后很长一段时间内国家信息化建设的重点任务，并对城市各个领域产生深远的影响。因此，城市信息学发展前景非常广阔。

广大传统城市科学领域的专家学者应关注信息化建设，积极参与城市信息学研究，逐步完善城市科学学科体系，为我国城镇化进程作出新的、更大的贡献。

三、与其他城市科学的关系

由于随着信息技术在城市中的广泛应用，信息化对城市不断产生影响，城市信息化已经对城市规划学、城市管理学、城市经济学、城市社会学等传统城市学科提出了新的理论研究要求。各个传统城市学科必须顺应信息时代的要求，对新问题进行思考。例如，信息时代如何规划城市、如何管理城市、如何发展城市经济、城市社会如何变迁等。信息化对传统城市学科的影响如表 1-3 所示。

表 1-3　信息时代的城市学科发展

序号	传统城市学科	信息化对传统城市学科的影响示例
1	城市地理学	信息化对城市空间布局的影响、虚拟城市地理学
2	城市经济学	信息化对城市经济的影响，城市信息产业发展
3	城市管理学	信息化对城市管理方法的影响，城市电子政务
4	城市社会学	信息化对城市社会变迁的影响、市民之间的数字鸿沟问题
5	城市生态学	信息化对城市生态的影响，城市生态状况监测与管理
6	城市规划学	信息化对城市规划的影响，信息时代的城市规划
7	城市人口学	信息化对人口流动方式的影响、城市人口管理信息系统
8	城市环境学	信息技术在城市环境监测、评价、管理中的应用
9	城市地质学	地质信息系统在城市地下空间开发中的应用
10	城市灾害学	信息技术在城市减灾中的应用，信息系统本身的防灾减灾
11	城市交通学	城市智能交通、信息化对城市居民出行的影响
12	城市土地学	信息技术在城市土地利用监测、开发、管理中的应用，信息化对城市土地利用的影响
…	…	…

随着我国城镇化进程的加速，21 世纪的中国将是城市时代。由于历史的原因，我国在城市方面的研究还是很欠缺的。建立包含城市信息学和城市规划学、城市管理学、城市经济学、城市社会学等传统城市学科的现代城市科学（如图 1-13 所示），是推进城市研究的重要途径，也是中国城市发展的必然要求。

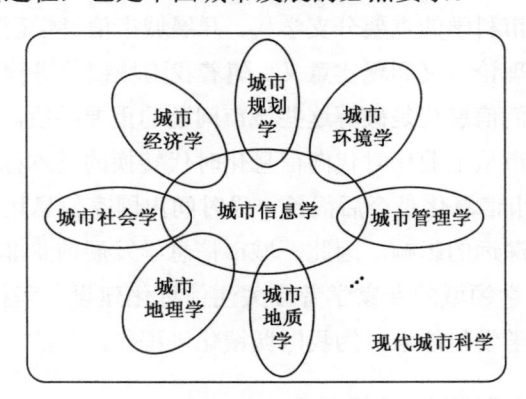

图 1-13　城市信息学与传统城市学科的交叉

1．与城市规划学的联系

城市规划学主要研究城市空间的合理布局，综合安排城市各项工程建设。城市规划学是最早出现的城市科学的分支学科，也是到目前为止最成熟的城市科学的分支学科。在我国，城市规划属于建筑学专业，清华大学、北京大学、同济大学、东南大学等高校均设有城市规划专业。

地理信息系统为城市规划编制和城市规划管理提供了新的技术手段。信息化对城市空间结构产生了影响，在城市规划时应考虑信息因素。

2．与城市经济学的联系

城市经济学是研究城市在产生、成长、城乡融合的整个发展过程中的经济关系及其规律的经济学科。20世纪60年代，城市经济学作为一门真正独立的学科在西方发达国家得到较快的发展。一些欧美国家成立了专业学术团体，创办了专业刊物，一些著名大学开设城市经济学系。从70年代起，有关城市经济学的教材、专著和论文集大量出版，学术交流逐渐兴起，使城市经济学成为一门综合性较强的新的经济学科。80年代以来，中国的经济学界、地理学界开始重视城市经济问题的研究，一方面探讨城市经济学的基本理论，另一方面研究城市经济存在的大量现实问题[14]。

信息技术对经济发展以及经济学产生了深远的影响，出现了新经济的概念。与工业时代强调实物资产不同，信息时代更强调信息的价值。在信息时代，经济学领域出现了许多新事物，需要新的经济学理论来解释。推动信息化与工业化深度融合，是新时期城市经济发展的重要途径，这就需要对传统城市经济学研究内容进行扩充。

3．与城市社会学的联系

城市社会学是研究城市的产生、发展以及城市的社会结构、社会组织、社会群体、社会管理、社会行为、社会问题、生活方式、社会心理、社会关系以及社会发展规律的学科[13]。

信息化对社会结构、社会组织、社会群体、社会管理、社会行为、社会问题、生活方式、社会心理、社会关系以及社会发展规律都有不同程度的影响。例如，信息获取机会的不平等产生了数字鸿沟问题，数字鸿沟将影响不同阶层的发展机会，促使社会发生分化，贫富差距拉大，并带来一系列社会问题。在增加就业机会、解决城市贫困问题、促进社会公平、构建和谐社会等方面，信息化都能够发挥一定的作用。

信息化是创新社会管理的重要手段。改革开放30多年来，我国社会保障制度改革是紧紧依托于信息技术的应用而深化推进的。随着社会保险个人账户的建立、养老金的社会化发放，以及离退休人员管理服务社会化进程的推进，社会保险业务管理的信息量正以前所未有的速度急剧膨胀，社会保险基金量也相应急剧增长，传统手工方式已不能满足日常管理工作的需要，必须采用计算机化管理。如果没有现代信息技术，社会保障制度改革是很难推行的。

上网越来越成为人们日常生活的一部分。网络的虚拟性以及信息的快速传播性在方便人们交流的同时带来了一系列社会问题。例如，QQ、MSN 等网聊工具的免费使用，对一些婚姻关系比较脆弱的家庭构成了极大的威胁，网上的倾诉很可能引发网络爱情，网络的不真实性又使这种网络爱情潜伏着很多危险。又如，有了网络，事件信息或谣言的传播速度更快，在当前的社会转型阶段，容易引发社会秩序混乱，甚至小规模的社会动乱。这些都需要社会学领域的关注。

在增加就业机会、解决城市贫困问题、促进社会公平、构建和谐社会等方面，信息化都能够发挥一定的作用。城市社会学领域的专家学者应该关注城市信息化问题，探讨信息化条件下的城市社会问题。

4．与城市管理学的联系

与传统意义的城管不同，这里的城市管理是一个综合概念，包括城市经济管理、城市社会管理、城市环境管理等方面的内容。国际上城市管理学包括六大学派：方法学派、经验学派、行为学派、社会学派、决策学派、数量学派。管理方法学派认为城市管理是靠各种科学管理的方法，作为管理的工具，而发挥管理的效能；管理经验学派认为城市管理依靠管理者经验的累积，经验愈多，管理愈好；行为学派认为城市管理应着重人性的因素，如何激励管理人员和市民自动自发，发挥潜力，乃是成功的要素；社会学派认为城市是社会体系的一环，亦即城市社区，是整个人类社会组织的重要部分，其管理制度与社会制度密不可分，因此管理应考虑城市与社会的关系；决策学派认为城市管理的关键，在于管理者所作的决策，决策作得好，管理就好；数量学派认为城市管理可以用数学的方法，将管理资料作最佳的处理。

美国一些大学专门开设了城市管理专业，并授予城市管理学位。美国还成立了国际城市管理协会这样的专业机构，以此广泛联系城市和国家的管理专业人员。他们办讲座、发刊物、赠送宣传品，不断扩大宣传和影响。据统计，美国现有 4%的高级官员拥有城市管理的学位，他们都担负着很重要的城市管理职责[12]。

无论是在城市经济管理领域，还是城市社会管理领域，或是城市环境管理领域，信息技术已经得到广泛应用。推行电子政务，是信息时代提高城市管理水平的重要途径。

5．与城市地理学的联系

城市地理学是研究城市（镇）的形成、发展、空间结构和分布规律的学科。它侧重从空间观点研究个别城市或区域城镇体系的功能结构、层次结构和地域结构，即从区域的空间组织和城市内部的空间组织考察城镇的空间组织，开展城镇化、城市职能、城市分类、城市体系、城市形态、城市群和大城市集群区等方面的研究[15]。

信息化促进了城市之间的信息交流，特别是大城市向中小城市的信息扩散，使城镇体系出现了新的变化，如城市群。另外，网络基础设施建设和信息产业的发展对城市空间结构也产生了影响，信息化成为新的区位要素。

在信息时代，城市不仅仅是区域的政治、经济、文化中心，还是一个信息中心，是区域的信息集散地。随着信息技术的发展和广泛应用，城市空间结构出现了新的变化趋势，如郊区化、网络结构的城市群体系。信息产业的发展对城市形态也有很大的影响，特别是信息产业基地、软件园区的建设，带动了周边地区的发展。例如，北京市的中关村科技园区、上地信息产业基地建设使城市北部发展速度明显高于南部地区，北面已经发展到接近北六环，南面还停留在南四环以内。根据文献调查，国内信息化对城市空间结构影响方面的研究已经起步，一些专家陆续发表了不少文章，这方面的专著也有出版。

"区位"在城市地理学领域是一个很重要的概念。在工业时代，交通、矿产资源、能源对城市"区位"影响很大。在信息时代，由于网络具有可以跨越时间和空间的特点，有些产业对于交通、矿产资源、能源等传统"区位"因素要求不高，增加了对信息基础设施水平、人力资源素质、生态环境状况等方面的要求，如信息产业、文化产业等。可见，"区位"要素发生了一定程度的变化。

6．与城市地质学的联系

城市地质学是一门研究城市地质构造、地质环境和地质灾害的学科。随着我国大中城市人口的不断膨胀，不少大中城市出现土地紧张、交通拥堵、房价飞涨等现象，需要对城市地下空间进行开发利用，如修建地铁、隧道、地下停车场、地下商场等。无论是城市规划，还是城市地下空间开发利用，都必须考虑城市地质条件[16]。

信息化对于开展城市地质工作非常重要，在许多国家和地区受到重视。例如，英国伦敦实施了计算机化地下与地表地质"（LOCUS）项目，为伦敦城市地区的土地利用规划、环境管理、工程项目设计和土木工程建设提供了支持。中国香港从1991年起就一直在开发地学数据库（GSDB），用于对辖区的地质、地球物理和地球化学数据进行储存、综合、解译和展示。通过建设城市地质信息管理和服务系统，城市地质条件和地下空间可以用计算机来表达，以方便城市地下空间开发和管理。

7．与城市环境学的联系

城市环境学是一门研究城市生态环境系统的学科。随着城市人口的膨胀、车辆的激增、工业的发展等原因，城市环境问题越来越突出。以北京为例，北京市区人口已超过1 000万，车辆超过500万辆，加上道路的拥堵，汽车尾气污染很严重。一些重工业城市，水污染和空气污染也很严重。城市环境需要利用信息化手段进行自动监测，以便有关部门及时采取必要的措施。

8. 与城市灾害学的联系

城市灾害学是一门研究城市各类灾害成因及防灾减灾措施的学科。城市具有人口集中、产业集中、财富集中、建筑物集中的特点。近年来，自然灾害、灾难事故、疫情等频发。为了提高城市减灾能力，需要利用信息化手段建立城市应急联动系统。另外，也需要利用信息化手段对各类城市灾害开展预警预报、风险评估等工作。

目前，城市信息学研究领域还有许多既具有理论意义又具有现实意义的问题，值得广大有志于城市信息学研究的专家学者共同努力，不断完善、发展城市信息学学科体系。广大传统城市学科领域的专家学者要积极探讨城市信息化理论，研究信息化带来的城市变革问题以及对自身所处学科发展的影响。

第二章　国内外智慧城市建设进展

作为城市信息化发展的新方向，构建"智慧城市"是世界各国的共同选择。纽约、阿姆斯特丹、斯德哥尔摩、哥本哈根、维也纳、布里斯班、首尔、新加坡等发达国家城市在智慧城市建设方面已经领先一步。在国内，许多城市已经开展了智慧城市建设工作，有的正在建设智慧城市。

第一节　国外智慧城市发展情况

一、美国

智能电网是美国智慧城市建设的重点。2009 年 6 月，美国商务部和能源部共同发布了第一批智能电网的行业标准，这标志着美国智能电网项目正式启动。图 2-1 为美国智能电网的示意图。

图 2-1　美国智能电网示意图

2009 年 9 月，美国迪比克市与 IBM 宣布共同建设美国第一个智慧城市。IBM 采用一系列新技术武装迪比克市，将其完全数字化并将城市的所有资源都连接起来，可以侦测、分析和整合各种数据，并智能化地响应市民的需求，降低城市的能耗和成本，更适合居住和商业的发展。

2015 年 9 月，美国白宫提出实施智慧城市建设计划。在美国，出现了一些智能化的城市仿真系统。例如，UrbanSim 系统是一套基于城市交通需求模拟分析和城市土地开发综合分析的新型城市发展仿真软件，如图 2-2 所示。该软件综合了城市土地使用、交通运输和城市政策的交互作用。该系统包含一套基于敏感度分析的研究方法，用于城市土地利用和交通需求、空气质量、水供给/需求和基础设施成本等的综合作用的模拟分析，协调土地利用规划、交通运输规划和环境保护三者之间的关系，模拟城市发展出现的问题[57]。

图 2-2 UrbanSim 城市仿真系统

2016 年，HIS Markit 咨询公司联合美国市长联盟对 28 个州的 54 个城市的 335 个智慧城市项目进行调查。从调查情况来看，在建设目标方面，美国智慧城市排在前两位的目标是提高公民满意度和政府应对能力。在政府资金预算方面，47 个城市样本中有 18 个城市的智慧城市项目占年度预算的 1%～5%。美国智慧城市面临的前三大挑战是"确保城市有足够的资金维持项目全过程建设"、"获得足够的项目启动资金"以及"协调多个城市部门和利益相关者"。

总的来说，美国智慧城市建设的特点是选择重点领域进行突破，政府注重与商业机构的合作，强调对城市空间发展的优化。

二、欧盟

欧盟早在 2007 年就提出了一整套智慧城市建设目标，并付诸实施。2012 年 7 月，欧盟委员会启动了"智慧城市和社区欧洲创新伙伴行动计划"（EIP-SCC）。此外，建立了欧盟智慧城市信息系统，实施了欧盟智慧城市和社区灯塔项目，签署了市长盟约。欧洲城市议程下设了智慧城市伙伴关系小组。

维也纳理工大学区域科学中心研究团队对欧盟 28 个国家中人口超过 10 万的 468 个城市进行调查发现，欧盟城市中智慧城市的比例高达 51%。在欧洲，阿姆斯特丹、斯德哥尔摩、哥本哈根、维也纳等城市的智慧化水平较高。

1. 阿姆斯特丹

2008 年，阿姆斯特丹启动了"Amsterdam Smart City"计划（简称"ASC 计划"）。该计划包括可持续的工作、生活、交通和公共空间 4 个专题。在可持续的工作方面，阿姆斯特丹建成了先进的智能建筑——ITO Tower 大厦；在可持续的生活方面，通过实施 West Orange 和 Geuzenveld 项目，实现了家庭节能；在可持续的交通方面，实施了 Energy Dock 项目，便于汽车和船舶充电；在可持续的公共空间方面，把 Utrechtsestraat 街道改造为气候大街（The Climate Street）。2011 年，ASC 计划增加了在线监控市政大楼（Online Monitoring Municipal Buildings）、太阳能共享、智慧游泳池、智能家用充电器、商务区全面使用太阳能等内容，目标是 2015 年把阿姆斯特丹建设成为一个真正的绿色智慧城市。

2. 斯德哥尔摩

斯德哥尔摩在通往市中心的道路上设置了 18 个路边监测器，利用 RFID、激光扫描、自动拍照等技术，自动识别进入市中心的车辆，在周一至周五（节假日除外）6:30 到 18:30 之间进出市中心的车辆收取拥堵税，使交通拥堵水平降低了 25%，温室气体排放量下降了 40%。

3. 哥本哈根

2010 年，哥本哈根开始推广一种智慧自行车，如图 2-3 所示。这种自行车的车轮装有电池，电池可以存储能量，踩刹车的力量可以回馈成帮助人们爬坡或使速度加快的能量。轮子上的传感器会测量人们骑行的方向，当往前踩时，传感器会控制车轮的电动马达帮你往前冲；当踩刹车时，马达帮助你慢下来，并重新为电池充电。这种新型自行车受到人们的喜欢，越来越多的市民拉长骑自行车的距离，以减少使用会产生温室气体的运输工具。如今，近一半的哥本哈根市民往返城郊选择自行车出行。

图 2-3 哥本哈根的智慧自行车

4. 维也纳

2011年初，维也纳提出了智能城市发展目标，目的是让维也纳具备应对未来城市发展所面临的能源和气候挑战并实现经济和科技现代化的能力。维也纳的智能城市发展计划由市长直接负责，下设专门的行动领导委员会，具体事务主要由负责城市发展规划的市政18局和负责城市能源发展规划的市政20局实施，来自公共、私营和研究领域的8家机构共同参与。

5. 路德维希堡

2018年，德国路德维希堡市政府正式将数字化战略纳入整体发展计划，切实增强城市治理、公共服务的能力，促进数字经济发展。路德维希堡每年在智慧城市方面的投入超过1亿欧元，用于建设"路德维希堡创新网络生活实验室"，超过300家企业及机构参与其中，启动了50余个政府直接投资的智慧城市项目，政企合作项目超过2 000个。

总的来说，欧盟国家的智慧城市建设比较强调低碳、环保、绿色发展，缓解交通拥堵和改善城市环境是欧洲智慧城市建设的主要目的，体现了这些国家"以人为本"的思想。

三、澳大利亚

2009年，澳大利亚政府投入1亿澳元启动智慧电网和智慧城市项目的实施。

2011年6月，澳大利亚宽带、通信和数字经济部发布了《国家数字经济战略》（National Digital Economy Strategy），旨在利用信息化手段提高澳大利亚的生产力。《国家数字经济战略》包含智慧电网、智慧城市等方面的内容。

2017年5月，澳大利亚工业、创新、科研与高等教育部实施了"智慧城市及郊区项目"，旨在鼓励采用创新技术解决城市发展问题。该项目为期3年，总投资5 000万澳元（约合4 000万美元），优先资助智慧基础设施，智慧商业步行街，智能服务与智慧社区，以及智能规划和设计四大领域。

布里斯班是澳大利亚第三大城市，昆士兰州的首府和工商业中心。近年来，布里斯班市政府开展了"绿心智慧城市计划"，建设绿色交通系统、绿色基础设施等，将布里斯班打造成为澳大利亚最为节能环保的城市之一。布里斯班每年举办全澳洲的"智慧城市创新节"，通过构建开放的绿色智慧城市建设创新网络，高效推进绿心智慧城市计划的实施。

澳大利亚把智慧城市纳入国家数字经济战略，体现了澳大利亚政府的战略眼光。与欧盟国家类似，澳大利亚的智慧城市建设也比较强调低碳、环保和绿色发展。例如，为了减轻对道路拥堵和减少二氧化碳排放量，澳大利亚政府鼓励企业允许员工进行远程工作。

四、韩国

2004年3月,韩国政府推出了u-Korea发展战略,希望使韩国提前进入智能社会。"u"是英文ubiquitous的缩写,意为"无所不在"。建设u-City是u-Korea发展战略在韩国城市的具体实施。u-City是一个可以把市民及其周围环境与无所不在技术集成起来的新的城市发展模式。u-City把IT包含在所有的城市元素中,使市民可以在任何时间、任何地点、从任何设备访问和应用城市元素。

韩国中央政府和地方政府都非常支持u-City建设。2007年6月,为了u-City工作顺利落实,韩国信息通信部成立了u-City支援中心,首尔、釜山、仁川等6个地区成为u-City示范区。

下面从城市设施管理、城市安全、城市环境、城市交通、城市生活等方面介绍韩国u-City。

在城市设施管理方面,利用无线传感器网络,管理人员可以随时随地掌握道路、停车场、地下管网等设施的运行状态。例如,城市供水系统的管道漏水会浪费宝贵的水资源。韩国供水系统管道漏水率的平均水平为14.1%,大城市供水系统管道漏水率为10%。漏水率每降低1%,一个城市一年可节约40万美元。利用基于无线传感器网络的u-设施管理系统(u-FMS),可以实时监测流量、水压和水质,对漏水情况及时进行处置。仅此一项,韩国一个城市一年平均可节约564万美元。

> **韩国利用人脸识别技术寻找走失儿童**
>
> 韩国每年寻找走失儿童的社会代价是47.6亿美元,平均每个走失儿童花费为56万美元。为此,许多韩国城市在街头安装智能视频监控系统,如图2-4所示。该系统可以进行人脸识别,当探头发现走失儿童时,就可以向警察发出报警信息,警察得知之后立即前往寻找并通知家长前来认领。

在城市安全方面,传统火灾监测需要配备高清晰度摄像机,而且很难区分火灾烟雾和自然雾气。利用红外摄像机和无线传感器网络,在监测火灾时,可以突破人类视野限制,提高火灾监测自动化水平。监控中心利用GIS可以对火灾发生地点进行定位,LCD大屏幕可以播放火灾现场情况,视频监控系统可以实时监控火灾现场。u-中心由传感器监测系统、集成数据分析系统、广播系统、外灯控制系统、门控系统、基于位置的短信服务系统、通风控制系统、三维GIS等组成。当大楼遇到紧急情况时,u-中心可以监测现场,控制门、通风系统、灯等,通过广播、短信告之险情。

图 2-4　韩国走失儿童人脸识别系统

在城市环境方面，u-环境系统可以自动给市民手机发送是否适宜户外运动的提示，市民还可以实时查询气象、交通等方面的信息。据统计，可吸入颗粒物污染程度最高的城市与最低的城市的死亡率差异为17%。而72.8%的可吸入颗粒物在道路表面，多数来自汽车和沙尘。利用 u-环境系统，可以根据空气可吸入颗粒物浓度，自动开启道路洒水系统，不但可以减少可吸入颗粒物，还可以降低城市热岛效应。u-环境系统一般由空气污染监测系统、清洁道路系统、水循环系统组成，如图 2-5 所示。

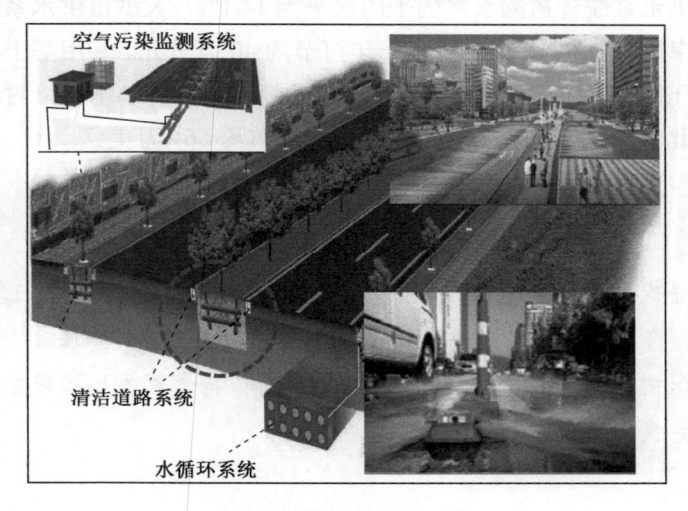

图 2-5　韩国 u-环境系统

在城市交通方面，u-交通系统是智能交通系统（ITS）发展的高级阶段。u-交通系统一般包括公交信息系统、残疾人支持系统、公共停车信息系统、智能交通信号控制系统、集成控制中心组成，并与 u-家庭、u-安全、u-设施管理、u-门户、u-服务等系统互联互通。安装在公交车上的 GPS 系统可以给公交车实时定位，并计算与下一站的距离，然后将公交车位置和距离信息发送给公交车站电子显示屏，乘客可以知道某路车预计到达时间。安装在路口的传感器可以感知路口车辆，智能交通信号控制系统可以根据各路口的车辆数来决定红绿灯时间,提高路口通行效率。市民开车到某地,就可以通过公共停车信息系统知道附近停车位信息。如果某个市民想去某地,u-交通系统可以根据交通情况选择一条最优线路,并给市民实时导航。韩国在许多斑马线上安装有传感器,当带有 RFID 的老人、残疾人或小孩过马路时,u-交通系统就能感知,适当延长红灯时间,保证老人或小孩顺利通过,如图 2-6 所示。路边还安装有电子测速传感器。如果某汽车在接近路口时速度超过规定速度,系统就会报警,提醒司机减速慢行。

图 2-6 韩国特殊人群交通服务系统

在城市生活方面,韩国首尔不少街道或广场安装有一种生态友好的媒体显示屏,这种显示屏利用电子芯片,可以使 LED 的能耗降低 26.7%。通过不同环境背景下的亮度控制,可以使显示屏能耗降低 18%。首尔有条媒体街,街道两边立有许多媒体柱,如图 2-7 所示。媒体柱包括了街灯、视频监控探头、LED、网络摄像头、触摸屏、脚灯/安全后灯、麦克风。媒体柱具有上网、拍照、玩电子游戏具有等娱乐功能,还可以进行电子投票。

图 2-7 u-首尔街道媒体艺廊

u-City 发展可以分为互联阶段(Connect)、丰富阶段(Enrich)、智能阶段(Inspire)。互联阶段偏重信息基础设施建设,如无线网络、传感器安装;丰富阶段偏重服务,即提供无所不在的服务,如 u-服务;智能阶段偏重管控一体化,如 u-中心。目前,韩国 u-City 已逐步进入智能阶段,即利用无所不在技术(u-IT),特别是无线传感器网络,达到对城市设施、安全、交通、环境等智能化管理和控制。

2009年,仁川市政府提出打造一个绿化的、信息化的、无缝连接的、便捷的生态型智慧城市。通过整合的泛在网络,市民不仅可以方便地享受远程教育、远程医疗、远程办税服务,还可以远程控制家电,以降低家庭能耗。

2011年6月,首尔市政府发布了"Smart Seoul 2015"计划,指出到2015年,首尔市将利用智能手机办公,解决市民的需要;市民在任何公共场所都可以免费使用无线网络;行政、福利、生活等领域都将通过信息化手段服务市民,实现使用智能设备的灵活办公,并构筑社会安全网。

五、新加坡

2014年8月,新加坡政府公布了"iN2025"战略。该计划是iN2015战略的升级版,其重点在于信息的整合以及在此基础上的执行,使新加坡政府的政策更具备前瞻性;除了通过技术来收集信息外,更关键的在于利用这些信息来更好地服务于新加坡人民。"iN2025"战略的核心理念可以用"3C"来概括:连接(Connect)、收集(Collect)和理解(Comprehend)。

"iN2025"战略的第一个阶段以连接和收集为核心,计划于2015年完成。"连接"的目标是提供一个安全、高速、经济且具有扩展性的全国通信基础设施;"收集"则是指通过遍布全国的传感器网络获取更理想的实时数据,并对重要的传感器数据进行匿名化保护、管理以及适当进行分享;"理解"的含义是通过收集来的数据(尤其是实时数据)建立面向公众的有效共享机制,通过对数据用户进行分析,更好地预测民众的需求,以提供更好的服务。

2015年7月,新加坡国家研究基金会(NRF)和法国达索(Dassault Systems)公司合作开发"虚拟新加坡"(Virtual Singapore)——一个包含语义及属性的实境整合3D的虚拟空间,通过先进的信息建模技术为该模型注入静态和动态的城市数据和信息。

国外智慧城市发展情况总结如表2-1所示。

表2-1 国外智慧城市发展情况总结

国家/地区	发展特点	典型城市
美国	智能电网、城市仿真系统	纽约、迪比克市
欧洲	强调低碳、环保、绿色发展	阿姆斯特丹、斯德哥尔摩、哥本哈根、维也纳、路德维希堡等
澳大利亚	强调低碳、环保、绿色发展	布里斯班
韩国	移动互联网应用	首尔
新加坡	智能化、集成、创新	新加坡

第二节　中国智慧城市发展情况

近年来，越来越多的城市选择建设智慧城市。截至 2020 年 3 月，全国有 600 多个城市在建设智慧城市，涵盖直辖市、副省级城市、地级市和县级市。许多城市在智慧城市管理模式、运营模式、业务应用等方面进行了积极探索。

一、智慧城市规划和政策制定情况

2014 年 8 月，国家发展改革委、工业和信息化部、科技部、公安部、财政部、国土资源部、住房和城乡建设部、交通运输部等八个部委联合印发了《关于促进智慧城市健康发展的指导意见》，提出科学制定智慧城市建设顶层设计，切实加大信息资源开发共享力度，积极运用新技术新业态，着力加强网络信息安全管理和能力建设。

一些省级政府出台了新型智慧城市方面的政策文件。例如，2018 年 9 月，陕西省政府办公厅印发了《关于加快推进全省新型智慧城市建设的指导意见》。2019 年 2 月，河北省政府办公厅印发了《关于加快推进新型智慧城市建设的指导意见》。2019 年 9 月，数字山东建设专项小组办公室印发了《山东省新型智慧城市试点示范建设工作方案》。

作为城市发展的新方向，智慧城市受到越来越多市领导的重视。例如，北京市委书记蔡奇提出精心打造智慧城市，为构建有效的超大城市治理体系提供有力支撑。天津市委书记李鸿忠提出全面推进智慧城市建设。值得一提的是，近年来，越来越多的中西部地区城市加入了建设新型智慧城市的行列。

四个直辖市北京、上海、天津、重庆都提出了建设智慧城市。2012 年 3 月，北京市政府印发了《智慧北京行动纲要》。2015 年 9 月，重庆市政府办公厅印发了《重庆市深入推进智慧城市建设总体方案（2015—2020 年）》。2016 年 11 月，《天津市智慧城市建设"十三五"规划》印发。2020 年 2 月，上海市政府印发了《关于进一步加快智慧城市建设的若干意见》。

在副省级城市中，宁波、广州、青岛、大连、沈阳、济南、深圳等都提出了建设智慧城市，其中宁波是最早提出建设智慧城市并付诸实施的副省级城市。2010 年 9 月，宁波市委市政府出台了《关于建设智慧城市的决定》。2012 年 10 月，广州市委市政府印发了《关于建设智慧广州的实施意见》。2013 年 12 月，青岛市政府办公厅印发了《智慧青岛战略发展规划（2013—2020 年）》。2014 年 6 月，大连市政府印发了《大连市城市智慧化建设总体规划（2014—2020）》。2015 年 12 月，沈阳市政府印发了《沈阳市智慧城市总体规划（2016—2020 年）》。2018 年 4 月，济南市政府印发了《济南市新型智慧城市建设行动计划（2018—2020 年）》。2018 年 7 月，深圳市政府印发了《深圳市新型智慧城市建设总体方案》。

在地级市中，石家庄、合肥、长沙、贵阳、苏州、佛山、东莞、泸州、汕尾、衢州、舟山、攀枝花、铜陵、宜宾、广元等都提出建设智慧城市，其中佛山是最早提出建设智慧城市并付诸实施的地级市。2017 年 7 月，宜宾市新型智慧城市建设领导小组办公室印发了《宜宾市新型智慧城市建设规划（2017—2021 年）》。2018 年 4 月，衢州市政府办公室印发了《衢州市推进新型智慧城市建设行动计划（2018—2020）》。2019 年 10 月，石家庄市政府印发了《石家庄新型智慧城市总体规划(2019—2021 年)》。

在县级市中，昆山、江阴、余姚、慈溪等都提出建设智慧城市。此外，东莞的石龙、顺德的乐从等小城镇也提出建设"智慧城镇"。

可见，我国智慧城市建设已经在直辖市、副省级城市、地级市、县级市等不同级别的建制市及建制镇展开。目前，许多城市都在着手编制智慧城市"十四五"规划。

二、智慧城市试点情况

2012 年 12 月，住房和城乡建设部启动了国家智慧城市试点工作。截至目前，住房和城乡建设部先后公布了三批国家智慧城市试点名单，包括 290 个城市或城区，如表 2-2 所示。2016 年 7 月，住房和城乡建设部对国家智慧城市试点工作进行了总结。

表 2-2　住房和城乡建设部公布的国家智慧城市试点名单

省/市/区	第 一 批	第 二 批	第 三 批
北京	东城区、朝阳区、未来科技城、丽泽商务区	经济技术开发区、房山区长阳镇	门头沟区、大兴区庞各庄镇、新首钢高端产业综合服务区、房山区良乡高教园区、西城区牛街街道
天津	津南新区、生态城	武清区、河西区	天津滨海高新技术开发区京津合作示范区、静海县
河北	石家庄市、秦皇岛市、廊坊市、邯郸市、迁安市、北戴河新区	唐山市曹妃甸区、唐山市滦南县、保定市博野县	唐山市、石家庄市正定县、廊坊市固安县、邯郸市丛台区
山西	太原市、长治市、朔州市平鲁区	阳泉市、大同市城区、晋城市、朔州市怀仁县	大同市、忻州市、吕梁市离石区
内蒙古	乌海市	呼伦贝尔市、鄂尔多斯市、包头市石拐区	呼和浩特市
辽宁	沈阳市浑南新区、大连生态科技新城	营口市、庄河市、大连市普湾新区、沈阳市沈河区、铁西区、沈北新区	沈阳市和平区、新民市、辽源市东丰县
吉林	辽源市、磐石市	四平市、榆树市、长春高新技术产业开发区、白山市抚松县、吉林市船营区搜登站镇	通化市、白山市江源区、临江市、吉林市高新区、长春净月高新技术产业开发区

续表

省/市/区	第一批	第二批	第三批
黑龙江	肇东市、肇源县、桦南县	齐齐哈尔市、牡丹江市、安达市	佳木斯市、尚志市、哈尔滨市香坊区
上海	浦东新区		
江苏	无锡市、常州市、镇江市、泰州市、南京河西新城（建邺区）、苏州工业园区、盐城市城南新区、昆山市花桥经济技术开发区、昆山市张浦镇	南通市、丹阳市、苏州吴中太湖新城、宿迁市洋河新城、昆山市、徐州市丰县、连云港市东海县、常州市新北区、南京市高淳区、麒麟科技创新园（生态科技城）	徐州市（含新沂市）、东台市、常熟市、淮安市洪泽县、泰州市泰州经济技术开发区
浙江	温州市、金华市、诸暨市、杭州市上城区、宁波市镇海区	杭州市拱墅区、杭州市萧山区、宁波市（含海曙区、梅山保税港区、鄞州区咸祥镇）、宁波市宁海县、临安市昌化镇	温岭市、富阳市常安镇、宁波大榭开发区、温州市苍南县
安徽	芜湖市、铜陵市、蚌埠市、淮南市	阜阳市、黄山市、淮北市、合肥高新技术产业开发区、宁国港口生态工业园区、六安市霍山县	宿州市、亳州市、六安市金寨县、滁州市（含定远县）、阜阳市太和县
福建	南平市、平潭市、福州市苍山区	莆田市、泉州台商投资区	长乐市、泉州市（含德化县、安溪县蓬莱镇）、漳州招商局经济技术开发区
江西	萍乡市、南昌市红谷滩新区	新余市、樟树市、共青城市、上饶市婺源县	鹰潭市、吉安市、抚州市南丰县、南昌市东湖区、南昌市高新区
山东	东营市、威海市、德州市、新泰市、寿光市、昌邑市、肥城市、济南西区	烟台市、曲阜市、济宁市任城区、青岛市崂山区、青岛高新技术产业开发区、青岛中德生态园、潍坊市昌乐县、平度市明村镇	莱芜市、章丘市、诸城市、枣庄市薛城区、日照市莒县、潍坊市临朐县、济宁市嘉祥县、青岛西海岸新区（黄岛区）、莱西市、威海市乳山市
河南	郑州市、鹤壁市、漯河市、济源市、新郑市、洛阳新区	许昌市、舞钢市、灵宝市	开封市、南阳市
湖北	武汉市、武汉市江岸区	黄冈市、咸宁市、宜昌市、襄阳市、武汉市蔡甸区	荆州市（含洪湖市）、仙桃市、武汉市江夏区、黄冈市麻城市、襄阳市老河口市
湖南	株洲市、韶山市、株洲市云龙示范区、浏阳市柏加镇、长沙市梅溪湖国际服务区	岳阳市岳阳楼区、长沙市长沙县、郴州市永兴县、郴州市嘉禾县、常德市桃源县漳江镇、长沙湘江生态新城和滨江商务新城	永州市祁阳县、湘潭经济技术开发区、常德市（含津市市、澧县、汉寿县）、沅江市、郴州市安仁县、郴州市宜章县
广东	珠海市、广州市番禺区、广州市萝岗区、深圳市坪山新区、佛山市顺德区、佛山市乐从镇	肇庆市端州区、东莞市东城区、中山翠亨新区、佛山市南海区	河源市江东新区
海南	万宁市		
重庆	南岸区、两江新区	永川区、江北区	渝中区
四川	雅安市、成都市温江区、郫县	绵阳市、遂宁市、崇州市	阿坝州汶川县、宜宾市兴文县、广安市、泸州市、乐山市（含峨眉山市）、绵阳市江油市

续表

省/市/区	第 一 批	第 二 批	第 三 批
贵州	铜仁市、六盘水市、贵阳市乌当区	贵阳市、遵义市（含仁怀市、湄潭县）、毕节市、凯里市、六盘水市盘县	安顺市西秀区
云南	昆明市五华区	红河州蒙自市、红河州弥勒市	大理市、文山市、玉溪市
西藏	拉萨市	林芝地区	
陕西	咸阳市、杨凌示范区	宝鸡市、渭南市、延安市	汉中市
宁夏	吴忠市	银川市、石嘴山市（含大武口区）、银川市永宁县	中卫市
新疆	库尔勒市、奎屯市		昌吉市、阿勒泰地区富蕴县、石河子市、五家渠市
广西		南宁市、柳州市（含鱼峰区）、桂林市、贵港市	钦州市、玉林市、柳州市鹿寨县
甘肃		兰州市、金昌市、白银市、陇南市、敦煌市	张掖市、天水市
青海			格尔木市、海南州贵德县、海南州共和县

2013年10月，科技部和国家标准委在大连、哈尔滨、大庆、合肥、青岛、济南、武汉、襄阳、深圳、惠州、成都、西安、太原、阳泉、南京、无锡、扬州、延安、杨凌和克拉玛依20个城市开展智慧城市试点示范工作，组织物联网、云计算、移动互联网等方面的国家科技计划项目与上述各试点城市对接。

此外，中央网信办、国家发改委、工信部等国家部委也在积极推进新型智慧城市建设。国家发改委、中央网信办牵头成立了新型智慧城市建设部际协调工作组。2016年11月，国家发改委办公厅、中央网信办秘书局、国家标准委办公室联合印发了《关于组织开展新型智慧城市评价工作务实推动新型智慧城市健康快速发展的通知》。2016年12月，国家标准委发布了《新型智慧城市评价指标》国家标准（GB/T 33356—2016）。

延伸阅读：中欧绿色智慧城市中方试点城市

在2011年12月举行的中国—欧盟信息技术、电信和信息化对话第三次会议上，双方共同提议：中欧应立即着手推进中欧绿色智慧城市合作。2012年，《中欧城镇化伙伴关系共同宣言》提出，每年在欧盟和中国轮流举办中欧城镇化合作论坛，将"绿色智慧城市"作为其重要内容。

2013年4月，在比利时首都布鲁塞尔召开了中欧绿色智慧城市合作启动仪式，正式开始推进智慧城市合作。中欧绿色智慧城市中方试点城市包括北京市海淀区、上海市浦东新区、天津市滨海新区、南通、扬州、淮安、宁波、嘉兴、漳州、烟台、广州市南沙区、深圳市前海深港合作区、珠海市横琴新区、成都、库尔勒等 15 个城市（区）。

第三节 中国智慧城市存在的问题

从调研情况来看，目前我国智慧城市建设过程中还存在如下一些问题：

1. 智慧城市理论方法研究滞后于实践

智慧城市是一个新生事物，虽然目前全国成立了一批智慧城市研究机构，但智慧城市相关理论方法研究明显滞后于实践。智慧城市建设是一个复杂的系统工程，智慧城市涉及的学科包括计算机科学、信息工程、地理信息系统、公共管理学、区域经济学、城市社会学等，是典型的交叉学科，属于城市信息学（Urban Informatics）的学科范畴。目前智慧城市理论方法研究还比较零散，不成体系。

我国大学学科之间往往相互分割，难以培养出跨学科的复合型人才。虽然许多大学成立了公共管理学院，但公共管理专业教师往往是文科背景，不懂物联网、云计算、大数据、人工智能、5G、区块链等新一代信息技术，无法深入开展智慧城市研究。而大学的信息科学技术学院教师虽然懂新一代信息技术，但对城市规划、城市建设、城市管理等缺乏了解，也难以开展智慧城市研究。

2. 智慧城市关键技术和产品储备不足

与智慧城市密切相关的关键技术包括物联网、云计算、移动互联网、大数据等新一代信息技术以及遥感、地理信息系统、卫星导航定位系统等空间信息技术。这些技术几乎都是欧美发达国家率先提出并研发的，我国与欧美发达国家相比从技术上落后很多年。我国虽然在 CPU、操作系统、数据库管理系统等核心技术有所突破，但国产 CPU、国产操作系统、国产数据库管理系统离大规模商用还有很长一段时间。

在我国，与智慧城市相关的新一代信息通信技术产业尚处于起步阶段，智慧城市建设所需高端核心产品还掌握在国外 IT 厂商手里，这使我国智慧城市建设存在一定的安全隐患。国内虽然有一批从事智慧城市建设的 IT 厂商，但产品往往比较单一，难以提供智慧城市整体解决方案。

3. 智慧城市的建设管理体制没有理顺

改革开放 40 多年来，我国信息化建设管理体制不断变化，至今还没有完全理顺，尤其缺乏各部门之间的横向协调机制。在国家层面，中央网信办、国家发展改革委、工业和信息化部、住房和城乡建设部、科技部等部委都在开展智慧城市相关工作，没有一个明确的、统一的智慧城市建设主管部门。

智慧城市建设是区域层面的信息化，更需要有一套切实可行的横向协调机制。从全国调研情况来看，智慧城市主管部门机构设置情况五花八门，单位名称、单位性质、行政级别、隶属关系等都不一样。有的成立了专门的智慧城市领导小组和办公室，有的在大数据管理部门，有的在工信部门，有的在发改部门，有的在住建部门，有的在科技部门，有的在市府办，有的在数字办。许多城市的相关政府部门在智慧城市建设方面缺乏协调、联动机制。

第四节　中国智慧城市发展对策

建设新型智慧城市，要把握好四大方面，即基础设施、应用创新、产业发展和体制机制。

1. 建设智慧的城市基础设施

建设智慧的城市基础设施有两层含义：一是城市道路以及给排水管网、燃气管网、路灯等市政基础设施要智慧。例如，道路能够根据干燥度自动启动洒水装置；燃气管道能够探测压力等参数，出现异常时自动关闭并通知维修，以防爆裂；路灯根据周围明暗程度自动开启或关闭。二是网络基础设施、计算基础设施、数据基础设施、安全基础设施等城市信息基础设施要智慧。在网络基础设施方面，建设无线城市，推进三网融合。在计算基础设施方面，建设城市云计算中心，用户使用计算资源像用水、用电一样方便。在数据基础设施方面，建设城市大数据中心，建立和完善城市人口基础信息库、法人单位基础信息库、自然资源和地理空间基础信息库、宏观经济信息库、电子证照库和社会信用数据库等。在安全基础设施方面，建设公钥基础设施（PKI）、统一身份认证系统和异地灾备中心等。城市信息基础设施应该作为城市基础设施的一部分，纳入城市规划建设范畴。

2. 开展智慧城市创新应用

利用物联网、云计算、移动互联网、大数据、人工智能等技术，推进智慧政府、智慧经济、智慧社会三大领域的创新应用。

在智慧政府方面，重点围绕市场监管、应急管理、社会治理、公共服务等专题领域，加强电子政务信息共享和业务协同。将物联网技术应用于城市公共安全管理、城市交通管理、城市环境管理等领域，对监管对象进行自动监控。加强建设政务云，把各个城市政府部门的信息系统迁移到政务云平台。运用大数据技术对市场主体实行分类分级监管，科学配置执法资源，提高市场监管水平，对市场进行精准治理。建设政务智能系统，提高对市领导的决策支持能力，促进政府决策科学化。建设政府知识管理系统，提高公务员的业务水平和综合素质。

在智慧经济方面，大力发展工业物联网，推进互联网与制造业深度融合。将物联网技术应用到物流管理、生产过程控制、生产设备监控、产品质量溯源、节能减排和安全生产等领域，建设互联工厂、数字化工厂。通过进料设备、生产设备、包装设备等的联网，提高企业生产效率和产能。实施"企业上云"计划，降低中小企业信息化门槛。推动大数据在研发设计、生产制造、经营管理、市场营销、售后服务等关键环节的应用，发展工业大数据。把智能制造作为两化深度融合的主攻方向，着力发展智能装备和智能产品，推进生产过程智能化，全面提升企业研发、生产、管理和服务的智能化水平。鼓励企业使用工业机器人，在东南沿海地区推行"机器换人"，解决人口老龄化和产业转移带来的招工难、招工贵问题。引导企业采用物联网、云计算、移动互联网、大数据、人工智能等新一代信息技术构建智慧企业。

在智慧社会方面，深化新一代信息技术在教育、卫生健康、文化旅游、人力资源和社会保障、民政等领域的应用，促进社会事业发展。在教育方面，重点办好网络教育，促进优质教育资源共享。在卫生健康方面，推行"电子病历"，建立远程关爱（Telecare）系统，把大数据应用到城市居民健康状况分析、医疗资源优化配置、疫情监测预警等领域。在文化旅游方面，建设智慧图书馆、智慧博物馆、智慧文化馆等，推动"互联网＋文化"发展。发展智慧旅游，为游客提供基于位置的一体化信息服务。在人力资源和社会保障方面，通过跨部门数据比对杜绝冒领养老金等违法违规行为，运用大数据分析就业形势、人才结构等。在民政方面，把大数据应用到社会救助核对、婚姻状况分析、社会养老服务、民政资金监管等领域，杜绝重婚等违法违规行为。此外，还要建设智能社区、智能住宅和智能家居系统。

3. 发展智慧城市相关产业

实践表明，一个地方的信息化发展水平与当地信息通信技术（ICT）产业发达程度存在一定正相关性。在建设新型智慧城市过程中，要注重培育和发展当地物联网产业、云计算产业、移动互联网产业、大数据产业、人工智能产业、虚拟现实产业等新一代信息技术产业。把新型智慧城市建设和发展新一代信息技术产业等数字经济结合起来，以用促业。此外，还要发展智慧城市教育培训、IT咨询等相关服务业。

4. 理顺智慧城市体制机制

新型智慧城市建设涉及方方面面，需要有一个统筹协调部门，统一负责智慧城市规划、建设、管理和运营等工作。为此，要理顺智慧城市管理体制机制，成立智慧城市领导小组，由市长担任组长，分管副市长担任副组长，各局委办一把手担任小组成员，协调解决智慧城市建设过程中遇到的重大事项。设立智慧城市领导小组办公室，把市府办、市工业和信息化、发展改革、科技、住建等部门的信息化职能统一划入智慧城市领导小组办公室，统筹推进智慧城市建设。充实人员配备，健全规章制度，做好智慧城市建设统筹协调、组织推进和考核督导等工作。市委网络安全和信息化领导小组办公室、市政府智慧城市领导小组办公室、市大数据管理局可以采取"三块牌子、一套人马"的做法。

值得指出的是，"智慧城市"涉及城市政治、经济、社会等方方面面，建设内容很多，不可能一蹴而就。因此，"智慧城市"建设要"大处着眼，小处着手"，围绕市委、市政府的中心工作，结合本地实际情况，统筹规划，分步实施。

要着力推进跨部门、跨地区、跨层级政务信息共享和业务联动，构建整体政府。推行"互联网＋政务服务"，构建服务型政府。通过互联网促进社会组织、社会公众等社会力量参与城市治理，形成社会共治局面，实现从城市管理到城市治理的转变。有序开放公共数据资源，深化大数据应用，促进城市治理精细化、精准化。

第三章 物联网技术及其在智慧城市中的应用

物联网是人与物、物与物之间相互通信的网络，是智慧城市的感知技术。在两化融合领域，物联网技术已在产品信息化、生产制造、经营管理、节能减排、安全生产等领域得到应用。在电子政务领域，物联网技术在公安、国土、环保、交通、海关、质检、安监、林业等政府主管部门得到初步应用。

第一节 物联网技术概述

一、内涵

物联网是通过射频识别（RFID）系统、红外感应器、全球定位系统、激光扫描器等信息传感设备，按约定的协议，把任何物品与互联网连接起来，进行信息交换和通信，以实现智能化识别、定位、跟踪、监控和管理的一种网络，如图3-1所示。物联网为人类社会增加了新的沟通维度，即从任何时间、任何地点的人与人之间的沟通连接扩展到人与物、物与物之间的沟通。

图 3-1 物联网示意图

1995年，比尔·盖茨在《未来之路》一书中曾提及物联网（Internet of Things）的概念。1999年，在美国召开的移动计算和网络国际会议就提出，"传感网是下一个世纪人类面临的又一个发展机遇"。2003年，美国《技术评论》提出传感网络技术将是未来改变人们生活的十大技术之首。

2005年11月，在突尼斯举行的信息社会世界峰会（WSIS）上，国际电信联盟（ITU）

发布了《ITU 互联网报告 2005：物联网》，该报告对物联网概念进行了扩展，提出了在任何时刻、任何地点实现任意物体之间的互联（Any Time, Any Place, Any Things Connection），提出了无所不在的网络（Ubiquitous Networks）和无所不在的计算（Ubiquitous Computing）的发展愿景。

物联网的技术架构由感知层、网络层、应用层组成，如图 3-2 所示。感知层包括二维码标签和识读器、RFID 标签和读写器、摄像头、GPS、传感器、终端、传感器网络等，主要是识别物体，采集信息，与人体结构中皮肤和五官的作用相似。网络层将感知层获取的信息进行传递和处理，类似于人体结构中的神经中枢和大脑。应用层是物联网技术在各个行业的应用，实现行业智能化，这类似于社会分工，最终构成人类社会。

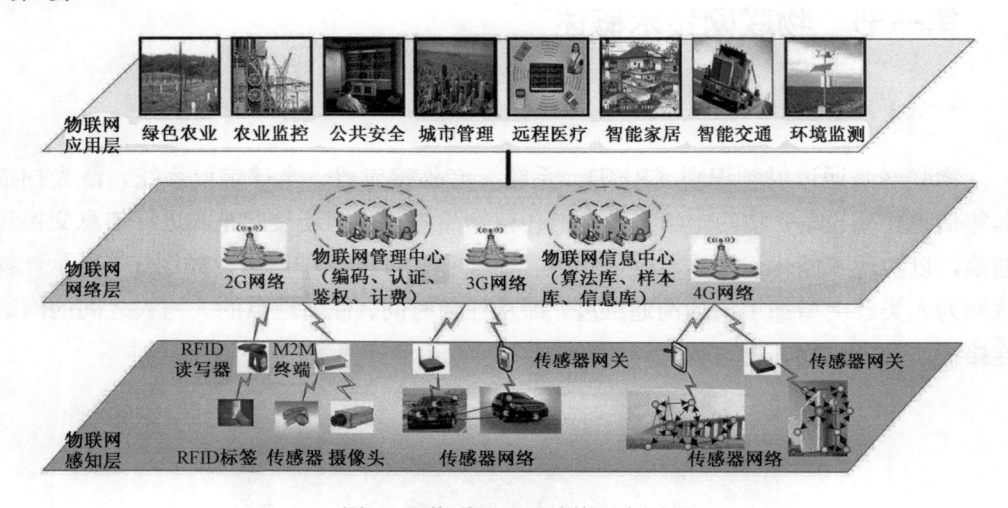

图 3-2　物联网三层结构示意图

二、相关技术

物联网的相关技术包括传感器、二维码、RFID 和 M2M 等。

1. 传感器

传感器是指能感受规定的被测量并按照一定的规律转换成可用信号的器件或装置，通常由敏感元件和转换元件组成。传感器是一种检测装置，能感受到被测量的信息，并能将检测感受到的信息，按一定规律变换成电信号或其他所需形式的信息输出，以满足信息的传输、处理、存储、显示、记录和控制等要求。它是实现自动检测和自动控制的首要环节。

根据传感器工作原理，可分为物理传感器和化学传感器两大类。物理传感器应用的是物理效应，诸如压电效应、磁致伸缩现象、离化、极化、热电、光电、磁电等效应。被测信号量的微小变化都将转换成电信号。化学传感器包括那些以化学吸附、电化学反应等现象为因果关系的传感器，被测信号量的微小变化也将转换成电信号。

人们为了从外界获取信息，必须借助于感觉器官。而单靠人们自身的感觉器官，在研究自然现象和规律以及生产活动中它们的功能就远远不够了。为适应这种情况，就需要传感器。因此可以说，传感器是人类五官的延长，又称之为电五官。

新技术革命的到来，世界开始进入信息时代。在利用信息的过程中，首先要解决的就是要获取准确可靠的信息，而传感器是获取自然和生产领域中信息的主要途径与手段。

在现代工业生产尤其是自动化生产过程中，要用各种传感器来监视和控制生产过程中的各个参数，使设备工作在正常状态或最佳状态，并使产品达到最好的质量。因此可以说，没有众多的优良的传感器，现代化生产也就失去了基础。

2．二维码

二维码是用特定的几何图形按一定规律在平面分布的黑白相间的矩形方阵记录数据符号信息的新一代条码技术，由一个二维码矩阵图形和一个二维码号，以及下方的说明文字组成，具有信息量大，纠错能力强，识读速度快，全方位识读等特点。

二维码可以印刷在报纸、杂志、广告、图书、包装以及个人名片等多种载体上，用户通过手机摄像头扫描二维码即可浏览网页，下载图片、音频、视频、App，获取优惠券，了解产品信息等，省去了输入网址的麻烦。二维码在商贸、物流、新闻出版、文化娱乐等行业具有广阔的应用领域。在一些城市，二维码甚至已经用在被称作"城市牛皮癣"的小广告上，对城管执法人员提出了新的整治问题，如图 3-3 所示。在 2017 年的全国两会上，国务院政府工作报告就印上了二维码，全国人大代表和全国政协委员用手机扫一扫就可以阅读政府工作报告。

图 3-3　采用二维码的小广告

3．RFID

射频识别（Radio Frequency Identification，RFID）技术是一种利用射频通信实现的非接触式自动识别技术，是物联网代表性的技术。

RFID 标签具有体积小、容量大、寿命长、可重复使用等特点，可支持快速读写、非可视识别、移动识别、多目标识别、定位及长期跟踪管理。RFID 技术与互联网、通信等技术相结合，可实现全球范围内的物品跟踪与信息共享。RFID 技术应用于物流、制造、公共信息服务等行业，可大幅提高管理与运作效率，降低成本。

20 世纪 90 年代以来，RFID 技术得到了快速的发展。发达国家和地区已经将其应用于很多领域，并积极推动相关技术与应用标准的国际化。近年来，随着大规模集成电路、网络通信、信息安全等技术的发展，RFID 技术进入商业化应用阶段。由于具有高速移动物体识别、多目标识别和非接触识别等特点，RFID 技术显示出巨大的发展潜力与应用空间，被认为是 21 世纪的最有发展前途的信息技术之一。

中国已经将 RFID 技术应用于铁路车号识别、身份证和票证管理、动物标识、特种设备与危险品管理、公共交通以及生产过程管理等多个领域。在未来的几年中，RFID 技术将继续保持高速发展的势头，电子标签、读写器、系统集成软件、公共服务体系、标准化等方面都将取得新的进展。随着关键技术的不断进步，RFID 产品的种类将越来越丰富，应用和衍生的增值服务也将越来越广泛。

4. M2M

简单地说，M2M（Machine to Machine）是将数据从一台终端传送到另一台终端，也就是机器与机器之间的对话。但从广义上来说，M2M 可代表机器对机器（Machine to Machine）、人对机器（Man to Machine）、机器对人（Machine to Man）、移动网络对机器（Mobile to Machine）之间的连接与通信，它涵盖了所有实现在人、机器、系统之间建立通信连接的技术和手段。

作为实现机器与机器之间的无线通信手段，M2M 为制造业信息化提供了一种新的解决思路。例如，在电力设备中安装可监测配电网运行参数的模块，实现配电系统的实时监测、控制和管理维护；在石油设备中安装可以采集油井工作情况信息的模块，对油井设备进行远程调节和控制，及时、准确地了解油井设备工作情况；在汽车上配装采集车载信息终端、远程监控系统等，实现车辆运行状态监控；等等。

第二节 物联网技术在企业的应用

一、应用现状

目前，物联网技术已在产品信息化、生产制造环节、经营管理环节、节能减排、安全生产等领域得到应用[42]。

1. 物联网技术在产品信息化领域的应用

企业信息化不仅仅是企业管理信息化，还包括产品信息化。产品信息化是指将信息技术被物化在产品中，以提高产品中的信息技术含量的过程。推进产品信息化的目的是增强产品的性能和功能，提高产品的附加值，促进产品升级换代。目前，汽车、家电、工程机械、船舶等行业通过应用物联网技术，提高了产品的智能化水平。

在汽车行业，智能网联汽车逐渐兴起，为汽车工业发展注入新动力。2010 年 6

月，针对物联网在汽车行业中的应用，国际标准化组织提出了全网车（The Fully Networked Car，FNC）的概念，其目标是使汽车驾驶更安全、更舒适、更人性化。通用汽车推出了电动联网概念车 EN-V，通过整合 GPS 导航技术、Car-2-Car 通信技术、无线通信及远程感应技术，实现了自动驾驶。车主可以通过物联网对汽车进行远程控制。例如在夏季，车主可以在进入停车场前通过手机启动汽车空调。在车辆停放后，车载监控设备可以实时记录车辆周边的情况，如果发现偷窃行为，系统会自动通过短信或拨打手机向车主报警。汽车芯片感应防盗系统可以正确识别车主，在车主接近或远离车辆时自动打开或关闭车锁。售后服务商可以监测车辆运行状况，对故障进行远程诊断。Car-2-Car 通信技术可以使车辆之间保持一定的安全距离，避免对撞或追尾事故。

在工程机械行业，徐工集团、三一重工等都已在工程机械产品中应用物联网技术。通过工程机械运行参数实时监控及智能分析平台，客服中心可以通过电话、短信等纠正客户的不规范操作，提醒进行必要的养护，预防故障的发生，如图 3-4 所示。客服中心工程师可以通过安装在工程机械上的智能终端传回油温、转速、油压、起重臂幅、伸缩控制阀状态、油缸伸缩状态、回转泵状态等信息，对客户设备进行远程诊断，远程指导客户如何排除故障。

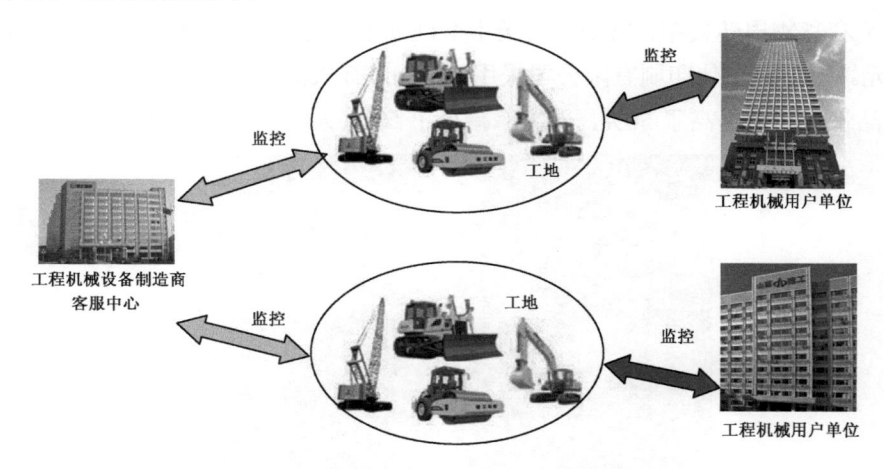

图 3-4　物联网技术在工程机械领域的应用

在家电行业，物联网家电的概念已经出现，物联网技术的发展将促进智能家电的发展。例如，美的集团在上海世博会上展示了物联网家电解决方案，海尔集团推出了物联网冰箱和物联网洗衣机，小天鹅物联网滚筒洗衣机已进入美国市场。小天鹅物联网滚筒洗衣机专门针对美国新一代智能电网进行设计，能识别智能电网运行状态及分时电价等信息，自动调整洗衣机的运行状态，以节约能耗。

此外，物联网还可以应用于服装、鞋帽、箱包等行业。例如：在手提包或背包中嵌入定位芯片，一旦被偷，主人就可以知道他（她）的手提包或背包现在在什么位置；在儿童和老人穿的鞋中嵌入定位芯片，一旦儿童走失或被拐卖，或者患有老年痴呆症的老人走失，家人立刻就可以知道其所在的位置。

2. 物联网技术在生产制造领域的应用

物联网技术应用于生产线过程检测、实时参数采集、生产设备与产品监控管理、材料消耗监测等，可以大幅度提高生产的智能化水平。在钢铁行业，利用物联网技术，企业可以在生产过程中实时监控加工产品的宽度、厚度、温度等参数，提高产品质量，优化生产流程。在家电行业，海尔集团在数字化生产线中应用了 RFID 技术，提高了生产效率，每年可节省 1200 万元。

在我国东南沿海地区，发展智能制造和工业互联网，建设"无人工厂"是工业企业应对"招工难""招工贵"问题的举措，而物联网就是"无人工厂"的关键技术。

3. 物联网技术在经营管理领域的应用

在企业经营管理方面，物联网技术主要应用于物流管理、生产管理等领域。在物流管理方面，把物联网技术应用于立体仓库、自动分拣、车辆监控、货物追踪等领域，可以显著提高物流效率，降低库存成本。例如，海尔集团通过采用 RFID 提高了库存管理水平和货物周转效率，减少了配送不准确或不及时的情况，每年减少经济损失达 900 万元。鹤山雅图仕印刷有限公司采用 RFID 进行成品管理（如图 3-5 所示），三年来，成品管理效率提高了 50%，差错率减少了 5%，人力资源成本减少了 2700 万元。

图 3-5 RFID 技术在成品管理方面的应用

在纺织、食品饮料、化工等流程型行业，物联网技术已在生产车间、生产设备管理领域得到应用。例如，无锡一棉开发建立了网络在线监控系统，可对产量、质量、机械状态等 9 类 168 个参数进行监测，并通过与企业 ERP 系统对接，实现了管控一体化和质量溯源，提升了生产管理水平和产品质量档次。此外，还可以及时、准确地发现某台（某眼、某锭）的异常情况，引导维修人员有的放矢地工作。

山东泓坤纺织有限公司车间温湿度监控物联网应用系统由前端设备、控制设备和管理后台组成。前端设备主要是各类温湿度传感器，负责实时采集车间环境数据并上传到控制设备；控制设备负责将各传感器数据通过 GPRS 网络上传到管理后台，并通过 LED 显示屏实时显示温湿度数据。如果环境数据超过既定的阈值，管理后台将通过短信等方式提醒相关工作人员，以便及时采取必要措施。该系统的应用使织布机的作业效率从原先的 70%左右提高到目前的 90%。

在零售行业，美国亚马逊公司通过应用物联网技术实现了顾客自助购物。在亚马逊公司的"无人商场"，顾客无须在收银台排队，计算机系统会自动计算顾客所购买商品的总额并自动扣款，顾客拿了商品就可以直接走了。

4．物联网技术在节能减排领域的应用

物联网技术已在钢铁、有色金属、电力、化工、纺织、造纸等"高能耗、高污染"行业得到应用，有效地促进了这些行业的节能减排。智能电网的发展将促进电力行业的节能。江西电网公司对分布在全省范围内的 2 万台配电变压器安装传感装置，对运行状态进行实时监测，实现用电检查、电能质量监测、负荷管理、线损管理、需求侧管理等高效一体化管理，一年来降低电损 1.2 亿千瓦时。

利用物联网技术建立污染源自动监控系统，可以对工业生产过程中排放的污染物 COD 等关键指标进行实时监控，为优化工艺流程提供依据，如图 3-6 所示。

图 3-6　污染源自动监控系统

5．物联网技术在安全生产领域的应用

物联网已成为煤炭、钢铁、有色等行业保障安全生产的重要技术手段。通过建立基于物联网技术的矿山井下人、机、环监控及调度指挥综合信息系统，可以对采掘、提升、运输、通风、排水、供电等关键生产设备进行状态监测和故障诊断，可以监测温度、湿度、瓦斯浓度等。一旦传感器监测到瓦斯浓度超标，就会自动拉响警报，提醒相关人员尽快采取有效措施，减少瓦斯爆炸和透水事故的发生。通过井下人员定位系统，可以对井下作业人员进行定位和跟踪，并识别他们的身份，以便使他们在矿难发生时得到及时营救。

二、存在的问题

虽然近年来我国物联网产业发展非常迅猛，物联网技术在工业领域的应用也越来越广泛，但仍然存在一些不容忽视的问题[44]。

1. 国产传感器性能较差

与西方发达国家传感器产品相比，国产传感器产品往往不成系列，在测量精度、温度特性、稳定性、响应时间、可靠性等方面有较大差距，特别是稳定性、可靠性。有的国产传感器寿命短、故障率高、技术含量低、产品附加值低，处于产业链中低端。

2. 缺乏高端传感器人才

国产传感器企业高端人才匮乏，技术和产品创新能力弱，特别是传感器设计技术、封装技术、装备技术等与国外存在较大差距。国内传感器研发人才主要集中在高校和科研院所，民营企业难以吸引到优秀人才。

3. 物联网标准体系不健全

物联网标准化滞后，缺乏相关国家标准和行业标准。由于利益纷争，难以形成各个企业都认同的物联网标准。标准不统一，限制了物联网系统的互联互通，增加了用户应用物联网的成本。

三、发展对策

发展工业物联网，可以从以下几个方面着手。

1. 消除工业物联网发展的制约因素

当前，制约工业物联网发展的主要因素是核心技术、IPv6地址资源、标准规范和信息安全等。要消除这些制约因素，应通过财政资金支持、税收优惠等政策措施支持有关企业联合高校和科研院所开展工业物联网核心技术攻关。做好IPv6地址资源申请工作，合理分配IPv6地址资源。组织各方力量开展工业物联网标准研究和制订工作，做好工业物联网标准宣贯和实施工作。开展工业物联网信息安全风险评估，及时发现并消除安全隐患。

2. 以推广应用带动工业物联网发展

一是推进物联网技术在产品信息化中的应用。鼓励企业将物联网技术嵌入到工业产品中，提高产品网络化、智能化程度。重点在汽车、船舶、机械装备、家电等行业推广物联网技术，推动智慧汽车、智能家电、车联网、船联网等的发展。推进电子标签封装技术与印刷、造纸、包装等技术融合，使 RFID 嵌入到工业产品中。

二是推进物联网技术在生产和管理领域的应用。通过进料设备、生产设备、包装设备等的联网，发展具有协作能力的工业机器人群，建设无人工厂，提高企业产能和生产效率。在供应链管理、车间管理等管理领域推广物联网技术，提高企业管理效率和智能化水平。

三是推进物联网技术在节能减排和安全生产领域的应用。利用物联网技术对企业能耗、污染物排放情况进行实时监测，对能耗、COD、SO_2 等数据进行分析，以便优化工艺流程，采取必要的措施。利用物联网技术对工矿企业作业设备、作业环境、作业人员进行实时监测，对温度、压力、瓦斯浓度等数据进行分析，当数据超标时自动报警，以便有关人员及时采取措施；或者自动停机、切断电源、加大排风功率等，以避免重大安全生产事故的发生。

3. 加强工业物联网政策引导和人才培养

发展工业物联网要与智慧城市建设、工业转型升级等工作相结合。目前，我国许多城市在开展智慧城市建设工作。物联网是智慧城市的关键技术之一，应把发展工业物联网作为建设智慧城市、发展智慧工业、构建智慧企业的重要内容。工业转型升级资金应对预期效益好、带动面广的工业物联网项目进行重点支持。

加快工业物联网人才培养。与工业物联网有关的专业包括计算机科学、电子工程、自动化、通信工程、机电工程、管理科学与工程、企业管理等。有关高校应及时调整专业和课程设置，开设跨院系、跨专业的物联网通选课，培养复合型人才。积极探索、建立校企合作培养工业物联网人才的新模式。

作为新一代信息技术的典型代表，物联网技术在工业领域具有广阔的应用前景。中国工业要做大做强，必须大力发展工业物联网；"中国制造"要转变为"中国智造""中国创造"，必须大力发展工业物联网；中国要加快调整经济结构、转变经济发展方式，必须大力发展工业物联网。

第三节 物联网技术在政府部门的应用

从技术特点来看，物联网技术的主要作用是"感知"。因此物联网技术比较适用于政府部门的监测类业务，特别是对自然环境和人造物品的自动监测。

一、应用现状

目前，物联网技术在公安、自然资源、生态环境、交通运输、海关、市场监管、应急管理、林业等政府主管部门得到初步应用，取得了良好的效果。

1. 物联网技术在公安部门的应用

对于公安部门，物联网技术可以应用于罪犯识别和追踪、出入境管理、车辆监控、监狱周界安防、公民身份认证、重大活动安保、公务枪支管理等方面。

在罪犯识别和追踪方面，把视频监控和图像识别结合起来，根据犯罪嫌疑人的体貌特征，智能探头可以在人群中识别出罪犯，锁定之后可以对罪犯进行持续跟踪。2012年4月，京沪高铁段的上海虹桥站、天津西站、济南西站启动建设人脸识别系统，以协助公安部门抓捕在逃罪犯。今后，应逐步把传统探头升级改造为具有对人脸、人体特征、车牌号等自动识别功能的智能探头，实现联网监控和自动报警，提高对嫌疑人员和嫌疑车辆的跟踪水平，快速抓捕犯罪嫌疑人、在逃犯和暴恐分子等。

人脸识别技术

人脸识别技术是一种远距离、用户非配合状态下的快速身份识别技术，可以从监控视频图像中实时查找人脸，并与人脸数据库进行实时比对，完成快速的身份识别，实现智能预警的目的。2006年，北京站和北京西站就曾引进了静态取相的人脸比对识别系统。该系统正式投入使用一个多月后，就有100多名犯罪嫌疑人因为该系统而落入了法网。2008年北京奥运会开幕式应用了人脸识别系统，证明实名制的开幕式入场券的确是其本人所有，这是奥运历史上第一次使用人脸识别技术。2009年，首都机场的工作人员通道就启用了人脸识别门禁系统，对进出此通道的工作人员进行检查，以防止他人冒用员工证进入机场控制区。2010年，广州高考考场首次全面启用人脸识别系统，防止替考现象，同时也为忘带准考证的考生提供了不小的方便。2011年，北京天坛医院在各个挂号窗口也都安装了人脸监控设备。如果识别系统监控到某人在一周内多次反复挂号，那么医院就会把他列入黑名单。

图 3-7 智能枪柜

在出入境管理方面，公安部推出了"电子护照"。在车辆监控方面，RFID 技术已在上海世博园区车辆管理领域得到成功应用。在监狱周界安防方面，利用物联网技术可以探测到越狱行为并自动发出报警。在公民身份认证和重大活动安保方面，第二代居民身份证、许多国家重大活动证件都已经采用了 RFID 技术。在公务枪支管理方面，利用物联网技术建立"智能枪柜"（如图 3-7 所示），可以实现对公务枪支的有效管理。

2. 物联网技术在自然资源部门的应用

对于自然资源管理部门，物联网技术可以应用于地质勘查、土地监察等方面。

2019年11月，自然资源部印发了《自然资源部信息化建设总体方案》，提出运用传感器等现代物联网技术，构建全天候监测与预警的感知体系，形成实时、快速的自然资源感知能力。

徐州市国土资源局在2009年就开始采用物联网、地理空间信息技术等来建立矿产资源与矿区土地一体化管理系统，实现了地表数据和地下规划数据、现状数据的"一张图"管理，为矿产储量动态监测、土地塌陷分析、村庄搬迁分析等提供了科学依据。

太原市国土资源局于2010年开始尝试用物联网来开发基本农田保护系统、地政和矿政管理等，将每块基本农田、每个私挖滥采点联网，从而实现全天候监控。

深圳市规划和国土资源委员会于2011年开通了基于物联网的土地监察数字平台，集违法判定智能化、监察过程透明化、应急反应快速化于一体，真正做到了"看得见、办得了、管得住"。

3. 物联网技术在生态环境部门的应用

对于生态环境部门，物联网技术可以应用于工业污染源自动监测、核辐射自动监测、空气污染自动监测、江河湖泊水质自动监测、海洋环境自动监测等方面。

"国控重点污染源自动监控能力建设项目"是环保部2005年启动的一项全国性的节能减排、提高环境质量的重大举措。该项目总投资超过80亿元。目前已建成省、市级污染源监控中心306个，共对12 665家工业企业的排污情况实施了自动监控。

2011年10月以来，北京等城市接连出现雾霾天气，许多市民呼吁将雾霾元凶PM2.5纳入国标强制监测。通过建立PM2.5自动监测网，就可以实时地采集城市各监测点的PM2.5浓度值，如图3-8所示。

图3-8 雾霾天气（a）和监测PM 2.5浓度的传感器（b）

4. 物联网技术在交通运输部门的应用

对于公路运输管理部门，物联网技术可以应用于汽车超速监测、货车超载检测、疲劳驾驶监测、车联网等方面。2011年7月，交通运输部交通运输重大科技专项项目之一"基于物联网的公路网运行状态监测与效率提升技术研究"项目启动。2012年7月，国家重大科技专项课题"面向公路智能交通系统的无线物联网总体技术研究"正式获科技部批准并启动。

车联网是以车内网、车际网和车载移动互联网为基础，按照约定的通信协议和数据交换标准，在车与车、车与路、车与行人之间进行无线通信和信息交换的网络。近年来，谷歌、百度等公司都推出了无人驾驶汽车。车联网是无人驾驶汽车普及的基础设施，是智能交通系统的重要组成部分。

对于海事部门，物联网技术可以应用于船舶识别、水上交通管制、海事设施运行监测、船员身份自动认证、船联网（如图 3-9 所示）等方面。

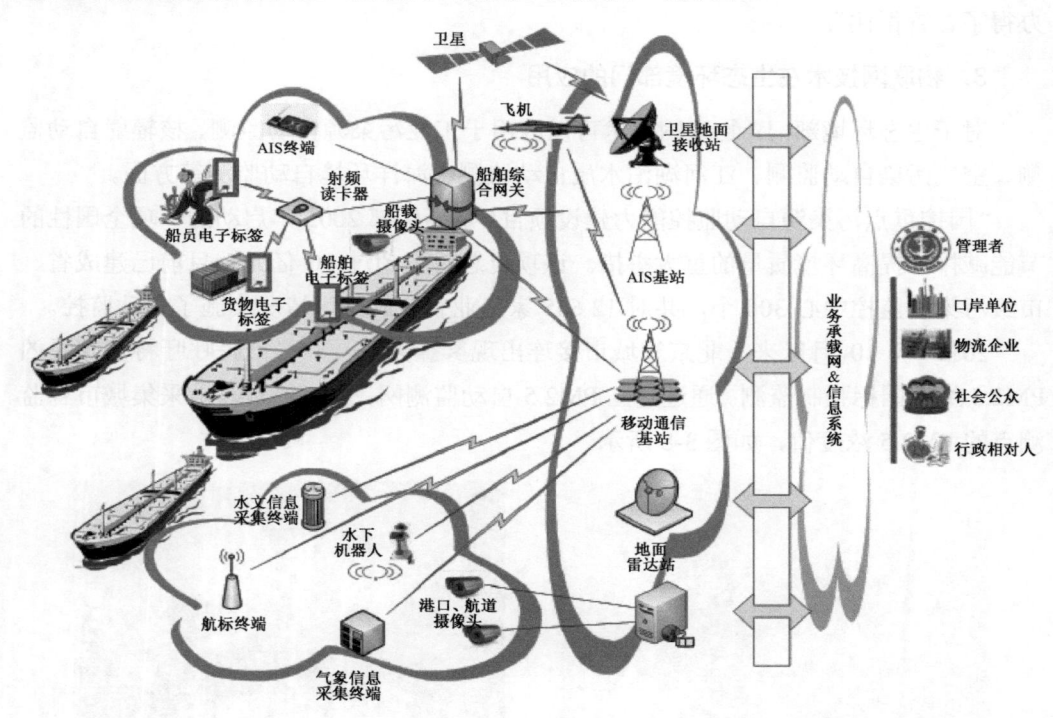

图 3-9　船联网示意图

MarineTraffic 网站通过各国海事部门采集了全球船舶动态信息。在 MarineTraffic 网站可以查看全球船舶。

目前，我国各级海事部门已经建立了一批船舶交通服务系统（VTS）、船舶自动识别系统（AIS）、闭路电视监控系统（CCTV）。2015年4月，中国交通通信信息中心建立了国家水上交通信息服务平台——宝船网，可为海事、搜救、渔业、边防、航运、船舶租赁、港口等提供综合信息服务。该平台以船舶位置为基础，是融合了全球电子海图、卫星通信系统、全球 AIS 数据资源、全球船舶数据资料和全球专业气象数据的综合信息服务平台，具有 AIS 船舶位置查询、船舶历史轨迹查询、全球海图操作、船队船舶管理、关注船舶管理、关注区域管理、实时台风预报信息发布、AWT 海洋气象预报信息发布等功能。

对于民航部门，物联网技术可以应用于机场周界安防、空中交通管制、航班位置发布等方面。目前，上海浦东国际机场、重庆江北国际机场、无锡硕放机场等许多机场都建立了基于物联网的机场周界防入侵系统。在空中交通管制方面，利用雷达、飞行传感器等，实现了飞机位置、速度、姿态等自动监测，以便空中交通管制人员引导飞机进行起降。

近年来，国内外出现了 FlightTrack、FlighTradar24、"航旅纵横"等一批可以让用户查看航班实时位置信息的 App。

对于铁道部门，物联网技术可以应用于列车运行状态监测、铁道设备运行情况监测、电子客票、货物追踪等方面。为了保障列车行车安全，全路网都建立了铁路综合视频监控系统、铁路通信监控系统和列车防碰撞系统（ATP 系统），其中铁路通信监控系统用来对铁路通信设备、线路（光纤）等进行远程控制和设备安全运行状态监控。如果列车超速，ATP 系统就会自动提醒列车司机。如果列车司机没有采取减速措施，该系统则会自动刹车。该系统在发出警告和采取刹车时，会考虑到前方列车的速度和位置，以防止列车相互碰撞。广深铁路采用带有 RFID 的火车票，乘客可以刷票进出站。由于货运管理系统可以自动监测到货运列车位置，因而客户就可以知道某件货物在当前的位置。

5．物联网技术在海关部门的应用

对于海关部门，物联网技术可以应用于车辆通关自动核放、电子关锁、电子围网、海关物流监控等方面。

2002 年，深圳海关建立了公路口岸车辆自动核放系统，如图 3-10 所示。该系统主要应用 RFID 技术，集成了电子车牌、司机识别卡、电子地磅、电子栏杆、地感线圈、红绿信号灯、声音报警、LED 显示、防闯关路障、红外感应、GPS 和电子关锁通信设备等多项数据采集传感器和末端设备。车辆自动核放系统把以前每辆车的通关时间由 2 分钟缩减到了 5～6 秒，避免了堵车现象。2009 年 6 月底，深圳海关辖下的盐田港与黄埔海关辖下的车检场在广东省内率先正式启用电子关锁卡口联网，两地卡口联网试点车辆逐步推广使用电子关锁。深圳海关还通过综合运用电子关锁、GPS、CCTV 等技术手段实现了区域间的物流严密监控，建立起了电子围网。

(a)   (b)

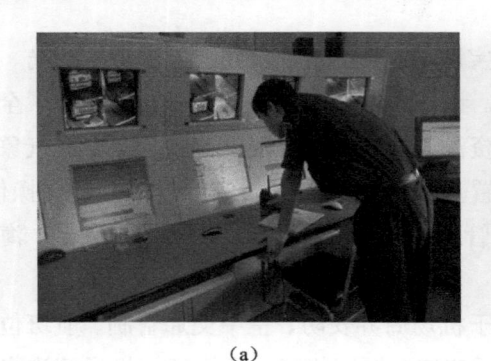

图 3-10　深圳海关公路口岸车辆自动核放系统

2012 年 10 月，金关工程（二期）获准立项，将在金关工程（一期）项目建设基础上，通过顶层设计和科技创新，采用物联网、云计算等新技术，重点建设全国海关监控指挥系统、进出口企业诚信管理系统、加工和保税监管系统、海关物流监控系统等应用系统。

6. 物联网技术在市场监管部门的应用

对于市场监管部门，物联网技术可以应用于特种设备运行监测和安全监管、计量装置自动监测、食品安全溯源等方面。

2012 年 8 月，国家质检总局与无锡市政府合作开展特种设备物联网应用示范项目。该项目是利用物联网技术对电梯、起重机、锅炉、压力容器、压力管道、厂车、大型游乐设施、客运索道 8 大类特种设备的运转情况进行实时监视，对安全隐患进行预警，对特种设备的运行维护情况进行监督。

以电梯物联网应用示范为例，一旦电梯发生故障而有人员被困的情况发生时，就不再需要被困人员狂按报警键向外界求救，物联网可自动将故障信息发至维保人员，及时展开营救工作。借助电梯自动触发安抚语音播放，可以缓解被困人员的紧张情绪。计算机可以根据电梯历史运行情况对其维保工作是否到位进行逻辑判定，达到科学化、智能化监管的目的。

7. 物联网技术在应急管理部门的应用

对于应急管理部门，物联网技术可以应用于重大危险源自动监控、危险化学品运输车辆监控、非煤矿山安全生产监控、烟花爆竹销售监管、煤矿瓦斯浓度自动监测、矿山井下人员定位、地壳形变的自动监测、消防器材管理等方面，其具体应用领域示例如图 3-11 所示。

2012 年 5 月底，北京市安全监管局印发了《北京市安全生产监管系统物联网应用示范工程建设工作方案》。目前，北京安全监管系统物联网应用示范项目已进入实施阶段。2011 年 6 月，温州经济技术开发区安监局利用物联网技术对首批危化企业实现了危险源气体监测。

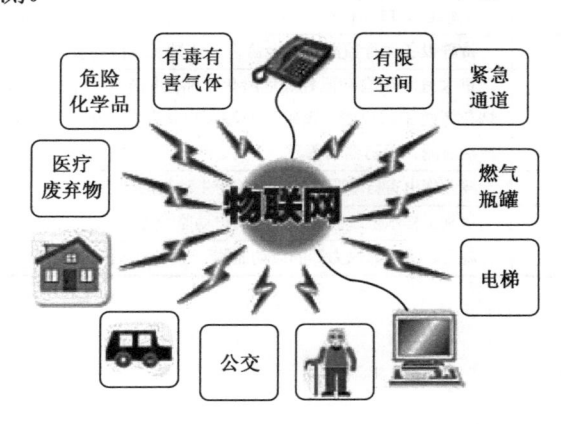

图 3-11　物联网在应急管理部门的具体应用领域示例

对于煤矿安全监察部门，物联网技术可以应用于瓦斯浓度自动监测、井下人员定位等方面。

8．物联网技术在其他政府部门的应用

物联网技术还可以应用于水利、气象、林草、邮政等部门。对于水利部门，物联网技术可以应用于水利工程水位、流量、流速的自动监测等方面。对于气象部门，物联网技术可以应用于温度、湿度、风力等的自动监测。在车辆上安装气象传感器，可以对沿途气象情况进行实时监测，成为"流动气象站"。

物联网技术在自然资源、生态环境、林草、水利、气象等与自然环境关系密切的政府部门以及公安、海关、交通运输、市场监管、应急管理等与人造物品关系密切的政府部门的应用前景非常广阔，如表 3-1 所示。

表 3-1　一些政府部门的物联网应用领域

政府部门		物联网应用领域
公安部门		罪犯识别和追踪、出入境管理、车辆监控、监狱周界安防、公民身份认证、重大活动安保、公务枪支管理等
自然资源部门		地质勘查、土地监察等
生态环境部门		工业污染源自动监测、核辐射自动监测、空气污染自动监测、江河湖泊水质自动监测、海洋环境自动监测等
交通运输部门	公路	汽车超速监测、货车超载检测、疲劳驾驶监测、车联网等
	海事	船舶识别、水上交通管制、海事设施运行监测、船员身份自动认证、船联网等
	民航	机场周界安防、空中交通管制、航班位置发布等
	铁道	列车运行状态监测、铁道设备运行情况监测、电子客票、货物追踪等

续表

政府部门	物联网应用领域
海关部门	车辆通关自动核放、电子关锁、电子关网、海关物流监控等
市场监管部门	特种设备运行监测和安全监管、计量装置自动监测、食品安全溯源等
应急管理部门	重大危险源自动监控、危险化学品运输车辆监控、非煤矿山安全生产监控、烟花爆竹销售监管、煤矿瓦斯浓度自动监测、矿山井下人员定位、地壳形变的自动监测、消防器材管理
林草部门	林业病虫害自动监测、受保护野生动物活动监测、湿地水位监测等
水利部门	水利工程水位、流量、流速的自动监测等
气象部门	温度、湿度、风力等的自动监测

二、发展对策

目前，许多政府部门对物联网技术有应用需求。有关政府部门应把物联网技术应用作为构建智慧政府的重要内容，推进物联网技术在电子政务领域的深度应用，加强对物联网产业的引导和扶持。

（1）把物联网技术应用作为构建智慧政府的重要内容。智慧政府是电子政务的大势所趋，而物联网技术是智慧政府的关键技术之一。有关政府部门应结合自身业务特点，大力开展物联网技术应用试点示范工作，提高行政管理和公共服务的自动化、智能化水平，促进行政管理和公共服务模式创新，实现从电子政府到智慧政府的转变。

（2）推进物联网技术在电子政务领域的深度应用。物联网技术不完全是新技术。在物联网概念出现以前，各类传感器、RFID 等都已经出现，并在许多政府部门得到应用。政府部门要做的是对传统传感器、RFID 应用系统进行升级改造，实现数据的自动采集、处理和分析，更好地支撑本部门的业务。另外，物联网技术不是一种孤立的技术，要把物联网技术应用和其他技术应用结合起来，如云计算、大数据、移动互联网。物联网采集上来的大量数据需要处理，这就需要云计算和大数据技术。物联网本身的数据传输，以及物联网应用系统客户端从普通电脑移至智能手机或平板电脑，需要移动互联网。

（3）加强对物联网产业的引导和扶持。物联网产业属于战略性新兴产业。《国务院关于加快培育和发展战略性新兴产业的决定》提出，"促进物联网、云计算的研发和示范应用"。政府部门可以从以下几方面加强对物联网产业的引导和扶持：一是通过政府采购，开展物联网示范应用，带动企业乃至全社会的物联网应用，以应用来促进物联网产业的发展。二是建立类似《物联网产业引导和扶持方向目录》的指导性文件，对物联网核心技术攻关、物联网技术创新应用等方面进行资金支持。三是推动与物联网密切相关的传统产业的转型升级，包括传感器件、仪器仪表等行业。例如，仪器仪表行业通过增加物联网数据传输接口、远程控制功能等，实现传统仪器仪表向智能仪器仪表的转变，提高产品技术含量和附加值。又如，将单一功能的传感器升级为多功能传感器，可以使一些政府物联网实现"资源整合、共建共享"，减少财政开支，避免资源浪费。

2013 年 2 月，国务院印发的《国务院关于推进物联网有序健康发展的指导意见》提出，应用物联网等新一代信息技术建设智慧城市，要加强统筹、注重效果、突出特色。

2017 年 6 月，《工业和信息化部办公厅关于全面推进移动物联网（NB-IoT）建设发展的通知》提出，推广 NB-IoT 在公共服务领域的应用，推进智慧城市建设。以水、电、气表智能计量、公共停车管理、环保监测等领域为切入点，结合智慧城市建设，加快发展 NB-IoT 在城市公共服务和公共管理中的应用，助力公共服务能力不断提升。

2021 年 3 月，十三届全国人大四次会议通过的《中华人民共和国国民经济和社会发展第十四个五年规划和 2035 年远景目标纲要》提出，分级分类推进新型智慧城市建设，将物联网感知设施、通信系统等纳入公共基础设施统一规划建设，推进市政公用设施、建筑等物联网应用和智能化改造。

第四章　云计算技术及其在智慧城市中的应用

作为一种新的网络计算模式，云计算的资源是虚拟化的、可以动态扩展的，用户不需要了解"云"中各类信息资源的细节，而是根据自己的实际需求获取相应的资源和服务，使人们可以像用水、用电一样使用计算资源。云计算在某种程度上降低了政府基层单位和中小企业的信息化门槛，为集约化建设智慧城市提供了强有力的技术支撑。

第一节　云计算技术概述

一、内涵与特点

根据美国国家标准和技术研究所的定义，云计算（Cloud Computing）是一种可以随时随地方便而按需地通过网络访问可配置计算资源（如网络、服务器、存储、应用程序和服务）的共享池的模式，这个池可以通过最低成本的管理或与服务提供商交互来快速配置和释放资源，如图 4-1 所示。之所以称为"云计算"，是因为互联网的标识是云状图。

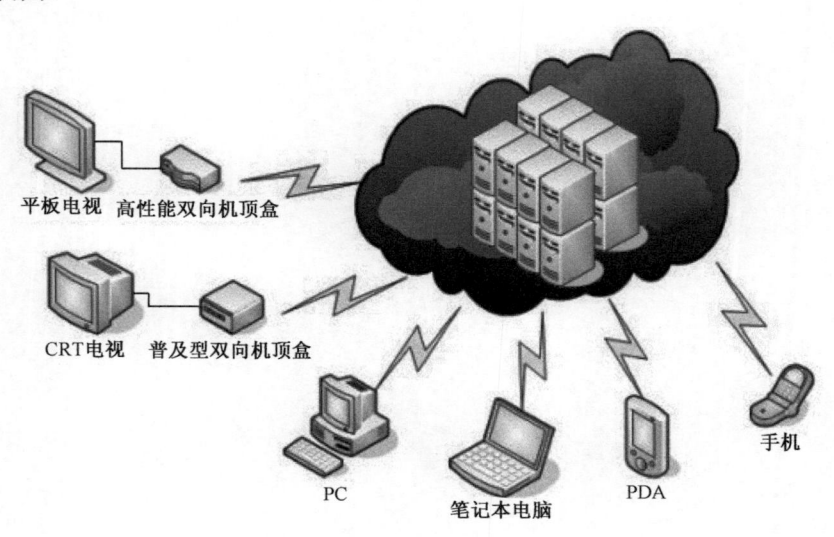

图 4-1　云计算示意图

在云计算概念诞生之前，许多公司就可以通过互联网提供服务，如订票、地图、搜索以及硬件租赁业务等。随着服务内容的不断增加和用户规模的不断扩大，对于服务的可靠性、可用性的要求急剧增加，这种需求变化通过服务器集群等方式很难满足要求，需要建设数据中心。对于像 Google 和 Amazon 这样有实力的大公司来说，有能力建设分散于全球各地的数据中心来满足各自业务发展的需求，并且有富余，于是 Google、Amazon 等就将自己的信息基础设施作为服务提供给相关的用户。

云计算具有如下一些特点：

（1）快速弹性（Rapid Elasticity）。弹性是指根据需要可伸缩地使用资源的能力。对于消费者来说，云似乎是无限的，消费者可以根据需要购买计算力资源，可以很多，也可以很少。

（2）测量服务（Measured Service）。在测量服务中，云服务提供商控制和监视云服务的各个方面。这对计费、访问控制、资源优化配置、容量规划和其他任务来说是至关重要的。

（3）按需自助服务（On-Demand Self-Service）：这意味着消费者可以根据需要使用云服务，不需要与云服务提供商进行人机交互。

（4）无处不在的网络接入（Ubiquitous Network Access）。无处不在的网络接入意味着用户可以通过网络获取云服务提供商的能力，胖客户（Thick Client）和瘦客户（Thin Client）可以通过标准机制访问它们。

资源池（Resource Pooling）允许云服务提供商通过多租户模型为消费者提供服务，根据消费者的需求对物理和虚拟资源进行分配和再分配。其中有一种位置独立的感觉，用户一般不知道资源的确切位置，但也许能在更高的抽象级别上确定位置。

二、主要类型

1. 按照资源使用方式分类

按照云计算资源的使用方式，可以将云计算分为公共云（Public Cloud）、私有云（Private Cloud）和混合云（Hybrid Cloud），如图 4-2 所示。

所谓公共云，是指多个用户公用一个云服务提供商的 IT 资源。每个用户根据自己占用、消耗 IT 资源的多少，向云服务提供商支付费用。公共云比较适用于中小企业、微型企业、政府基层单位和个人用户。

所谓私有云，是指政府或企事业单位建设一个云计算中心或云服务平台供自己使用，不对外开放，不向外单位提供云计算服务。私有云适用于大型企业集团、国家部委、省和地市一级政府，采用虚拟化等技术，对传统计算中心、数据中心进行升级改造。

所谓混合云，是指公共云和私有云的混合体。混合云的一部分资源公用，对外开放；一部分私用，不对外开放。混合云适用于 IT 资源有富余的单位，在满足自身应用的同时，把多余 IT 资源卖给外单位。

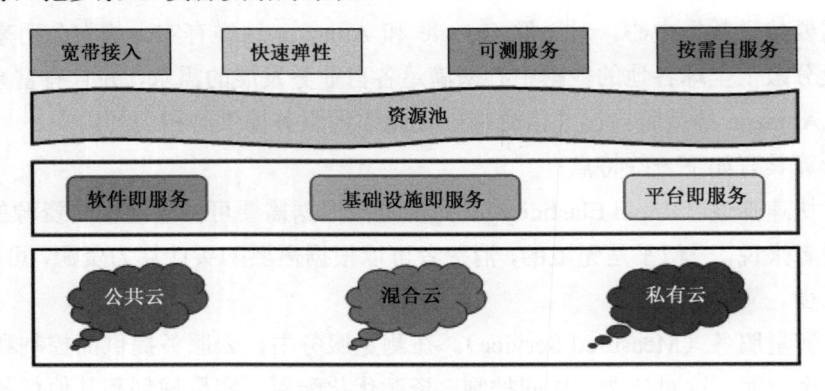

图 4-2　云计算的主要类型

2. 按照资源类型分类

按资源类型分类，可以将云计算分为基础设施即服务（IaaS）、平台即服务（PaaS）、软件即服务（SaaS）三类。

IaaS 是指云计算服务提供商把服务器、存储设备、网络设备等硬件设备资源打包成服务提供给用户使用。在 IaaS 模式下，用户无须自己购买硬件设备，而是通过付费来使用云计算服务提供商的硬件设备。因此，IaaS 适用于中小企业、微型企业、政府基层单位和个人用户。目前，许多云计算服务提供商都提供"云盘"或"网盘"服务，用户可以把数据存储在云计算服务提供商的存储设备中，而不需要自己购买移动硬盘。亚马逊 Web 服务（Amazon Web Services）的弹性计算云 EC2 和简单存储服务 S3 就是典型的 IaaS。美国复苏和再投资委员会使用 Amazon Web Services 建设网站，2010 年就节省了 33.4 万美元。

PaaS 是指云计算服务提供商为用户提供应用软件开发、测试、运行等环境。在 PaaS 模式下，用户可以在这个公共平台上开发自己的软件，测试自己的软件，运行自己的软件。PaaS 适用于小型软件企业、小型互联网企业。PaaS 为中小软件企业提供了一个在线软件开发工具，而无须自行购买一些昂贵的平台软件，有利于 IT 领域的创新创业。Google 公司的 App Engine 就是典型的 PaaS，它为用户开发智能手机上的小应用程序（App）提供服务。迈阿密市政府通过使用 Windows Azure 平台，实现了 311 非紧急业务的高效响应。

SaaS 是指云计算服务提供商或软件企业通过互联网为用户提供所需的软件。用户无须自行购买软件，而只需要以服务费的形式支付软件的使用费，在线使用软件。在 SaaS 模式下，软件部署在云计算服务提供商或软件企业的服务器上，而不是安装在用户的计算机中。用户只有软件的使用权，没有软件的所有权。目前，越来越多的软件企业开展了软件产品服务化工作,即把原来销售软件改为让用户付费后在线使用软件。SaaS 适用于中小企业。由于不需要一次性支付软件购置费,不需要雇用 IT 人员进行运行维护,SaaS 在一定程度上降低了中小企业的信息化门槛。

三、优点分析

采用云计算可以带来如下一些好处。

(1) 成本显著降低:云计算模式下的用户成本只相当于传统 IT 服务成本的一小部分;消除了前期支出;大幅地降低了 IT 管理负担。

(2) 更高的灵活性:按需计算跨越了提供商的技术、业务解决方案和庞大的 IT 生态系统,减少了新解决方案的实施时间。

(3) 随时随地存取:避免被单一计算机或网络拴住手脚,可以使用不同的计算机或转移到便携式设备、应用程序和文件。

(4) 弹性的可扩展性和"用多少付多少"(pay-as-you-go):用户可以根据需求的变化增加或减少云计算资源,只需对使用部分付费。

(5) 容易实现:无须购买硬件、软件许可证或实施服务。

(6) 服务质量:可靠的服务,大的存储和计算能力,以及 24×7 服务和运行时间。

(7) 委托非关键应用:把非关键应用外包给服务提供商,把机构的 IT 资源集中在关键业务应用方面。

(8) 总是最新的软件:软件会自动更新。

(9) 共享文件和群组协作:在世界任何地方都可以访问应用程序和文件,方便群组在文件和项目方面进行协作。

第二节 云计算技术在企业的应用

一、应用现状

目前,云计算技术已在工业设计、工业仿真、在线软件、企业数据中心等领域得到初步应用。

1. 云计算技术在研发设计领域的应用

(1) 工业设计。由于工业设计涉及大量的图形图像数据处理,特别是 3D 图形渲染,需要超强的计算能力。而云计算具有超大规模的计算能力,可以为工业设计提供计算力支持。原先工业设计依赖图形工作站,设计效率受图形工作站性能的限制。应用云计算技术,可以使产品三维设计周期大大缩短。云计算还推动了 CAD 等工业设计软件厂商的服务化转型，即从原先的卖产品转向卖服务。例如，2010年10月，Autodesk公司推出了基于云计算的网络版CAD软件——AutoCAD WS。用户通过网络浏览器和移动设备（如iPhone、iPad）查看、编辑和共享AutoCAD设计及DWG格式文件，还可以利用谷歌地图的集成服务，帮助用户在实际环境中更好地展示设计效果。

（2）工业仿真。云计算技术可广泛应用于工业仿真领域，如加工工艺分析、装配工艺分析、模具设计优化、机械零部件设计与性能分析、车辆等复杂机电设备性能及装配工艺分析与设计、汽车碰撞模拟仿真失效分析、工程电磁兼容性分析、虚拟装配、虚拟焊接等，如图4-3所示。

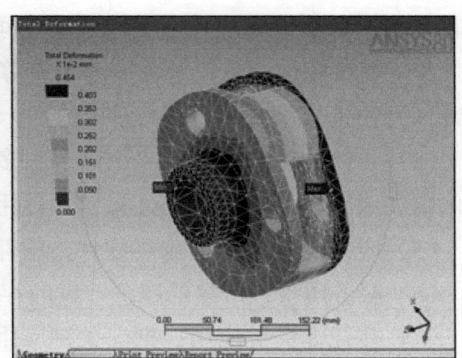

图4-3 工业仿真示意图

北京工业云计算平台

北京市计算中心建成了每秒浮点运算能力达到100万亿次的工业云计算平台。该平台提供的Ansys、Fluent、Abaqus、BLAST、Gromacs等20余种工业软件，已成功应用于北京长城华冠汽车公司的汽车碰撞仿真、中国京冶工程技术有限公司的钢结构虚拟装配仿真、北京生命科学研究所的生物计算研究等十几个项目。在京冶集团的"基于CAE的钢结构虚拟装配"项目中，利用CAE技术模拟仿真各种工程材料的性能，利用虚拟装配技术验证装配设计和操作的正确与否，以便及早发现装配中的问题，对模型进行修改，并通过可视化显示装配过程。该项目将为京冶集团降低设计、制造环节的成本，验证可实施性提供可靠的保证。

2. 云计算技术在在线软件领域的应用

通过将各类工业软件和管理软件部署在云服务平台，以SaaS模式为中小企业提供软件应用服务，可以显著降低中小企业的信息化门槛。利用云服务平台，中小企业无须购买各类昂贵的应用软件，只需向云服务平台运营商支付一定的服务费，就可以在线应用 ERP、CAD 等软件。例如，苏州靖峰能源科技有限公司每年只需向 SaaS 服务商交纳 7 000 多元，而如果采用传统自行建设方式，需要一次性投入 15 万元。

3．云计算技术在企业数据中心领域的应用

国际上，波音、通用等跨国公司都在建设基于云计算的下一代数据中心。我国大型工业企业在几十年的信息化过程中，积累了一大批硬件设备和软件，相继建立了企业数据中心，这些数据中心成为企业信息化的枢纽。随着云计算技术的发展，国内一些大型工业企业的数据中心逐渐向私有云方向转型。例如，中国医药集团采用云计算技术完成了企业数据中心改造工作。

二、应用对策

为了在工业领域推广云计算技术，促进工业转型升级，有关部门应做好如下几方面的工作：

（1）推进云计算技术在研发设计领域的应用。鼓励企业在工业设计、工业仿真等方面应用云计算技术，以提高研发设计效率，降低研发设计成本。鼓励研发设计软件提供商、第三方服务机构搭建面向中小企业的研发设计云服务平台，提高中小企业研发设计水平。鼓励在高新技术产业园、新型工业化基地、工业园区、产业集群等建设市场化运作的研发设计云服务平台。

（2）推进云计算技术在企业管理领域的应用。鼓励第三方 SaaS 平台运营商向云服务平台运营商转型，支持一批优秀的管理软件提供商建设云服务平台，为中小企业应用在线管理软件提供服务，降低中小企业信息化门槛，提升中小企业管理水平。

（3）推进大型企业建设基于云计算的下一代数据中心。鼓励中央企业、大型民营企业集团对数据中心进行升级改造，为企业信息化规模扩展和应用深化提供支撑，减少企业数据中心机房能耗，降低企业数据中心运行维护成本，促进企业数据中心智能化、低碳化。

（4）为云计算技术在工业领域应用创造好条件。贯彻落实《中华人民共和国数据安全法》，加强对云计算平台中企业数据的保护。进一步提高云计算平台的信息安全水平和应用的可靠性，让工业企业用得放心。做好云计算标准化工作，进一步规范云计算服务市场。鼓励云计算服务商创新商业模式，促进云计算服务商与工业企业的对接。

随着云计算技术的发展和成熟，云计算技术不仅是构建智慧企业的关键技术之一，而且将改变企业信息化建设模式，催生出新的信息化服务模式。工业云服务平台的建设，将进一步降低中小企业的信息化门槛。可以预见，云计算技术的推广应

用将成为推动信息化与工业化深度融合的重要内容，也将成为工业转型升级的强大助推器。

第三节 云计算对数字政府建设的影响分析

云计算技术将对政府机房建设、政府网站建设、政府信息共享与业务协同、政府信息安全、电子政务管理体制等数字政府建设产生深远的影响。

1. 对机房建设模式的影响

在传统电子政务建设模式下，省市政府各部门一般自行建设机房，导致大量硬件设备的利用率不高，各部门累计的运行维护费居高不下。如果建设统一的大机房，根据各部门业务量统一采购服务器、交换机等硬件设备，统一进行运行维护，可以大大提高硬件设备的利用率，降低硬件设备的运行维护成本，并且便于管理。通过引入虚拟化技术、云计算技术，可以使大机房成为政务云计算中心。此外，以前每个单位的机房都要配备一定数量的人员，而采用基于云计算的统一大机房建设模式，可以减少机房工作人员数量。目前，许多部委已进入数据大集中阶段，云计算在建设大机房、数据中心方面可以发挥其技术优势。

2. 对政府网站建设模式的影响

在传统电子政务建设模式下，省市政府各部门一般自行建设本部门的网站。这种模式的缺点是：一是政府网站建设、管理、运维等方面的费用较高；二是不利于部门网站与门户网站的信息交换；三是各政府部门网站风格不一，难以树立政府的统一形象；四是需要配备一定数量的网站管理人员。如果采用基于云计算技术的政府网站群建设模式，政府网站平台在政务云计算中心运行，对各部门网站进行统一建设、统一管理、统一运维，则可以显著降低政府网站建设成本，实现部门网站与门户网站信息的同步更新，统一政府网站形象，减少政府网站工作人员。政府门户网站访问量的快速增长和网站内容的多媒体化，使网站的计算量、存储量呈现爆炸式增长，而云计算的技术特性正好切合这一需求。

3. 对政府信息共享与业务协同的影响

经过"金字工程"等电子政务重大工程的建设，垂直管理部门的纵向电子政务已经达到比较高的水平；但国务院、各省市政府的横向电子政务比较滞后。因此，政府信息共享与业务协同是当前和今后一个时期电子政务的重点和难点。云计算技术的发展给政府信息资源横向整合带来了契机。例如，建设基于云计算技术的大 OA 系统，使之具有网上办公、信息发布、行政审批、电子监察、信息归档等功能，各部门可以定制自己的业务流程,并实现跨部门业务流程在各部门的对接,就可以实现政府部门之间的信息共享和业务协同[3]。

4. 对政府信息安全的影响

采用基于云计算技术的电子政务建设模式,可以促进信息安全从单部门的分散管理走向某级政府所有部门的集中管理。统一购置网络安全硬件设备及防火墙、防病毒等信息安全软件,降低保障政府信息安全所需的成本。不过,云计算也带来了新的信息安全问题。特别是由于我国在 CPU、操作系统、数据库等核心技术领域的落后,在传统电子政务模式下,某个部门出现信息安全问题不会影响到其他部门,信息安全问题是局部的;而在云计算模式下,信息安全问题是全局的。为了确保我国下一轮电子政务的健康发展,突破信息产业核心技术已经到了刻不容缓的地步。

5. 对电子政务管理体制的影响

在传统电子政务模式下,政府部门各自为政,电子政务系统分散建设、分散管理、分散运维,暴露出很多问题,如重复建设、信息孤岛、高投入低效益等。采用基于云计算技术的电子政务模式,统一采购软硬件设备,对政府信息系统进行统一管理、统一运维,不但可以减少政府财政投入,而且便于信息资源整合,发挥电子政务的整体效益。随着云计算技术在电子政务领域的应用,传统分散的电子政务管理体制已经不适应新形势,必须向集中管理方向发展。

第四节 政务云

作为一种新兴的网络化计算技术,云计算技术已经在电子政务领域得到初步应用。作为智慧政府的关键技术之一,云计算技术将对新一轮电子政务发展产生深刻的影响。云计算技术的发展将促进电子政务从电子政府(E-Government)到云政府(C-Government)转变,使一体化政府成为可能。

一、国外政务云发展现状

1. 美国

美国联邦政府把云计算、虚拟化和开源列为节约电子政务支出的三大手段之一。2009 年,通过采用云计算技术,美国联邦政府在电子政务领域节约了 66 亿美元。例如,美国联邦政府总务局(General Services Administration,GSA)的电子邮件系统向云计算平台迁移,减少了 17 个冗余数据中心,节省了 1 500 万美元。美国国防部空军个人信息中心进行信息系统基于云计算的改造,将信息查询时间从 20 分钟缩短到

2分钟，每年还可节省400万美元。

2010年12月，美国白宫管理和预算办公室制定了联邦云计算优先行动计划（Federal Cloud Computing Initiative），要求联邦政府各部门了解云计算的价值，评估云计算方案的安全性，加快政府信息系统向云计算平台迁移的步伐。

截至2011年10月，已经完成并提交了应用云计算计划和预算的联邦政府部门和机构达到27个。美国计划消除800个政府机构的数据中心，以重新整合政府数据中心，建设一批基于云计算的数据中心。

2011年2月，美国联邦政府CIO委员会发布了联邦政务云战略（Federal Cloud Computing Strategy）。2011年，美国联邦政府在云计算应用方面的开支达200亿美元，约占联邦政府IT总开销的1/4。

美国许多地方政府也在积极应用或计划应用云计算技术。例如，洛杉矶市政府利用云计算整合了办公系统及业务系统。新墨西哥州利用云计算满足了日益增长的业务需求；克拉马斯县利用云计算成功解决了远程办公的问题。2011年4月，美国公共技术研究所对830名州县CIO进行了调查，调查结果显示，45%的地方政府正在使用云计算技术，19%的地方政府计划在未来12个月内使用云计算技术[47]。

2．英国

2009年10月，英国政府发布了《数字英国报告》，计划建立一个政务云——G-Cloud。G-Cloud如同一个巨大的IT资源库，英国所有的政府机构都可以根据自己的需要获得所需的IT资源。根据该报告，2015年英国政府机构至少有50%的IT资源通过云计算方式来获得；英国政府2013—2014年节省6 000万英镑的信息化建设财政支出，2014—2015年节省8 000万英镑的信息化建设财政支出。

3．日本

早在2009年5月，日本总务省和通信监管机构就计划在2015年建成一个大规模的云计算平台，以支持所有政府的电子政务系统，提高运维效率，降低成本。日本一些地方政府已开始应用云计算技术。例如，日本山梨县甲府市政府利用云计算技术迁移了原有业务应用系统。

4．韩国

2009年12月底，韩国广播通信委员会、知识经济部和行政安全部公布了《搞活云计算综合计划》。根据该计划，韩国2014年之前在云计算方面投入6 146亿韩元（约合36亿人民币），使韩国云计算市场规模达到2.5万亿韩元，并将韩国相关企业的全球云计算市场占有率提高至10%。从2010年开始，韩国政府在政府综合计算机中心内引入供多个部门同时使用的云计算系统。

5. 新加坡

鉴于公有云不能满足新加坡政府的信息安全和 IT 治理要求，新加坡政府于 2011 年底通过公开招标形式建立供新加坡政府内部使用的私有云——中央 G-Cloud，使新加坡各政府机构从云计算中受益。为满足高保证区和中保证区的安全和治理要求，中央 G-Cloud 提供政府网站服务交换和电子政务统一认证平台 SingPass 等。作为新加坡下一代的政府信息基础设施，中央 G-Cloud 将向更加灵活和富有弹性的方向迈进。

二、中国政务云发展现状

近年来，云计算已经得到国家发展改革委、工业和信息化部等国家部委的重视，开展了试点示范工作。

2010 年 10 月，工业和信息化部、国家发展改革委联合印发了《关于做好云计算服务创新发展试点示范工作的通知》，确定在北京、上海、深圳、杭州、无锡等城市先行开展云计算创新发展试点示范工作。

2013 年 2 月，工业和信息化部印发了《基于云计算的电子政务公共平台顶层设计指南》，内容涉及需求、系统架构、基础设施服务、支撑软件服务、应用功能服务、信息资源服务、信息安全服务、应用部署、运行保障服务和服务实施等 10 项设计。2013 年 9 月，工业和信息化部确定了将内蒙古等 14 个省份、青岛等 4 个副省级城市和北京市海淀区等 59 个市（县、区）作为首批基于云计算的电子政务公共平台建设和应用试点示范地区。

2015 年 1 月，国务院印发了《国务院关于促进云计算创新发展培育信息产业新业态的意见》，提出：探索电子政务云计算发展新模式。鼓励应用云计算技术整合改造现有电子政务信息系统，实现各领域政务信息系统整体部署和共建共用，大幅减少政府自建数据中心的数量。新建电子政务系统须经严格论证并按程序进行审批。政府部门要加大采购云计算服务的力度，积极开展试点示范，探索基于云计算的政务信息化建设运行新机制，推动政务信息资源共享和业务协同，促进简政放权，加强事中事后监管，为云计算创造更大市场空间，带动云计算产业快速发展。

2010 年以来，北京、上海、青岛、佛山等大中城市都制定了云计算方面的实施方案或行动计划，推进政府上云和企业上云。目前，许多城市都建立了政务云。

杭州市政府智慧政务云平台已部署政府联合征信系统等 31 个信息系统，63 个部门和区县接入该平台，31 家市本级单位 300 项行政审批事项全部上网运行，实现了杭州市政府各部门"一点接入、普遍联通"的政务信息共享模式。

广州市政府建成了全市电子政务云服务平台。89 家单位接入广州市政府信息共享平台，涵盖 1 386 个主题，汇集了近 40 亿条政府数据，日均交换数据 343 万条，减少重复提交纸质证明1 500万份。

威海市电子政务云整合了200多个部门已有资源，实现了"六统一"（统一技术平台、统一运算存储、统一内外网络、统一互联网出口、统一安全防护、统一运行维护）。

三、政务云发展对策

云计算技术发展势不可挡，电子政务工作者应正视新技术带来的新变革，采取如下一些策略，推进云计算技术在电子政务领域的应用。

1. 正确认识云计算

目前，云计算概念五花八门，并且存在概念泛化等问题。一些厂商把互联网数据中心（IDC）、服务器集群等包装成云计算产品或解决方案。一些地方政府在没有明确需求的情况下就盲目开始建设所谓的云计算中心、基地。政府的性质决定了政务云是一种私有云，政府投资建设公共云是违背市场规律的。建云计算中心不是简单的盖楼和买服务器，一定要面向需求。政务云不只是技术问题，还需要配套的政策法规和管理制度。

2. 抓住历史机遇

我国许多政府部门的计算机等硬件设备即将面临更新换代，要加快建设政务云。考虑规模效益和专业人才，促进电子政务集约化建设，在省、自治区、建制市一级政府建设政务云，区县一级政府一般不需要建设政务云，由所在地级市或设区市统一建设。

3. 选好切入点

对于国家部委，推进垂直系统的数据大集中，扩建机房和数据中心，并把机房和数据中心升级为云计算中心；推进各类业务应用系统SaaS化，供下属单位使用，避免重复开发或采购。对于地方省市政府，推进机房大集中和通用软件SaaS化，实现软硬件统一采购、统一运维；加快建设基于云计算的大OA系统、政府网站群，促进政府信息共享和业务协同。

4. 坚持"以用促业"

云计算产业的健康发展，取决于云计算应用效果。如果云计算技术应用的确能取得实实在在的效果，则随着应用需求的大量兴起，云计算产业自然而然就会快速发展。虽然政务云计算中心的建设离不开云计算产业的支撑，但拔苗助长式地推进云计算产业发展，而不深入思考云计算的应用问题，就显得本末倒置了。云计算正好切合新时期电子政务发展方向，开展政务云计算技术应用试点示范，带动产业界的云计算技术应用，进而带动全社会的云计算技术应用，是促进我国云计算产业健康发展的有效途径。

> 鼓励应用云计算技术整合改造现有电子政务信息系统，实现各领域政务信息系统整体部署和共建共用，大幅减少政府自建数据中心的数量。新建电子政务系统须经严格论证并按程序进行审批。政府部门要加大采购云计算服务的力度，积极开展试点示范，探索基于云计算的政务信息化建设运行新机制，推动政务信息资源共享和业务协同，促进简政放权，加强事中事后监管，为云计算创造更大市场空间，带动云计算产业快速发展。
>
> ——《国务院关于促进云计算创新发展培育信息产业新业态的意见》

第五章　移动互联网技术及其在智慧城市中的应用

移动互联网是移动通信技术与互联网的结合。目前，手机已经超越电脑成为第一大上网终端。随着移动通信技术的快速发展，无线网络覆盖率的快速提高以及智能手机、平板电脑等移动终端普及率的迅速上升，城市信息化将进入移动互联网时代。市民可以随时随地获取信息、办理事务，极大地方便了市民的生产和生活。

第一节　移动互联网和移动终端

移动互联网是指由蜂窝移动通信系统通过移动终端接入互联网，用户可以随时随地地接入互联网，以获得互联网上丰富的数字内容和服务。微博、微信和移动客户端（App）是移动互联网的典型应用，简称"两微一端"。

一、移动通信技术

1. 第一代移动通信技术

第一代移动通信（1G）技术采用频分多址（FDMA）的模拟调制方式，这种系统的主要缺点是频谱利用率低，信令干扰话音业务。

2. 第二代移动通信技术

第二代移动通信（2G）技术主要采用时分多址（TDMA）的数字调制方式，提高了系统容量，并采用独立信道传送信令，使系统性能大大改善；但 TDMA 的系统容量仍然有限，越区切换性能仍不完善。

3. 第三代移动通信技术

第三代移动通信（3G）技术是指支持高速数据传输的蜂窝移动通信技术。3G 与 2G 的主要区别是在传输声音和数据的速度上的提升，它能够在全球范围内更好地实现无线漫游，并处理图像、音乐、视频流等多种媒体形式。3G 有四种标准：WCDMA、cdma2000、TD-SCDMA 和 WiMAX。

WCDMA 是欧洲提出的宽带 CDMA 技术，与日本提出的宽带 CDMA 技术基本相同。该标准提出了 GSM-GPRS-EDGE-WCDMA 的演进策略。这套系统能够架设在现有的 GSM 网络上，是世界上采用的国家及地区最多、终端种类最丰富的一种 3G 标准，占据全球 80%以上市场份额。2009 年 1 月，工业和信息化部批准了中国联通增加基于 WCDMA 的 3G 业务经营许可。

cdma2000 是由窄带 CDMA（CDMA IS-95）技术发展而来的宽带 CDMA 技术，是由美国高通北美公司为主导提出的，摩托罗拉、Lucent 和后来加入的韩国三星都有参与。使用 cdma2000 的国家和地区只有中国、日本、韩国和北美。2009 年 1 月，工业和信息化部批准了中国电信基于 cdma2000 的 3G 业务经营许可。

TD-SCDMA（时分同步 CDMA）是由中国自主研发的 3G 标准，1999 年 6 月由大唐电信向 ITU 提出。TD-SCDMA 标准在频谱利用率、对业务支持的灵活性、频率的灵活性及低成本等方面具有一定优势。2009 年 1 月，工业和信息化部批准了中国移动基于 TD-SCDMA 的 3G 业务经营许可。

WiMAX 的全名是"微波存取全球互通"（Worldwide Interoperability for Microwave Access），又称为 802.16 无线城域网。2007 年 10 月，WiMAX 正式被国际电信联盟（ITU）批准，成为继 WCDMA、cdma2000 和 TD-SCDMA 之后的第四个全球 3G 标准。

4．第四代移动通信技术

第四代移动通信（4G）技术是一种能够传输高清视频的高带宽移动通信技术，用户能以 100 Mbps 的速度下载，比拨号上网快 2000 倍。目前，国际上的 4G 通信标准有 TD-LTE 和 FDD-LTE 两种。FDD-LTE 标准已于 2011 年初在欧美国家正式商用，我国的 4G 网络则采用 TD-LTE 标准。

2013 年 12 月，工业和信息化部向中国移动、中国电信、中国联通颁发了 4G 牌照（TD-LTE 牌照）。2015 年 2 月，工业和信息化部向中国电信和中国联通发放了"LTE/第四代数字蜂窝移动通信业务（FDD-LTE）"经营许可。

5．第五代移动通信（5G）技术

5G 的主要优势在于数据传输速率远远高于以前的蜂窝网络，最高可达 10 Gbps，比先前的 4G LTE 蜂窝网络快 100 倍。5G 的另一个优点是较低的网络延迟，网络延迟低于 1 ms，而 4G 的网络延迟为 30～70 ms。5G 可以应用于智能制造、自动驾驶、远程医疗、虚拟现实、智慧能源等领域。

5G 的缺点是网络覆盖范围小，需要建更多的基站，而且比 4G 基站更耗电。5G 对墙体的穿透性较差，室内通信受到一定的限制。

2019 年 1 月，中国一名外科医生利用 5G 技术实施了全球首例远程外科手术。这名医生在福建省利用 5G 网络，操控 48 km 以外一个偏远地区的机械臂进行手术。在进行的手术中，由于延迟只有 0.1 s，外科医生用 5G 网络切除了一只实验动物的肝脏。

2019 年 6 月，工业和信息化部正式向中国电信、中国移动、中国联通、中国广电发放 5G 商用牌照，标志着中国正式进入 5G 时代。

2019 年 10 月 31 日，中国电信、中国移动和中国联通三大运营商公布了 5G 商用套餐，并于 11 月 1 日正式上线 5G 商用套餐。

6. 第六代移动通信（6G）技术

2019 年 11 月，6G 技术研发工作启动会在北京召开，会议宣布成立国家 6G 技术研发推进工作组和总体专家组。其中，推进工作组由相关政府部门组成，其职责是推动 6G 技术研发工作实施；总体专家组由来自高校、科研院所和企业的共 37 位专家组成，主要负责提出 6G 技术研究布局建议与技术论证，为重大决策提供咨询与建议。

目前全球 6G 技术研究仍处于探索起步阶段，技术路线尚不明确，关键指标和应用场景还未有统一的定义。在国家发展的关键时期，要高度重视、统筹布局、高效推进、开放创新。下一步，科技部将会同有关部门组织总体专家组系统开展 6G 技术研发方案的制定工作，开展 6G 技术预研，探索可能的技术方向。

二、Wi-Fi 和 WLAN

1. Wi-Fi

Wi-Fi（Wireless Fidelity）是一种可以将个人电脑、手持设备（如 PDA、手机）等终端以无线方式互相连接或帮助用户访问互联网的技术，其标准由无线以太网相容联盟（Wireless Ethernet Compatibility Alliance, WECA）发布，目的是改善基于 IEEE 802.11 标准的无线网络产品之间的互通性。目前，在许多汽车站、火车站、机场、星级宾馆等地方，人们都可以免费接入 Wi-Fi。北京、上海、广州等许多城市的地铁、公交车等公共交通工具都实现了 Wi-Fi 覆盖。2013 年 3 月，四川省中江县的一辆人力三轮车安装了 Wi-Fi，乘客可免费上网，如图 5-1 所示。这种另类的揽客方式，引来网友们的广泛称赞。

图 5-1 安装了 Wi-Fi 的人力三轮车

2. WLAN

WLAN 是指无线局域网（Wireless Local Area Network）。目前，我国大中城市的机场、星级酒店、会议中心、展览馆、写字楼等公共场所都实现了 WLAN 信号覆盖。在这些 WLAN 覆盖区域，用户可以用手机、平板电脑、笔记本电脑等移动终端通过 WLAN 上网卡高速接入互联网或企业局域网，获取信息，进行移动办公或娱乐，如

图 5-2 所示。

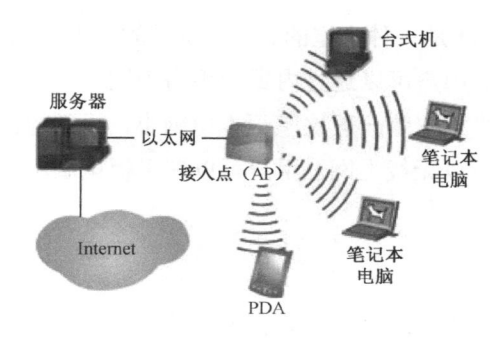

图 5-2 WLAN 示意图

三、智能终端

1. 智能手机

智能手机（Smart Phone）是指像个人计算机一样具有独立的操作系统，可以由用户自行安装第三方服务商提供的应用程序（App），且可以通过移动通信网络来实现无线网络接入的这样一类手机的总称。典型的智能手机有苹果公司的 iPhone 4S 和 iPhone 5，三星公司的 Galaxy S3 和 Galaxy S4。智能手机的操作系统主要有苹果公司的 iOS 和谷歌公司的 Android。近年来，智能手机普及速度惊人，如图 5-3 所示。

图 5-3 反映智能手机普及的图片

2. 平板电脑

平板电脑（Tablet PC）是一种小型的、方便携带的个人电脑，如苹果公司的 iPad。平板电脑一般没有键盘，用户可以通过内置的手写识别系统、屏幕上的软键盘或语音识别进行输入、操作。平板电脑一般比笔记本电脑小，无须翻盖，携带方便。平板电脑一般内置无线网卡，可以无线上网。用户可以在平板电脑中安装 App，满足各类应用需求。

3. 苹果 iWatch

苹果 iWatch 在 2010 年 5 月上市，具有中文输入、通话记录、短信、彩信、免提通话、情景模式、日历、闹钟、计算器、单位换算、音乐播放、游戏等功能。苹果 iWatch 如图 5-4 所示。

4. 谷歌眼镜

谷歌眼镜采用了增强虚拟现实技术，拥有智能手机的所有功能，镜片上装有一个微型显示屏，用户无须动手便可上网，可以用自己的声音控制拍照、摄像、电话、搜索、定位，如图 5-5 所示。谷歌眼镜为盲人出行带来了福音，通过提示周边的路况，使盲人在一定程度上可以"看见"周围的世界。

图 5-4　苹果 iWatch　　　　图 5-5　谷歌眼镜

四、我国移动互联网发展情况

2017 年 1 月，中共中央办公厅、国务院办公厅印发了《关于促进移动互联网健康有序发展的意见》，提出：推动移动互联网创新发展，强化移动互联网驱动引领作用，防范移动互联网安全风险，深化移动互联网国际交流合作。

根据人民网发布的《中国移动互联网发展报告（2019）》，2018 年中国移动互联网基础设施不断完善，核心技术创新起到有力的牵引作用，"人工智能＋移动互联网"构建智慧生态，推动移动互联网在智能互联、万物互联方向上取得大幅度进展。"下沉""出海""转型"创造移动互联网新增长点，移动互联网向产业互联网转型升级；

立法、监管力度空前，移动空间安全秩序持续改善；移动网络生态持续向好，助推社会治理与文化建设。

根据中国互联网络信息中心发布的第 47 次《中国互联网络发展状况统计报告》，截至 2020 年 12 月，我国手机网民规模达 9.86 亿人，网民使用手机上网的比例达 99.7%。

第二节 "两微一端"

一、微博

微博（Weibo）是微型博客（MicroBlog）的简称，是一种通过关注机制分享简短实时信息的广播式社交网络平台。一条微博的字数（包括标点符号）控制在 140 个以内。

政务微博是指党政部门推出的官方微博，是党政领导干部走群众路线的新渠道。政务微博在创新社会管理、促进政务公开、引导社会舆论、倾听民众呼声、树立政府形象等方面都可以起到积极的作用。例如，通过微博信息平台，政府部门可以及时发布政策信息，传播正能量，通过查看网民评论了解社会公众的诉求。

许多政府部门都开通了官方微博，一些政府官员也开通了个人微博。根据人民网舆情监测室发布《2017 政务指数·微博影响力报告》，截至 2017 年底，经过微博平台认证的政务微博达到 173 569 个。其中政务机构官方微博 134 827 个，公务人员微博 38 742 个。

政务微博的优点是内容简洁、传播速度快；缺点是信息量小，功能简单，主要是信息发布功能，难以开展网上办事。

二、微信

微信是腾讯公司于 2011 年 1 月推出的一个为智能终端提供即时通信服务的免费应用程序。微信用户可以通过"摇一摇"、"搜索号码"、"附近的人"、扫二维码等方式添加好友和关注公众平台，将其所看到的精彩内容分享到朋友圈或分享给好友。在我国，微信是用户数量最多的移动即时通信软件。

近年来，许多政府部门开通了微信公众号，许多官员都有微信。截至 2018 年 5 月，各级党政机关在腾讯开通政务微信账号超过 51 万个。

微信城市服务（如图 5-6 所示）于 2014 年 12 月率先在广州开通。目前，许多城市开通了微信城市服务，提供医疗、交管、交通、公安户政、出入境、缴费、教育、公积金等公共服务。

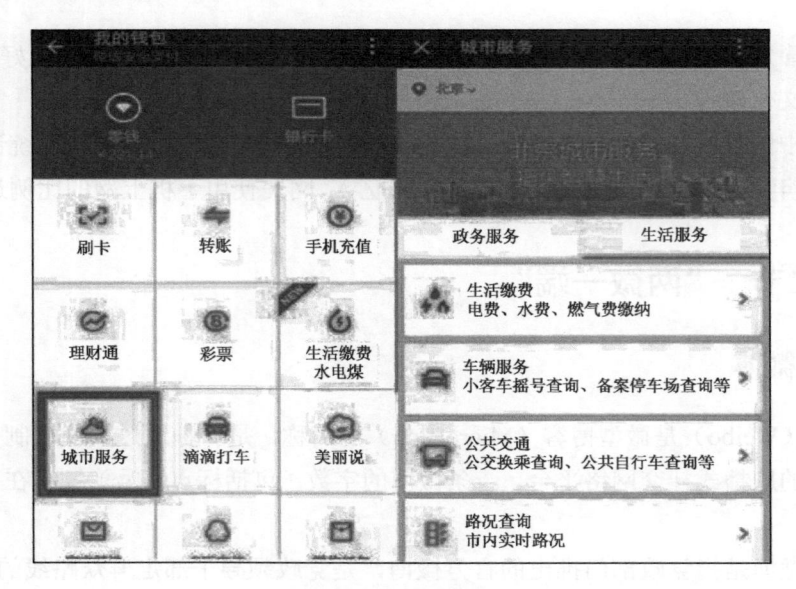

图 5-6　微信城市服务

微信的优点是用户数量多，传播速度快；其信息量比微博大，功能比微博强；具有信息发布、网上办事、网上缴费等功能。微信的缺点是相对封闭，只限于朋友圈里的人才可以看到。

三、移动客户端（App）

App 是 Application（应用程序）的缩写，主要安装在智能移动终端（如智能手机、平板电脑）上。2008 年 7 月，美国苹果公司的应用商店（App Store）正式上线，销售与 iPhone、iPad 等产品配套的 App，用户可以通过 iTunes 从 App Store 下载自己喜欢的 App。之后，三星、谷歌、百度等也推出了自己的应用商店，供用户下载 App。

近年来，App 逐渐成为政府提供公共服务的新渠道。截至 2014 年 10 月，美国联邦政府提供了 300 多个 App，涉及商业、教育、医疗卫生、旅游、金融等领域。美国还专门开通了政府 App 网站，这些 App 可按发布单位、主题、手机操作系统分类查询。截至 2012 年 11 月底，中国香港特别行政区政府 24 个公共机构共开发了 56 个 App，主要涉及新闻、教育、卫生、旅游、文化、环境、就业、出行、气象等民生领域，如表 5-1 所示。

表 5-1　香港特别行政区政府有关部门的 App 情况

机 构 名 称	开发的 App
香港政府一站通	政府 App 站通，香港政府通知你
1823 电话中心	Tell me@1823
民政事务局	亲子十八式

续表

机 构 名 称	开发的 App
社会福利署	长者咭计划
财政司司长办公室	营商咨询电子平台
政制及内地事务局	基本法攻略
政府新闻处	香港政府新闻网，香港年报 2011，见识香港
食物环境卫生署	营计宝，食物安全「诚」诺
香港天文台	我的天文台，MyWorldWeather
香港旅游发展局	AR 旅游导览；古迹漫步游；都会漫步游；720°；粥粉面饭；中菜美酒配；长洲太平清醮；端午节；中秋节
香港贸易发展局	HKTDC Mobile，HKTDC Product Magazines
香港邮政	香港邮政
香港电台	香港电台，RTHK Prime，铿锵集，城市论坛，我要做议员，猫作动，RTHK Lens
香港警务处	香港警队
康乐及文化事务署	中国戏曲节 2012，香港艺术馆户外雕塑，文化在线，新视野艺术节 2012，一统天下
教育局	应用学习，e 导航
通信事务管理局办公室	宽带表现测试
创新科技署	春田花花科学盛会
劳工处	互动就业服务，职安警示
发展局	Build 升 Hero，树木园境地图
运输署	香港乘车易
渔农自然护理署	郊野公园树木研习径，郊野乐行，香港地质公园，香港湿地公园，香港珊瑚礁普查
证监会	证监会〈学·投资〉
卫生署	戒烟达人，小食营养分类精灵

在中国内地，许多部委和地方政府都推出了 App。截至 2016 年 4 月，已有至少 26 家中央部委办局开通了 App（达 35 个），其中 2/3 的国务院直属机构开通了 App。浙江、上海、福建、广东等许多省市政府都开通了 App。例如，浙江省政府推出的"浙里办"App，上海市政府推出的"随申办"App，福建省政府推出的"闽政通"App，广东省政府推出的"粤省事"App。为了方便人民群众记住 App 名字，不少政府 App 在取名时用了谐音。

App 的优点是信息量比微博、微信大，功能比微博、微信强，可以在线升级。App 的缺点是有些 App 更新频率低、功能较单一。这和政府网站有些类似。有些政府 App 可看作手机版政府网站。

第三节　移动电子商务

移动电子商务将因特网、移动通信技术、短距离通信技术及其他信息处理技术完美地结合起来，使人们可以在任何时间、任何地点进行各种商贸活动，实现随时随地、线上线下的购物与交易、在线电子支付，以及各种交易活动、商务活动、金融活动和相关的综合服务活动等。

近年来，随着移动通信技术的日臻成熟和迅速推广应用，移动电子商务在全球范围内获得突破性发展，已成为世界各国（特别是发达国家）增强经济竞争实力、赢得全球资源配置优势的有效手段。

我国移动电子商务虽然起步较晚，但发展迅速，目前已经初具规模，手机银行卡、商易通、电子医疗预约、手机缴费和手机乘公交等移动电子商务业务在试点地区得到了有效推广，正逐步从萌芽期步入快速增长期。

根据中国互联网络信息中心发布的《第 47 次中国互联网络发展状况调查统计报告》，截至 2020 年 12 月，我国手机网络购物用户规模达到 7.8 亿户，占手机网民的 79.2%。手机购物打破了传统购物地点的限制，让交易随时随地发生，成为吸引消费者的重要因素。此外，手机购物的逐渐丰富，使服装日化、电影优惠、手机话费、酒店旅行等日常衣食住用行都可以在手机端完成，极大满足了消费者生活中各个环节的需求，并带来便利。手机购物类 App 的发展和手机支付的完善，使得手机端购物操作体验逐渐提高，越来越多的消费者能在手机上完成购物所有的流程，而不必手机查询后转移至电脑端支付，极大提高了购物效率。二维码、条形码、购物比较等功能的发展，促使越来越多的消费者开始把线下购物转移至线上购物，带来手机购物新的增长入口。

目前，京东商城等许多 B2C 电子商务企业推出了自己的客户端应用程序（App），使用户可以通过手机进行购物，如图 5-7 所示。

图 5-7　京东商城 App

第四节　移动电子政务

移动电子政务是指用户可以通过移动终端和无线通信网络获取政府部门提供的信息和服务。与传统电子政务相比，移动电子政务有很多优势，如可以随时随地处理公文，可以随时随地查阅信息。领导干部即使出差在外也可以处理公文，避免等待，提高办事效率。办公人员可以摆脱网线的束缚，进行移动办公。执法人员可以开展移动执法，利用无线网络调阅后台数据，进行现场处理，而不必再回办公室调阅信息。

近年来，全国各地掀起了"无线城市"建设热潮，为移动电子政务发展奠定了很好的基础。手机的功能不断强大，智能手机将逐渐普及。移动通信技术也在不断进步，移动互联网在快速发展。今后，移动 OA 系统、移动执法系统、手机版的政府门户网站、基于无线网络的政府业务应用系统等移动电子政务应用将快速发展。移动执法应用如图 5-8 所示。

图 5-8　移动执法应用

一、移动电子政务的优点

1. 扩大电子政务的用户规模

传统基于"固网＋电脑"的电子政务应用模式，要求用户必须有电脑，该电脑还要接入国际互联网。根据中国互联网络信息中心发布的《第 47 次互联网络发展状况统计报告》，截至 2020 年 12 月，我国手机网民规模达 9.86 亿户，在整体网民中占比达 99.7%。手机网民比台式电脑网民要多很多，手机是我国网民的第一大上网终端。移动电话用户数和手机网民数增长非常迅猛。目前，中国公民个人手机拥有率远高于电脑。大力发展移动电子政务，将使电子政务建设惠及更多的人民。

2. 降低电子政务的用户门槛

总的来说，与电脑价格相比，手机价格相对较低，人们买手机的经济承受能力比买电脑的经济承受能力更强。与电脑操作相比，手机操作相对简单易学，运行维护难度低。随着智能手机价格和电信资费进一步下降，功能进一步增强，越来越多的人用得起手机，越来越多的人会用手机。以手机作为上网终端，可以降低电子政务应用门槛。

3. 减少电子政务建设的成本

以光纤为媒介的固定网络建设成本受地理环境、传输距离、用户集聚程度等影响很大。许多政府基层单位远离都市、地处山区、人口分散，如果通过建设固定网络普及电子政务应用，则成本高、周期长。建设无线宽带网络，不仅可以低成本地解决政府基层单位的"最后一公里"问题，而且可以快速实现区域网络覆盖，不受网络接口位置和数量限制等问题困扰。

二、移动电子政务发展趋势

1. 移动电子政务将引领电子政务的发展

所谓移动电子政务，是指基于无线网络和移动终端的电子政务模式。在传统电子政务模式下，公务员（特别是行政执法人员）在履行政府职能、执行具体公务的过程中，人的位置总是在变的。而相关政府文件、行政相对人的信息、自然环境的信息等总是在办公室的计算机里，公务员不可能拿着一大捆材料去现场执法。而在移动电子政务模式下，执法人员可以手持终端，现场在线查询对象信息、法律依据信息等，进行现场执法。移动电子政务可以极大地提高行政效率，减低行政成本，减轻公务员的工作负担。目前，在公安、市场监管、税务、生态环境、自然资源、城管等执法部门，移动执法系统被越来越多地应用。移动执法往往需要传输图片、视频、音频文件，而移动互联网正好支持大容量的图片、视频、音频传输，信息传输方便、快捷。可以预见，随着5G的发展，移动电子政务系统将引领电子政务的发展。

2. 移动电子政务应用创新将大量出现

移动互联网可以使公务员随时、随地地采集、获取、传输、处理信息，将深刻改变电子政务应用模式，促进电子政务应用创新。例如，在安全生产监督、环境污染监控、水上交通管理、森林火情监控等领域，由于现场不方便布线，传统基于固定网络的视频监控应用受到很大的限制。在这些领域，无线视频监控就可以发挥作用了。又如，传统政府会议采用纸质文件、电话、电子邮件等方式通知参会人，这些会议通知方式工作量大、效率较低。如果用短信群发的方式进行会议通知，可以快速、准确地通知参会人。利用移动互联网，可以直接把会议通知电子文件群发给参会人。

3. 移动电子政务将促进政府信息公开和政府信息资源开发利用

目前，政府门户网站和政府单位网站是政府信息公开的主要渠道。由于中国家庭电脑普及率低，家庭网络接入率低，中国各级政府建设了大量网站，这些网站虽然信息都比较丰富，但实际受益的群体很小，大量没有条件上网、不会上网的人并没有享受政府网站建设带来的好处。在这种现实条件下，以网站方式推进政府信息公开效果就比较差。可以在线获取政府信息的社会公众数量有限，必然影响政府信息资源的开发利用。推进手机版政府网站建设，就可以使更多的社会公众在线获取政府信息，促进政府信息资源转变为社会财富。

三、移动电子政务发展对策

1. 加强与电信运营商的合作

在电子政务建设领域，各大电信运营商都具有资金优势、技术优势、人才优势和观念优势。在资金方面，电信运营商们拥有雄厚的资金实力，在电子政务建设领域都有规模可观的投资计划。在技术方面，电信运营商们都拥有雄厚的技术力量，在电子政务建设领域开发出了不少产品和解决方案，积累了很多成功案例。在人才方面，电信运营商们都拥有一支高素质的信息化专业人才。在观念方面，电信运营商们都拥有优秀的企业文化，在电子政务建设方面有很好的理念。随着全业务竞争局面的形成，电信运营商们都把移动信息化作为业务发展重点领域，纷纷进军电子政务建设领域。

目前，政府部门与电信运营商的合作已有不少成功案例。今后，重点要解决好电信运营商赢利模式、政府部门费用支付模式、合作的持续性等问题。电信运营商属于企业，而非公益机构，如何在电子政务建设领域赢利非常重要。建议电信运营商积极探索、创新赢利模式。为了减轻政府部门的财政负担，可以采用分期付款、以租用代替购买、优惠政策抵扣、协助产品推介抵扣等方式。要建立长效合作机制，不要因为政府部门人事变动而影响合作的可持续性。有关政府部门在移动通信设施建设用地审批、拆迁等方面给予支持，加大移动通信设施保护力度。

2. 积极应对新问题

目前，传统电子政务的法律法规尚且很不健全，移动电子政务领域更是有许多空白。例如，短信、无线传输文件、无线传输数据的法律效力问题。传统的行政法律、法规不能完全适用移动电子政务，应尽快建立并完善移动电子政务相关法律法规。

随着智能手机的普及，手机上网将习以为常，泛滥于传统网络和 PC 的病毒感染现象将在手机终端上重现。目前不少用户还不清楚手机病毒的危害，市面上可供下载的上万种手机软件里面，针对手机的防火墙和杀毒软件还很少。因此，要高度重视移动电子政务的信息安全问题，加快相关信息安全技术攻关和制度建设。

手机等移动终端的丢失意味着捡到移动终端的人可以进行非法操作、访问政府内部信息系统。如何减小移动终端丢失的概率，减低移动终端丢失后带来的风险，是发展移动电子政务值得考虑的问题。

3. 选好切入点

发展移动电子政务，可以先从以下方面入手：增加现有政府网站的无线接入功能，使企业和社会公众可以通过移动终端访问政府网站；推行政府会议短信通知，通知相关人员准时参会；增加业务信息系统的无线网络接口，使企业和社会公众可以通过移动终端查询业务办理状态,政府工作人员办理完毕后通过短信通知他们;对现有视频监控系统进行升级改造,使执法人员可以进行远程视频监控,提高政府监管水平;建立政民微博、微信互动平台,拓宽人民群众参政议政的渠道,人民群众可以通过微博、微信反映合理诉求,使政府部门及时了解社情民意。

四、政府 App 发展对策

目前,政府 App 在美国、中国香港等一些发达国家和地区逐渐兴起。相比之下,中国内地的移动电子政务发展还比较缓慢,企业或居民可以下载、使用的政府 App 还很少。为此,对政府 App 模式发展提出如下一些对策,供有关部门参考。

第一,进一步改善公务员和广大人民群众的无线上网条件。在国家层面,加快推进"中国宽带"计划,提高移动通信容量;在区域层面,各级地方政府和电信运营商应加快推进"无线城市"建设;在现场层面,提高政府办公区、公共场所、商业区、住宅区的无线网络覆盖率。通过政府采购,为公务员配备智能移动终端,作为日常办公设备。电信运营商应进一步降低资费标准,更好地满足广大人民群众的无线上网需求。通过政府投资等方式,公园、图书馆、繁华商业街等公共场所应提供免费 Wi-Fi 服务。

第二,推进政府信息系统 App 化。以前政府部门开发的信息系统都是基于固网的,公务员都要在自己的办公桌前登录。只有进到系统里面,才能看到需要自己办理的事项。一旦领导出差,办理的事项就要搁置到领导回单位,限制了行政效率的提高。此外,政府网站上可以让企业或居民在线办理的事项少,手机版的政府网站少,企业或居民办事不很方便。为此,各级政府部门应对现有信息系统进行改造,增加移动数据接口,开发政府 App,供企业或居民用户下载使用,提高政府办事效率。

第三,以保障和改善民生为重点推广 App 模式。从美国、中国香港等国家或地区的政府 App 发展特点来看,这些地区普遍重视开发与人民生活密切相关的 App,如教育、医疗卫生、旅游、交通、文化、就业、环境、灾害等领域的 App。我国移动电子政务应在保障和改善民生方面下功夫,教育、卫生、民政、文化、旅游、环保等部门要开发实用的 App,使人民生活更便捷、更幸福。

随着 5G 网络等无线网络覆盖率、智能移动终端普及率的提高,移动电子政务成为电子政务的发展趋势。政府 App 是移动电子政务的重要内容,将在今后一定时期内引领全球电子化公共服务创新。中国各级政府部门、有关信息化服务商应关注政府 App 模式,推动中国移动电子政务的发展。

第六章　大数据技术及其在智慧城市中的应用

随着城市信息化建设的深入，许多政府部门和企业积累了海量的数据资源，迫切需要利用大数据技术对这些数据资源进行处理、分析和挖掘，提高政府部门的行政管理和公共服务水平，提高企业的生产经营管理水平，使海量的数据资源转化为巨大的社会财富。政府部门和企业都要树立大数据思维，用数据说话，用数据管理，用数据决策，用数据创新。

第一节　大数据技术概述

一、历史背景

大数据（Big Data）概念最早是由美国 EMC 公司于 2011 年 5 月提出的。根据 IDC 发布的研究报告，全球数据量大约每两年翻一番，全球过去 3 年内产生的数据量比以往 4 万年产生的数据量还要多。2010 年，全球数据量跨入 ZB 时代。大数据的计量单位如表 6-1 所示。

表 6-1　大数据的计量单位

符号	名称	容量	容量说明
TB	太字节	1024 GB*	Twitter 每天产生 7 TB 的数据，是 60 年来纽约时报单词量的 2 倍
PB	拍字节	1024 TB	Google 每小时处理的数据约为 1 PB
EB	艾字节	1024 PB	全中国每人 1 本 500 页书的信息量约为 1 EB
ZB	泽字节	1024 EB	2011 年以前全人类的信息量约为 1.2 ZB
YB	尧字节	1024 ZB	

* $1\ GB = 2^{10}\ MB$（1024 MB） $= 2^{30}\ B \approx 10^9\ B$。

随着电子商务、物联网、社交网络等的发展，新的数据源和数据采集技术不断出现，使数据类型不断增多，各种非结构化的数据增加了大数据的复杂性，使传统数据库技术无法对其进行高效的分析。在互联网时代，数据的移动已成为信息系统最大的开销。信息系统需要从"数据围着处理器转"转变为"处理器围着数据转"[27]。

二、内涵和特点

大数据是以容量大、类型多、存取速度快、应用价值高为主要特征的数据集合，正快速发展为对数量巨大、来源分散、格式多样的数据进行采集、存储和关联分析，从中发现新知识、创造新价值、提升新能力的新一代信息技术和服务业态。

大数据的核心不在于数据量大，而在于数据分析挖掘。大数据具有如下六大特征[81]（如图 6-1 所示）：

（1）数据差异化（Variety）程度大。数据种类繁多，在编码方式、数据格式、应用特征等多个方面存在差异性，多信息源并发形成大量的异构数据。

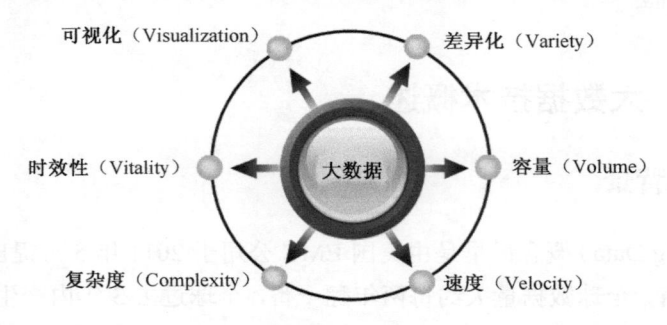

图 6-1 大数据的六大特征

（2）数据容量（Volume）极大。通过各种设备产生的海量数据，其数据规模极为庞大，远大于目前互联网上的信息流量，PB 级别将是常态。根据麦肯锡估计，2010 年，全球企业硬盘上存储了超过 7 EB 的数据，消费者在个人电脑等设备上存储了超过 6 EB 的新数据。Google 每天处理的数据量超过 20 PB，为了存储这些数据，Google 公司在全球建设了一批数据中心，如图 6-2 所示。

图 6-2 Google 公司的数据中心

（3）处理速度（Velocity）快。涉及感知、传输、决策、控制开放式循环的大数据，对数据实时处理有着极高的要求，通过传统数据库查询方式得到的"当前结果"很可能已经没有价值。

（4）时效性（Vitality）强。数据持续到达，并且只有在特定时间和空间中才有意义。

（5）可视化（Visualization）。可视化在数据工作流中将同时起到解释和探索的作用，数据科学家会将可视化作为寻求问题以及探索数据集新特性的一种方式。

（6）复杂度（Complexity）高。通过数据库处理持久存储的数据不再适用于大数据处理，需要有新的方法来满足异构数据统一接入和实时数据处理的需求。

三、关键技术

麦肯锡认为，可专门用于整合、处理、管理和分析大数据的关键技术主要包括Big Table、商业智能、云计算、Cassandra、数据仓库、数据集市、分布式系统、Dynamo、GFS、Hadoop、HBase、MapReduce、Mashup、元数据、非关系型数据库、关系型数据库、R语言、结构化数据、非结构化数据、半结构化数据、SQL、流处理、可视化技术等。

1. 数据挖掘

所谓数据挖掘（Data Mining，DM），是指从数据库的大量数据中揭示出隐含的、先前未知的并有潜在价值的信息的非平凡过程。数据挖掘是一种决策支持过程，它主要基于人工智能、机器学习、模式识别、统计学、数据库、可视化技术等，高度自动化地分析企业的数据，作出归纳性的推理，从中挖掘出潜在的模式，帮助决策者调整市场策略，减少风险，作出正确的决策。

下面举一个数据挖掘在零售行业应用的例子：零售公司跟踪客户的购买情况，发现某个客户购买了大量的真丝衬衣，这时数据挖掘系统就在此客户和真丝衬衣之间创建关系。销售部门就会看到此信息，直接将真丝衬衣的当前行情以及所有关于真丝衬衫的资料发给该客户。这样零售商店通过数据挖掘系统就发现了以前未知的关于客户的新信息，并且扩大经营范围。

2. 数据可视化

数据可视化技术的基本思想，是将数据库中每一个数据项作为单个图元元素表示，大量的数据集构成数据图像，同时将数据的各个属性值以多维数据的形式表示，可以从不同的维度观察数据，从而对数据进行更深入的观察和分析，如图6-3所示。目前数据可视化已经提出了许多方法，这些方法根据其可视化的原理不同可以划分为基于几何的技术、面向像素的技术、基于图标的技术、基于层次的技术、基于图像的技术和分布式技术等。

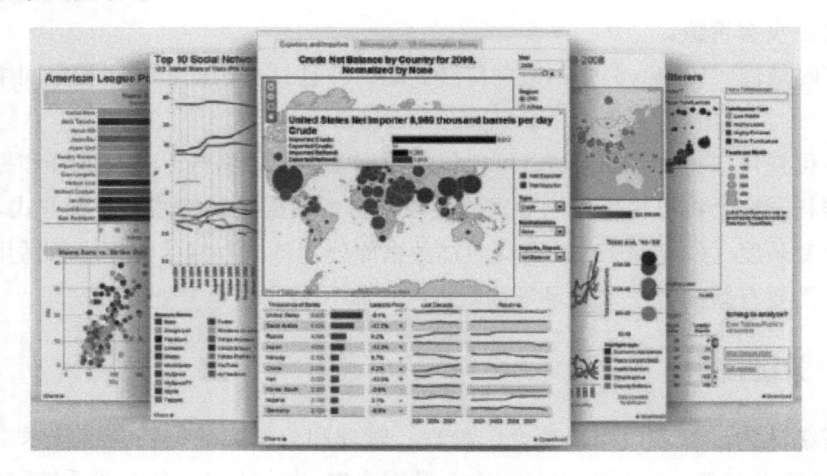

图 6-3　数据可视化示例

3. Hadoop

Hadoop 由 Apache 软件基金会研发，是一个能够对大数据进行分布式处理的软件框架，能够以一种可靠、高效、可伸缩的方式对大数据进行处理。Hadoop 是可靠的，因为它假设计算元素和存储会失败，因此它维护多个工作数据副本，确保能够针对失败的节点重新分布处理。Hadoop 是高效的，因为它以并行的方式工作，通过并行处理加快处理速度。Hadoop 还是可伸缩的，能够处理 PB 级数据。

第二节　领导干部的大数据思维

2017 年 12 月，习近平总书记在主持中共中央政治局第二次集体学习时指出，善于获取数据、分析数据、运用数据，是领导干部做好工作的基本功。各级领导干部要加强学习，懂得大数据，用好大数据，增强利用数据推进各项工作的本领，不断提高对大数据发展规律的把握能力，使大数据在各项工作中发挥更大作用。

领导干部的大数据思维是指领导干部要用数据说话，用数据管理，用数据决策，用数据创新，善于运用大数据解决经济社会发展过程中所面临的实际问题，通过大数据创新党建模式、经济调节模式、市场监管模式、社会治理模式和公共服务模式等。

1. 用数据说话

有的人喜欢感性思维，不善于理性思维。如果凭感觉说话，用"大概""可能"等模糊语言来描述事物，即使说得头头是道，若拿不出令人信服的数据，也难以服众。为此，不能仅凭感觉说话，而要用数据说话。在工作中，领导干部要对数字敏感，善于用数据摆事实、讲道理，用数据分析现状，用数据发现问题，用数据分析态势。

2. 用数据管理

历史学家黄仁宇提倡的数目字管理，其实就是指用数据管理。1979年，黄仁宇出版了《万历十五年》，从大历史的角度提出一个新的看法，即近代中国失败的原因无关道德和个人因素，而是在技术上不能实现"数目字管理"。

我国许多政府部门管理之所以比较粗放，就是由于信息化建设水平低，没有用大数据进行管理。其实，如果用大数据进行管理，许多市场监管和社会治理的漏洞都可以堵住，如偷税漏税、重婚等。

近年来，数据驱动管理理论逐渐兴起，许多行政管理领域的专家学者已经意识到大数据对政府管理的重要性。领导干部要学会通过大数据提供行政效能，以大数据推进国家治理体系和治理能力现代化。

3. 用数据决策

凭经验决策和采用"拍脑袋"的决策方式，容易造成决策失误。我国现在正处于经济社会转型时期，经济社会状况变化很快，政策形势变化也很快，经验往往靠不住。如今，领导干部决策失误，是要终身问责的。为此，领导干部必须用数据决策，把相关数据作为决策的客观依据，提高决策水平，促进决策科学化。

4. 用数据创新

党的十八届五中全会提出五大发展理念，其中第一大发展理念就是创新发展。党中央、国务院把创新驱动发展战略作为中国今后一段时期的经济社会发展战略。对于领导干部，要推进政府创新，包括政府管理创新、公共服务创新等。在大数据时代，要运用大数据创新市场监管模式，创新社会治理模式，创新公共服务模式等，实现对市场的精准监管和对社会的精准治理，"让数据多跑路，群众少跑腿"。欧美发达国家都非常重视用大数据开展政府创新工作，纽约警察局的 CompStat、巴尔的摩市政厅的 CitiStat，都曾获得哈佛大学肯尼迪政府学院的政府创新奖。全国各级党政部门也要积极运用大数据，创造性地处理公共事务。

第三节 国外政府大数据战略

一、美国政府大数据计划

为了有效应对大数据带来的挑战，同时充分利用大数据带来的机遇，美国、欧盟等都制定了大数据研究和发展计划。

2012年3月，美国政府发布了"大数据研发动议"（Big Data Research and Development Initiative），其目的是通过对采集来的庞大而复杂的数据进行分析，从中获得新的知识和洞见，加速科学发现，强化本土安全。

美国国防部、能源部、国家科学基金会、国家卫生研究所和联邦地质调查局等部门纷纷投入资金，用于研发有关方法和软件工具，提高从海量数据中获取信息、知识等的能力，如表6-2所示。

表6-2 美国一些政府部门的大数据项目

部门名称	大数据项目
国防部	多尺度异常检测（ADAMS）项目，机器阅读项目，大脑的眼睛（Mind's Eye）项目，任务导向的高可用性云计算项目，视频、图像的检索和分析工具（VIRAT）计划，XDATA项目
能源部	高性能存储系统，下一代网络，高能物理计算计划，美国核数据计划
国家科学基金会	大数据科学与工程核心技术研究计划，21世纪科学与工程网络基础设施框架（CIF21）项目，数据引文（Data Citation）项目，计算先行者（Expeditions in Computing）项目，激光干涉引力波观测站（LIGO），开放式科学网格（OSG）
国家卫生研究所	癌症成像存档（TCIA）项目，纳米材料注册计划，生理网络（PhysioNet），影像信息学工具和资源交换中心（NITRC），神经学信息框架（NIF），人类连接体项目，国家生物医学计算中心，国家通用医学科学研究所病例研究项目，全球蛋白质数据银行，生物医学信息研究网（BIRN），美国国家药物图书馆集成生物学与临床信息学（i2b2）项目，国家老龄化计算机数据档案项目
联邦地质调查局	约翰·威斯利·鲍威尔分析及合成中心
国土安全部	卓越可视化和数据分析研究中心
退伍军人管理部	医疗保健信息研究所
卫生和人类服务部	疾病预防和控制中心生物传感2.0（BioSense 2.0），疾病预防和控制中心特别细菌学参考实验室（SBRL），护理和医疗救助服务中心（CMS），食品和药物管理局的虚拟实验室
国家档案和记录局	十亿电子记录网络基础设施（CI-BER）
国家航空航天局	地球科学数据和信息系统（ESDIS）项目，全球对地观测系统（GEOSS）项目，行星数据系统（PDS），太空望远镜研究所多任务档案（MAST），地球系统网格联盟（Earth System Grid Federation）

2013年11月，美国信息技术与创新基金会发布了题为《支持数据驱动型创新的技术与政策》的报告。该报告建议政府大力培养所需的有技能的劳动力，推动数据相关技术的研发。政府不仅要收集和提供数据，还要制定推动数据共享的法律框架，并提高社会公众对数据共享重大意义的认识。

2014年5月，美国发布《大数据：把握机遇，守护价值》白皮书，阐述了美国大数据应用与管理现状、政策框架和改进建议，指出应警惕大数据应用对隐私、公平等带来的负面影响，建议推进消费者隐私法案，通过信息泄露立法，将隐私保护对象扩展到非美国公民，对在校学生的数据采集仅应用于教育目的，修订电子通信隐私法案。

2016年1月，美国联邦贸易委员会发布了一份题为《大数据：包容工具抑或排斥工具》的研究报告，分析了大数据的生命周期、大数据技术应用给消费者带来的利益和风险，探讨了应当如何利用大数据使人们既能充分享受其给社会带来的利益，又能使其带来的法律和道德风险最小化。

二、澳大利亚公共服务大数据战略

2013年8月，澳大利亚财政部下属的政府信息管理办公室发布了《澳大利亚公共服务大数据战略》（The Australian Public Service Big Data Strategy），旨在推动澳大利亚政府采用大数据分析手段来进一步提升公共服务水平。

《澳大利亚公共服务大数据战略》由如下六部分组成：（1）序言；（2）引言：什么是大数据，作为一种资产的数据，隐私，安全，数据管理；（3）机会和效益：服务提供，政策制定，统计资料，商业和经济机会，技能，生产效益；（4）愿景：展望未来；（5）大数据原则；（6）行动。

在"愿景"部分，《澳大利亚公共服务大数据战略》提出，澳大利亚政府将采用大数据分析来加强现有服务，提供新的服务，以及提供更好的政策建议，同时注重最佳的隐私保护并充分利用已有的信息通信技术（ICT）投资。澳大利亚政府将力争在采用大数据分析提高行政效率、开展公共部门合作和创新方面成为一个世界级领导者。这个愿景支持以下能力：加强服务；新的服务和商业合作机会；改进的政策制定；隐私保护；充分利用政府在信息通信技术方面的投资。

在"大数据原则"部分，《澳大利亚公共服务大数据战略》提出了在公共服务领域开展大数据应用的六大原则，包括：数据是一种国家资产；通过设计保护隐私（Privacy by Design）；数据完整、程序透明；共享技能、资源和能力；与产业界和学术界合作；促进数据公开。

在"行动"部分，《澳大利亚公共服务大数据战略》提出了六大行动计划：

1. 制定大数据最佳实践指南

澳大利亚政府信息管理办公室的大数据工作组将与澳大利亚税务局下属的数据分析高级中心（Data Analytics Centre of Excellence，DACoE）一起合作制定最佳实践指南，该指南旨在改善政府机构在大数据分析方面的能力。内容包括：帮助政府机构识别在哪些方面大数据分析可以支持服务的改进，以及制定更好的政策；为大数据分析计划提供必要的管理；帮助政府机构识别高价值的数据集；为政府机构使用第三方数据集以及第三方使用政府数据提供建议；通过设计保护隐私；促进隐私影响评估（PIA）、同行评审和质量保证程序；利用云计算为政策和指南提供参考等。

2. 识别和报告大数据分析的障碍

大数据工作组将与 DACoE 合作，找出政府机构有效利用大数据的障碍，包括技术、政策、法律技能、资源、组织和文化障碍等。尽管不是所有的障碍问题都能解决，政府信息管理办公室还是将发布一份详细阐述这些障碍和可能的缓解措施以及补救战略和行动的报告。

3. 提高大数据分析技能和经验

大数据工作组将与 DACoE 一起确定并支持一批大数据试点项目，包括利用大数据分析已有项目，以及由一些选定的政府机构主导的新的大数据项目。这些试点项目将通过促进学习、创新和协作来加强大数据相关技能的开发。此外，大数据工作组将与 DACoE 一起推广多种大数据分析专业技能，这些技能比传统的 ICT 教学内容更宽泛，包括信息和通信技术、信息学和统计学、数学、社会经济学、商学、语言学和影响评估技能。

4. 制定数据分析指南

大数据工作组将与 DACoE 一起制定数据分析指南。该指南将侧重于大数据项目管理，并将 OAIC 在隐私保护方面的建议和指南纳入其中。该指南也包括有关 NSS 和交叉组合数据整合监督委员会（Cross Portfolio Data Integration Oversight Board）及其秘书处作用的信息。该指南还将 NSS 的《为统计研究目的服务的联邦数据集成高级原则》纳入其中，包括当实施涉及整合由联邦机构持有的数据的大数据项目时，联邦机构与秘书处打交道的方式和时间要求。此外，该指南还将为支持这些项目的一个透明审查程序开展潜力调查。

5. 建立信息资产登记注册系统

大数据工作组将与 DACoE 一起制定一个帮助澳大利亚联邦政府机构建立专业信息资产登记系统的指南。该信息资产登记系统将明确每个政府机构可以访问和重复利用哪些数据集。这项行动建立在跨机构实施政府 2.0 的基础上，将有助于更好地管理由联邦机构持有的数据，并增加发布到澳大利亚政府数据网站（data.gov.au）的数据集数量。该指南将充分利用现有文献资料，包括出版 PSI 的指南以及澳大利亚政府数据网站的相关工作文献。

6. 积极跟踪大数据分析技术进展

由澳大利亚政府信息管理办公室支持的大数据工作组的成员们将积极跟踪大数

据分析技术进展，并呼吁产业界、研究机构和学术机构的专家为工作组提供大数据分析的最新信息。

欧盟也在积极开展大数据方面的研究。例如，2012 年 1 月截止的预算为 5 000 万欧元的 FP7 Call 8 专门征集针对大数据的研究项目，并以基础设施为主要先导。

第四节　政府大数据

充分运用大数据的先进理念、技术和资源，是提高政府服务和监管能力的必然要求，有利于政府充分获取和运用信息，更加准确地了解市场主体需求，提高服务和监管的针对性、有效性；有利于顺利推进简政放权，实现放管结合，切实转变政府职能；有利于加强社会监督，发挥公众对规范市场主体行为的积极作用；有利于高效利用现代信息技术、社会数据资源和社会化的信息服务，降低行政监管成本。

一、必要性和可行性分析

1. 必要性

（1）发展大数据是促进政务信息资源开发利用的必然要求。《中共中央办公厅、国务院办公厅关于加强信息资源开发利用工作的若干意见》（中办发[2004]34号）指出，加强信息资源开发利用、提高开发利用水平，是落实科学发展观、推动经济社会全面发展的重要途径，是增强我国综合国力和国际竞争力的必然选择。该意见提出"加强政务信息资源的开发利用"。作为一种新型的信息资源开发利用技术，大数据技术是政府信息资源开发利用的重要手段。

（2）发展大数据是提高政府决策科学化水平的必然要求。随着信息化建设的深入，越来越多的国家部委进入"数据大集中"阶段，特别是垂直管理的政府部门。例如，自然资源部（原国土资源部）实施国土资源遥感监测"一张图"战略，基本建成了国家、省、市三级国土资源数据中心体系。政府数据中心不应只是存储数据的地方，而应采用大数据技术，对现有的海量数据资源进行分析和挖掘，辅助各级党政领导进行科学决策。

（3）发展大数据是提高城市管理精细化水平的必然要求。实践表明，采用大数据技术，开展数据驱动的城市管理，可以取得非常明显的成效。例如，纽约市的警察部门启用治安管理系统 CompStat 之后，凶杀案从 1994 年的 1 561 宗下降到 2009 年的 466 宗；巴尔的摩市（Baltimore）建立了 CitiStat，通过计算机跟踪政府管理部门的执行情况。CitiStat 系统运行的前 4 年，就为巴尔的摩市政府节约了 1 亿美元。要实现我国目前城市管理的粗放式向精细化转变，必须发展大数据。

(4）发展大数据是促进现代服务业发展的必然要求。从发达国家经验来看，开放政府数据可以有效促进现代服务业（特别是咨询行业）的发展。例如，美国海洋和大气管理局（NOAA）免费向社会开放气象数据，仅2008年为发电厂就节省1.66亿美元。由于采取气象数据免费开放政策，2000年美国天气风险管理行业的产值是欧洲的60倍，亚洲的146倍。这是因为在欧洲虽然开放但仍然需要支付一定的费用购买气象数据，而亚洲许多国家则不开放气象数据。发展现代服务业是我国调整经济结构的重要途径，政府部门开放非涉密的公共数据，鼓励社会机构对公共数据进行开发利用，有利于促进我国现代服务业的发展。

2. 可行性

（1）中国政府的数据量已经初具规模。自2002年《国家信息化领导小组关于我国电子政务建设指导意见》发布以来，许多政府部门开展了大规模的电子政务建设。经过十多年的电子政务建设，各级政府部门积累了大量数据。目前，绝大多数中央部委和省级政府部门的核心业务都有数据库支撑，核心业务数据库覆盖率超过80%。公安部建成了覆盖13亿人口的国家人口数据库。国家市场监管总局建成了企业法人数据库，民政部和中央编制办公室初步建成了社会团体和事业单位信息库，全国四级自然资源主管部门积累了近6 000 TB的数据，国家统计局建成了统计信息库，国家发展改革委建成了自然资源和空间地理基础信息库。此外，金融、税务、市场监管、人力资源和社会保障、教育等领域也都建成了一批信息库。

（2）大数据技术逐步成熟。近年来，IBM、Google等国际跨国IT企业积极开展大数据技术研发、企业并购和产品推广。例如：Google的MapReduce可以用于1 TB以上的数据处理；Oracle的大数据机；IBM的数据实时分析产品InfoSphere Streams；Apache公司的Hadoop分布式数据处理系统。达梦、神舟通用、人大金仓等国产数据库软件企业也积极跟进，在数据分析等方面寻求突破。

可见，中国发展政府大数据有需求、有基础，是必要性的，也是可行的。

数据是行政管理的基础，是政府的重要资产。大数据在经济调节、市场监管、社会治理、公共服务和环境保护等方面有着广阔的应用前景。例如：以大数据监测宏观经济运行情况，实现精准调控；以大数据实现市场的精准监管、社会的精准治理。让数据多跑腿，群众少跑腿，实现"最多跑一次"。总的来说，大数据可以为政府部门带来六大价值：

（1）领导决策科学化。大数据可以使领导干部决策方式从"凭经验"转变为"用数据说话"，杜绝"拍脑袋决策，拍胸脯保证，拍屁股走人"现象，提高决策科学化水平，避免领导干部因决策失误被问责。

（2）行政管理精细化、精确化。大数据可以使政府管理从"粗放管理"转变为"精细管理",从"人海战术"转变为"精确管理",提高政府管理水平。不少市场监管部门都反映人手不够,管不过来,必须运用大数据对市场主体实现分级分类管理,使有限的执法力量用在刀刃上,对违法分子进行精确打击。

(3)公共资源配置合理化。大数据可以使医院、学校等基本公共服务资源、配套设施、执法力量配置科学化、合理化。例如,随着城镇化发展和人口跨区域流动,一个城市到底应该新建多少所医院、多少所中小学,建在什么地方比较合理,都应该用数据说话。

(4)公共服务人性化。通过大数据分析,政府部门可以为企业和社会公众提供个性化、主动的公共服务,提高企业和社会公众对政府的满意度,让他们有获得感。例如,根据公安部门的人口信息,可以识别出快年满60周岁的人群,告知他们什么时间之后就可以到什么地方去办理老年证,需要提交哪些材料。

(5)政府运行整体化。目前,我国条块分割的行政管理体制,容易导致行政碎片化。行政碎片化、信息化建设各自为政,是导致政府部门之间"信息不对称"的重要原因。而政府部门之间"信息不对称"是导致市场监管和社会治理漏洞的主要原因。通过政务信息资源的整合、信息系统的互联互通,实现跨部门信息共享和业务协同,可以破解行政碎片化问题,构建整体政府。

(6)政府运作智慧化。大数据是智慧政府的关键技术之一。政府的"智慧"在很大程度上来源于大数据分析之后掌握事物全局情况、发现事物发展规律。大数据可以帮助公务员自动完成一些比对、分析工作,减少公务员工作量。例如,通过跨部门数据比对和信息核查,自动剔除不符合条件的申请者。由人口、法人单位等基础信息库和电子证照、社会信用等专题数据库,自动生成一些信息,避免基层办事人员重复录入。

二、应用现状

目前,大数据技术已经在公安、综合治理、市场监管、税务、统计、文化旅游、公共服务等部门得到应用。

1. 大数据在公安部门的应用

对于公安部门,大数据技术可应用于社会治安管理、车辆管理、户籍管理、出入境管理、反扒、踩踏预警、反恐、打击电信诈骗等领域。

"犯罪数据分析和趋势预测系统"是北京市公安局近年来全力推进大数据警务建设的成果之一。2013年4月,犯罪数据分析和趋势预测系统在北京市公安局怀柔分局正式上线运行。该系统共收录了怀柔近9年的犯罪案件数据,通过标准化分类后导入系统数据库,同时采用地图标注,将警务辖区实施空间网格编号,通过由数学专家建立的多种预测模型,自动预测未来某段时间、某个区域可能发生犯罪的概率以及犯罪的种类,为打击防范可防性案件提供前瞻性指导。

2014年5月,北京市公安局怀柔分局"犯罪数据分析和趋势预测系统"预测提示,近期泉河派出所辖区北斜街发生盗窃案的可能性较高。怀柔公安情报信息中心根据提示,指导泉河派出所对该区域加大巡逻防控,并于5月7日当场抓获一名盗窃汽车内财物嫌疑人。

2014年1—5月,怀柔全区接报110刑事和秩序类警情同比下降27.9%,立现案同比下降14.7%,其中立抢劫案下降了近55%。

2015年元旦,上海外滩发生踩踏事件(如图6-4所示)。目前大城市几乎人人都有手机,电信运营商根据手机信号能够知道机主的实时位置,据此在百度地图上可查看某一地区的人口分布(其示意图如图6-5所示)。如果活动组织方和有关政府部门通过电信运营商分析一个地区的人口密度,判断该地区的拥挤程度,超过一定阈值就自动报警,采取疏散措施,或许上海外滩踩踏事件就可以避免。

图6-4　上海外滩踩踏事件发生时的人群拥挤现象

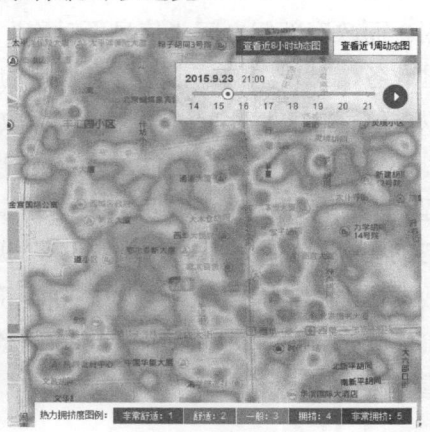

图6-5　在百度地图上查看某地区人口分布情况的示意图

在2015年5月6日召开的国务院常务会议上,在讨论确定进一步简政放权、取消非行政许可审批类别时,李克强总理一连讲了三个故事,其中第一个故事如下:我看到有家媒体报道,一个公民要出国旅游,需要填写"紧急联系人",他写了他母亲的名字,结果有关部门要求他提供材料,证明"你妈是你妈"!(见图6-6所示的漫画)。

乌海市公安局正在把以前的所有纸质户籍资料全部数字化,建立乌海户籍数据库,开展公安大数据应用。在户籍数据库中,建立每个人的社会关系图。一个人的父亲是谁、母亲是谁、儿子或女儿是谁,一目了然,证明"你妈是你妈"的问题迎刃而解。

图 6-6 关于"证明你妈是你妈"的漫画

2. 大数据在综合治理部门的应用

2015 年 6 月,贵阳市社会治理大数据云平台——"社会和云"工程启动建设。该工程将建设以基础设施层、系统平台层、应用平台层为框架结构,多个系统应用为支撑的社会治理大数据云平台,通过大数据运用,统计分析与民生相关的海量数据,准确把握不同社会成员和不同地区的社会需求,实施精细化服务管理,推动建立多层次服务体系,营造和谐稳定的社会环境[93]。

近年来,重庆市合川区委、区政府在社会治理方面树立了大数据思维,建立了"合川区社会治理大数据系统"及其 App,提升了社会治理水平。

合川区社会治理大数据系统包含场所管理、人口管理、事件处理、分析研判等 13 个功能模块,10 多万个基层干部、网格员和人民群众安装了该系统的手机 App。

合川区社会治理大数据系统整合了公安、信访、民政、教育等部门的信息资源。网格员负责动态采集、报送辖区人口基础信息、矛盾纠纷信息、治安隐患信息、重点人员信息等,把全区人、地、事、情、组织等基础信息全部纳入合川区社会治理大数据系统,做到"底数清、情况明"。合川在区社会治理指挥中心建立了视频指挥调度中心,打破部门壁垒,集中接入了 2.5 万余个公安、交通、市政、教育、金融等部门的监控视频,推动公安专业数据、政府各部门管理数据、公共服务机构业务数据集成应用,提高了应急处置能力。

合川区通过大数据分析及时发现社会矛盾和问题,将过去政府被动应对问题转化为主动发现问题和解决问题。社会治理大数据系统可以自动对海量数据进行分析和挖掘,分种类、分区域、分时段对全区刑事治安案件、社会矛盾纠纷、民情民意等进行智能预警,区社会治理指挥中心根据智能预警调整工作策略,适时提出应对建议,分级报送区委、区政府和镇(街道)作为决策参考。截至 2017 年 3 月,通过大数据分析研判,有效防范群访事件 8 起,针对性开展治安整治行动 9 次。利用手机 App 建立特殊人群"日点名""日见面"制度,掌握全区社区矫正人员、吸毒人员、过激言行人员、精神障碍患者的表现情况,常态化开展法治教育、医疗救治、心理疏导等工作。一旦出现危害社会的行为或苗头,立即调动力量依法处置。2016 年以来,全区精神病人肇事肇祸案件"零发生",社区矫正人员"零发案"。该系统把收集上来的困难救助、就业帮助、就学资助等民生需求,分类推送给相关社会组织,引导开展"一对一"帮扶,促进供需对接。利用该系统广泛推行"网上信访""视频调解"。截至2017年3月,全区在线受理和解决群众信访事项1 570个,占信访总量的51.2%;在线解答群众法律咨询6 000余次,在线调解矛盾纠纷500余起。

合川区建立了流程化的事项办理机制、动态化的督办督查机制和制度化的回访考核机制。实行"区、镇(街道)、村(社区)、网格"四级流程化办理,下一级办理不了的事项,依托三级指挥体系逐级向上提交,上一级管理平台逐一交责任单位或人员办理,通过上下联动、层层把关,真正把问题解决在基层,做到小事不出村(社区)、大事不出镇(街道)、难事不出区。截至2017年3月,已收集民情民意2万余条,办理民生实事3万余件,化解矛盾纠纷1.1万余件,事项办结率达99%。人民群众和网格员的事项提交后,社会治理大数据系统会自动启动督办程序,每个环节都有明确的责任单位、责任人和办理时限,超过10个工作日未办结则系统亮黄灯警示,超过15个工作日未办结则系统亮红灯警告,倒逼责任单位提高工作效率。目前,95%以上的社会治理事项都能够在10个工作日内得到妥善办理并回复。由区社会治理民意调查中心按比例抽取已办结事项,通过对当事人进行电话回访,将群众的满意度评价和意见建议录入社会治理大数据系统,由社会治理大数据系统自动对"红黄灯"、办结率、满意率进行统计汇总,全面、真实地掌握社情民意。

合川区社会治理大数据系统提升了社会治理的广度和深度,消除了社会治理的盲区和死角,实现了社会共治,促进了社会和谐。全区刑事案件发案数、到区信访人次逐年下降。合川连续三年群众满意度指数名列重庆市第一,公众安全感指数保持全市前5名,矛盾化解率达到90%以上。

3. 大数据在市场监管部门的应用

对于具有市场监管职能的政府部门,通过大数据分析可以发现各类市场主体违法违规的规律、市场监管漏洞等,对市场主体进行分类分级监管,科学地配置有限的执法力量,增强市场监管能力。

2015年6月,国务院办公厅印发了《关于运用大数据加强对市场主体服务和监管的若干意见》,提出运用大数据加强和改进市场监管。

目前,大数据已经在一些市场监管部门得到应用。例如,2015年7月,湖北工商大数据分析系统(如图6-7所示)正式上线运行。工商部门可以对一个地区或者一个时间段被投诉举报最多的商品或服务进行分析,据此做到精准整治;可以对已注销市场主体的数据进行挖掘,分析出哪类主体消亡快、哪类主体生命力强、哪类主体属于高成长、哪类主体属于高衰退,为产业结构调整提供科学依据;可以准确地发现经营异常企业的分布及其原因,为有针对性地加强市场监管提供数据支撑;可以直观地了解全省市场主体的类型、结构及分布情况,各类关键指标的同比、环比分析一目了然。

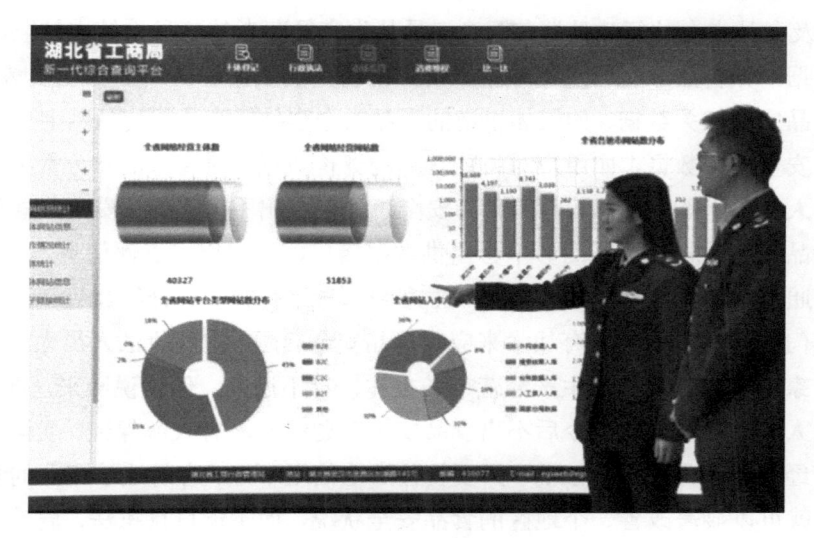

图 6-7　湖北工商大数据分析系统

重庆市工商局通过建立数据监测中心、数据模型等,对归集整合的 2 500 万条全市小微企业数据进行分析,动态监测小微企业发展活跃度,精准实施分类扶持监管政策,对发展态势好的企业重点推介,对经营异常、有不良信用记录的企业进行预警,对违法失信企业联合惩戒,成功助力 1.32 万户享受创业补助的微型企业成长壮大为中小企业。

近年来,我国各级食品安全监管部门作出了巨大努力,食品安全状况有所好转;但时不时曝光的食品安全事件,依然难以给老百姓以安全感。传统人海战术、运动式执法和被动式执法已经不适应时代要求,必须用大数据思维实现食品安全的精准治理。

(1) 建立和完善食品生产经营者数据库,运用大数据摸清食品安全的"家底",感知食品安全态势。俗话说,知彼知己,才能百战不殆。食品安全监管,信息是基础。试想,如果食品安全监管部门连辖区内有多少家食品安全市场主体,它们都是谁,位置在哪里,生产经营哪些食品,以前有过哪些违法犯罪行为等情况都不清楚,那怎么去监管,怎么能够监管得好?为此,要依托法人单位基础信息库,归集有关部门的食品安全相关信息,建立和完善食品安全生产经营者数据库。

目前,我国各级食品安全监管部门都不同程度地建立了数据库,但存在数据不全面、不及时、不准确的问题:数据库中的数据质量不高,更新不及时,有的甚至成了死库。食品生产经营者数据库的数据来源大致分为以下五类：一是食品安全监管部门自身业务工作中产生的数据，包括利用网上投诉举报平台获取消费者的投诉举报数据；二是通过数据交换从工商、公安、法院等其他政府部门所获取的食品安全相关数据，如涉及食品安全的行政处罚信息；三是从生产经营者的信息系统中抽取的食品安全相关数据，如食品原材料进货数据、食品销售出货数据等；四是从互联网上搜索、抓取的食品安全相关数据，如媒体报道的食品安全事件；五是从食品网上交易平台抽取的食品安全相关数据，如用户对所购食品的评价数据、对商家的评分数据。随着越来越多的人从网上购买食品，网购食品安全事件也层出不穷，食品安全监管部门应要求涉及食品销售的相关电子商务平台提供数据接口，抽取用户点评信息。

（2）通过开展大数据分析，对食品生产经营者进行分类、分级监管。许多食品安全监管部门还习惯于采用人海战术来应对食品安全问题，抱怨执法人员太少，一个人要管几百家甚至上千家食品生产经营市场主体，管不过来。但话说回来，即便拥有1万个执法人员，能保证辖区今后不出食品安全问题吗？没有人敢保证。实际上，不少食品生产经营者都是遵纪守法的，只要管住那些信用不好、容易违法犯罪的食品生产经营者，就可以显著改善一个地区的食品安全状况，而不能盲目执法，眉毛胡子一把抓，平均使用执法力量。

对于食品生产经营者，食品安全监管部门要依托食品生产经营者数据库，开展大数据分析，进行分类、分级监管。我国食品种类众多，而且生产加工方法、价格等各不相同。有些食品容易出现食品安全问题，而有些食品很少出现食品安全问题。食品安全领域的违法犯罪，绝大多数都是为了牟利。容易出问题的食品，多是通过非法添加之后牟利较多的，如肉制品、奶制品等。对于生产经营不同食品的商家，要开展食品安全风险评价，区别对待。对于生产经营高风险食品的商家，要重点监管。近年来，许多食品安全监管部门已经开展了社会信用体系建设，今后要进一步完善食品安全信用体系，归集食品生产经营者的信用记录，对食品生产经营者的信用状况进行分级。对于信用状况好的食品生产经营者，减少执法检查频率；对于信用状况不好的食品生产经营者，增加执法检查频率。这样就把执法力量集中用于信用不良的食品生产经营者。

（3）运用大数据分析食品安全事件的规律，科学配置有限的执法力量。1994年，纽约警察局应用了社会治安管理信息系统——CompStat。这是一个基于地图的纽约犯罪统计分析系统。之后，纽约治安状况明显好转。从1998年起，美国在全国警察部门推广纽约的犯罪地图和数据驱动管理（Crime Mapping and Data-Driven Management）模式。食品安全监管部门可以借鉴CompStat的成功经验，建立食品安全地理信息系统，并开发相应的手机客户端（App）。

> **延伸阅读：上海市长宁区用大数据开展食品安全治理**
>
> 上海市长宁区市场监管局与大众点评公司合作，利用大众点评后台数据及推送功能，有针对性地展开食品安全问题整治，进行精准执法。针对大众点评用户评论的特点，长宁区市场监管局制定了餐饮企业食品安全负面评论关键词搜索清单，包括"河豚""罂粟壳""腹泻""过期食品""脏乱差"等十大类关键词，定期对大众点评数据进行关键词搜索，实地排查。截至2016年6月，长宁区市场监管部门已查处下架了区内700多家有违法行为的餐饮单位。

对于地方政府，要推行信用监管和"互联网＋监管"，建立和完善基于大数据分析的智慧监管体系。建设"互联网＋监管"平台，通过大数据分析发现各类市场主体违法违规的规律、市场监管漏洞以及市场主体经营异常规律、某个行业发展态势、消费者投诉举报情况等。运用大数据对市场主体实行分类分级监管，科学配置执法资源，实现对市场主体的全生命周期监管。完善法人信用数据库、自然人信用数据库和信用信息平台，对市场主体进行信用画像，构建以企业信用信息公示为基础、以信用监管为核心的事中事后监管体系，提升事中事后监管规范化、精准化和智能化水平。

4. 大数据在税务部门的应用

对于税务部门，通过采用大数据技术对涉税数据进行比对，可以有效发现税收征管漏洞，促进财税增收。此外，可以运用大数据分析税收结构等。

北京市地税局的统一展示平台充分利用现有信息系统多年的海量数据资产，结合最新的信息处理展示技术，实现实时的、逐条明细的多维度、多主体、生动化数据展示，从宏观视角到微观层面，完整、准确、动态地反映出税收业务情况和系统服务状况，为税收管理和纳税服务提供动态的信息依据。

天津市国税局积极探索利用互联网平台和大数据分析开展股权转让管理工作，寻找非居民股权转让税收突破点，摸索出一条以征管系统为依托，通过互联网广泛收集第三方信息，集中开展大数据分析的新征管手段。截至2015年5月，天津保税区国税局共受理非居民股权转让申报23例，征收非居民企业股权转让预提所得税1.3亿元。天津市某非居民企业间接转让境内一家企业，天津保税区国税局在调查核实中，发现转让价格明显偏低且无合理解释理由，怀疑是关联交易行为。为了印证这一疑点，该局通过网络技术手段多方搜集信息，发现转让双方为同一集团控制下的不同层级的关联子公司。最终境外企业补缴预提所得税300万元。

江苏、湖北、北京和山东等地税务机关把大数据引入税收风险应对工作，组织开发了数据情报平台和"数字稽查"等软件，充分挖掘应用第三方信息，依照分析模型比对涉税数据，用多条数据疑点直指风险"靶心"，改变了"人盯户、票管税"的传统做法，提高了税收风险防范能力。

无锡市地税局建立了纳税人需求管理系统和具有税情采集、需求管理、服务反馈、依法维权、质效提升等功能的纳税人需求响应中心，通过大数据分析，找准纳税人需求和纳税服务中存在的痛点，进一步提升了纳税服务的针对性和有效性。

5．大数据在公共服务领域的应用

对于地方政府，要推行"互联网＋政务服务"，实现"一号"申请，"一窗"受理，"一网"通办。借鉴浙江"最多跑一次"改革经验，加快推进一体化政务服务平台建设，实现政务服务"一张网"，做到大多数事项"网上办"。建立"政务服务网"，使之具备主题套餐、场景引导、政民互动等功能。加快构建"掌上办事""掌上办公"体系，提高行政效能。加快建设政务数据交换平台，编制政务数据共享需求清单，让数据多跑腿，群众少跑腿。开展政务服务态势分析，提升政务服务质量。运用大数据分析政务服务中心办件情况，有针对性地优化业务流程，合理分配政务服务中心工作人员的工作量。分析办事人特征、办事历史、事项关联等，预判办事需求，为企业和人民群众提供个性化、主动的服务。依托"12345"政务服务热线平台，健全统一的政务服务热线办理机制。充分利用社会第三方拓展办事渠道，实现公共服务"就近办"。

6．大数据在疫情防控领域的应用

实践表明，运用大数据可以提升新冠肺炎疫情防控水平。一是运用大数据对疫情进行精准防控。电信运营商通过对手机信号进行大数据分析，可以分析某个区域武汉手机号码有多少，目前在什么位置，从而帮助当地疫情防控部门快速找到武汉来本地的人员。二是运用大数据分析疫情发展态势。把每个确诊病例、死亡病例标注到电子地图上，可以运用大数据分析各个城市的疫情严重程度。再加上时间维度，就可以分析出各个城市的疫情发展情况。根据不同城市当前疫情严重程度和疫情发展态势，采取分级分类防控措施，把有限的医疗资源进行优化配置。三是运用大数据优化疫情防控资源配置。新冠肺炎疫情发生后，每个地方各类防疫物资缺多少，需要外界支援多少，就要对当地人口数量、人口结构、感染人数、当地防疫物资产能等进行大数据分析。

新冠肺炎疫情发生后，习近平总书记多次强调运用大数据进行疫情防控。例如，2020年2月，习近平总书记在统筹推进新冠肺炎疫情防控和经济社会发展工作部署会议上强调，要充分运用大数据分析等方法支撑疫情防控工作。

浙江等地方政府积极运用大数据技术开展新冠肺炎疫情防控。例如，浙江在全国率先运用"网格化＋大数据"手段对新冠肺炎疫情实现了精密智控。浙江建立了"一图一码一指数"疫情防控体系，其中"一图"是指全省疫情风险图，"一码"是指"健康码","一指数"是指"管控指数和通畅指数"。浙江以县域为单元，运用大数据对全省各县（市、区）疫情进行风险评估，用 5 种颜色反映疫情风险等级，每日一报，让全社会了解各区县疫情风险。

在新冠肺炎疫情防控中，一些地方政府建立了疫情防控大数据平台。例如，2020年 2 月，杭州市拱墅区疫情防控大数据平台正式投入使用，减轻了基层一线排查节后返杭人员的工作强度。该平台包含重点人群身份、行踪、身体状况等 40 项要素信息，划分为区、街道、部门、社区等端口，方便疫情一线工作人员实时上传数据和事件流转处置，节省了各部门、各街道之间疫情信息沟通时间。通过大数据分析，可以掌握重点疫区人员占比、全区面上管控动态等，便于街道和社区统一安排防控力量，研判防控压力与排摸重点。

政府部门大数据应用示例如表 6-3 所示。

表 6-3　政府部门大数据应用示例

政府职能部门	应 用 示 例
办公厅/办公室	建设政府数据网站，开放公共数据资源；运用大数据促进领导决策科学化
发展改革部门	运用大数据监测宏观经济运行情况，促进宏观调控科学化；运用大数据进行物价监测
工业和信息化部门	发展工业大数据。推动大数据在研发设计、生产制造、经营管理、市场营销、售后服务等环节的应用，发展基于大数据的智能制造、大规模定制、服务型制造等新一代制造业
教育部门	运用大数据进行教育发展情况分析，科学配置教育资源（新建多少学校，建在哪里），因材施教
科技部门	运用大数据进行科技查新；运用大数据进行科技成果供需匹配，促进科技成果转化
公安部门	在社会治安管理、车辆管理、户籍管理、出入境管理、反扒、踩踏预警、反恐、打击电信诈骗等领域应用大数据，建立基于大数据的立体化防控体系。在重要场所安装具有人脸识别功能的视频监控系统，提升视频智能化处理能力，为案件侦破提供精准线索
监察部门	数据铁笼；运用大数据进行干部画像，对干部进行监督
民政部门	在居民婚姻状况分析、社会救助对象经济状况核查、民政专项资金监管等领域应用大数据，杜绝违法违规行为。运用大数据帮助儿童福利院的儿童找到亲生父母，精准对接社会帮扶
司法部门	在法律援助分析、公证、司法鉴定、服刑人员分析、戒毒人员分析、律师分析等领域应用大数据
财政部门	财政收支大数据分析；财政数据可视化
人力资源和社会保障部门	运用大数据分析城乡居民就业情况、人才市场供求状况、行业薪资待遇等，引导社会就业。通过招聘单位和招聘人员的数据自动匹配，促进社会就业。建立基于大数据的社保监管平台，实现社保基金、就业专项资金和劳动用工的智能监管及医保的智能审核，杜绝冒领养老金等违法违规行为
自然资源部门	加强不动产登记有关信息与住建、农业、林业、公安、民政等部门的信息共享。运用大数据开展地质调查、自然资源评价等工作，查处违法占地等行为。运用大数据对地质灾害进行监测预警，保障城市地质安全

续表

政府职能部门	应用示例
住房和城乡建设部门	运用大数据支撑"多规合一",编制城市规划,查处违章建筑,建立住房和城乡建设"一张图"
交通运输部门	建立基于大数据的城市智能交通系统,运用大数据治理城市交通拥堵,改善市区交通状况,方便人们的出行
农业农村部门	在农业产前、产中、产后各个环节推广应用大数据技术,发展设施农业、订单农业、精准农业等现代农业,促进农业组织化、规范化、品牌化。加强涉农数据汇聚和共享,增强涉农信息系统大数据分析功能。建立农产品质量追溯系统,归集生态环境、生产资料、生产过程、市场流通、加工储藏、检验检测等农产品生产、流通、消费相关数据,实现信息可查询、来源可追溯、责任可追究
商务部门	运用大数据分析内外贸态势
文化旅游部门	运用大数据分析广大人民群众的文化需求、偏好,引导文化工作者创作出适销对路的文化产品。运用大数据分析客源、游客行为等,对景点景区人群踩踏进行预警,对旅游市场进行精确监管,科学、合理地开展旅游景区规划和评价
卫生健康部门	在医疗卫生发展情况分析、居民健康状况调查、医院等医疗资源科学配置、疫情监测和预警等领域应用大数据。鼓励医院运用大数据开展疾病研究、辅助看病等
生态环境部门	运用大数据分析环境污染态势
市场监管部门	建立和完善市场主体数据库,以社会信用代码关联市场主体信息,对市场主体进行信用画像。通过大数据分析发现各类市场主体违法违规规律、市场主体经营异常规律、消费者投诉举报情况等,通过跨部门数据比对发现市场监管漏洞,对市场主体实行分类分级监管,科学地配置有限的执法力量。构建以企业信用信息公示为基础、以信用监管为核心的事中事后监管体系
税务部门	对涉税数据进行比对,发现税收征管漏洞,促进财税增收。运用大数据分析税收结构等
信访部门	在信访调研、访情预判、绩效考核、管理决策、记录历史等领域应用大数据
行政服务中心	通过大数据分析为企业和社会公众提供个性化的、主动的服务,助力"最多跑一次"改革。推行"互联网+政务服务",以部门联网、信息共享和数据交换支撑行政事项跨部门、跨地区、跨层级办理,让数据多跑腿,群众少跑腿,实现"一号"申请、"一窗"受理、"一网"通办

要运用大数据提升国家治理现代化水平。要建立健全大数据辅助科学决策和社会治理的机制,推进政府管理和社会治理模式创新,实现政府决策科学化、社会治理精准化、公共服务高效化。

——2017年12月8日习近平总书记在主持中共中央政治局第二次集体学习时的讲话

三、相关政策

目前,国务院和一些国家部委出台了大数据相关政策。2015年6月,国务院办公厅印发了《关于运用大数据加强对市场主体服务和监管的若干意见》，提出：运用大数据提高为市场主体服务水平，运用大数据加强和改进市场监管，推进政府和社会信息资源的开放共享，提高政府运用大数据的能力，积极培育和发展社会化征信服务。该文件提出在宏观管理、税收征缴、资源利用与环境保护、食品药品安全、安全生产、信用体系建设、健康医疗、劳动保障、教育文化、交通旅游、金融服务、中小企业服务、工业制造、现代农业、商贸物流、社会综合治理、收入分配调节等领域实施大数据示范应用工程。

2015 年 8 月，国务院印发的《促进大数据发展行动纲要》提出，加快政府数据开放共享，推动资源整合，提升治理能力。大力推动政府部门数据共享，稳步推动公共数据资源开放，统筹规划大数据基础设施建设，支持宏观调控科学化，推动政府治理精准化，推进商事服务便捷化，促进安全保障高效化，加快民生服务普惠化。实施政府数据资源共享开放工程、国家大数据资源统筹发展工程、政府治理大数据工程、公共服务大数据工程。

2016 年 6 月，国务院办公厅印发了《国务院办公厅关于促进和规范健康医疗大数据应用发展的指导意见》，提出：夯实健康医疗大数据应用基础，全面深化健康医疗大数据应用，规范和推动"互联网＋健康医疗"服务，加强健康医疗大数据保障体系建设。

2016 年 7 月，国土资源部印发了《促进国土资源大数据应用发展实施意见》，提出：持续完善国土资源数据资源体系，全面推进国土资源系统内部信息互联互通，大力推进政府部门之间的数据共享服务，稳步推进国土资源数据向社会开放，有效提升国土资源决策支持能力，加强地质环境与地质灾害分析预警与信息服务，大力推进地质调查信息服务，培育智能化国土资源调查评价监测应用新业态。

许多地方政府制定了大数据相关政策法规，广东、上海、重庆、福建、贵州、武汉、石家庄等许多省市都编制了大数据发展规划或制定了大数据政策措施。

一些地方人大开展了大数据立法工作。例如，2016 年 1 月，贵州省第十二届人大常委会第 20 次会议通过了《贵州省大数据发展应用促进条例》。2018 年 12 月，天津市第十七届人大常委会第七次会议通过了《天津市促进大数据发展应用条例》。2019 年 9 月，海南省第六届人大常委会第 14 次会议通过了《海南省大数据开发应用条例》。

2018 年政府机构改革，许多地方政府专门成立了大数据管理机构。例如，广东、贵州、广州、成都、沈阳、福州、兰州、佛山、黄石等省市都成立了大数据局或大数据委。

四、发展对策

中国发展政府大数据应做好以下三个方面的工作：

1. 掌握关键核心技术

加强对大数据相关技术的攻关，掌握大数据核心技术和关键技术。把大数据列入国家科技计划、国家自然科学基金、"核高基"国家科技重大专项等重点支持项目。加大对国产数据库软件企业的政策、资金扶持力度。建立大数据的"政、产、学、研、用"五方联动机制。加强对大数据技术和产品的知识产权保护。只有掌握了大数据核心技术和关键技术，中国政府的大数据工作才能在信息安全方面得到保障。

2. 开放公共数据资源

开放公共数据资源，有利于深化政府信息公开，促进政府部门依法行政；有利于促进公共数据资源开发利用，发展信息服务业。国务院明确要求开放公共数据资源。例如，《国务院关于积极推进"互联网＋"行动的指导意见》提出"推动数据资源开放"；《促进大数据发展行动纲要》提出"稳步推动公共数据资源开放"。

2017年2月，中央全面深化改革领导小组第三十二次会议审议通过了《关于推进公共信息资源开放的若干意见》。该意见也需要配套的实施细则，明确哪些部门的哪些公共数据资源要对外开放，是全部开放还是部分开放，是面向所有人开放还是面向特定人群，是免费开放还是收取一定的费用，是直接开放还是依申请开放。

目前，美国、澳大利亚等一些发达国家已经建立了专门的政府数据网站，极大地促进了政府信息公开和全社会对政府数据的开发利用。我国也需要结合政府信息公开工作，建设政府数据网站，促进政府信息的开发利用。

3. 制定相关法律法规

实施国家大数据战略，目前的障碍不在于政策、技术、资金、人才，而在于法律法规不完善、大数据相关立法滞后。党的十八届四中全会提出"全面推进依法治国"，通过了《中共中央关于全面推进依法治国若干重大问题的决定》，并提出"深入推进依法行政，加快建设法治政府"。在缺乏国家层面的大数据法律法规情况下，"法无授权不可为"成为各级政府部门实施国家大数据战略的主要顾虑。因此，我国亟待建立和完善大数据法律法规体系，依法依规实施国家大数据战略。

2016年9月，国务院印发了《政务信息资源共享管理暂行办法》，提出以共享为原则，不共享为例外。凡不符合政务信息资源共享要求的，不予审批建设项目，不予安排运维经费。但还需要配套的实施细则，明确各部委哪些信息资源可以与其他部委共享、以何种方式共享、以何种程序共享，明确需要共享其他哪些部委的哪些信息资源。

个人信息被非法买卖，会导致垃圾短信、电信诈骗等泛滥。美国、英国、日本等许多发达国家早在 20 世纪七八十年代就制定了隐私法、数据保护法。而我国还缺乏数据保护方面的法律法规，十三届全国人大二十九次会议通过了《中华人民共和国数据安全法》，将从 2021 年 9 月 1 日起施行；亟待把情节严重的数据泄露、侵权等行为纳入刑法修正案，以加强对政府机密、企业商业秘密和个人隐私的保护，避免大数据被滥用。

第五节　公共数据资源开放

近年来，美国、英国、澳大利亚等发达国家都提出建设"透明政府"，开通了政府数据网站，以方便本国企业和社会公众获取所需的数据。我国可以借鉴发达国家的先进经验，通过"政府数据网站"开放公共数据资源。

一、国外公共数据资源开放情况

1. 美国

2009 年 5 月，美国联邦政府宣布实施"开放政府计划"（Open Government Initiative），这项计划提出利用整体、开放的网络平台，公开政府信息、工作程序和决策过程，以鼓励公众交流和评估，增进政府信息的可及性，强化政府责任，提高政府效率，增进与企业及各级政府间的合作，推动政府管理向开放、协同、合作迈进。与此同时，美国联邦政府开通了美国政府数据网站（www.data.gov），如图 6-8 所示。只要不涉及隐私和国家安全的相关数据，均需全部在该网站公开发布。截至 2019 年 11 月，Data.gov 有 25 万个数据集。

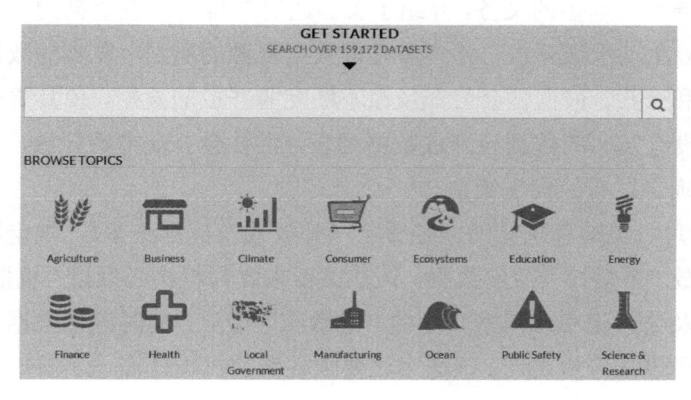

图 6-8　美国政府数据网站

建立 Data.gov 的目的是使美国民众更容易获取联邦政府各行政部门所产生的高价值的、机器可读的数据集。作为美国奥巴马政府提出的"开放政府动议"的优先项目之一，Data.gov 可以提升美国民众发现、下载和使用数据集的能力。这些数据集是联邦政府产生和拥有的。美国政府数据网站提供联邦政府数据集的描述（即元数据）、关于如何访问数据集的信息、使用政府数据集的工具。随着数据集的增加，数据目录将不断增长。

公众的参与和协作是美国政府数据网站成功的关键。Data.gov 通过提供可下载的联邦政府数据集，美国民众可以以此建立应用，开展分析和研究，使他们能够更好地参与到政府工作中去。美国政府将依据民众的反馈、评论和建议对 Data.gov 进行持续改进。

Data.gov 的一个主要目标是改善美国民众访问联邦政府数据的条件，打破政府和公众之间的数据壁垒，通过鼓励创新的想法（如 Web 应用）拓展对这些数据的创造性使用。Data.gov 努力使美国政府更加透明，并致力于使美国政府的开放程度达到前所未有的水平。来自 Data.gov 的开放性将增强美国的民主，提高美国政府的效率和效能。

Data.gov 是可交互的、可探索的、社会化的政府数据网站。该网站提供了一个社区论坛，在这个论坛大家可以相互交流数据检索和使用心得。美国老师可以在教学过程中使用 Data.gov 提供的数据，丰富学生的知识。Data.gov 具有语义网功能，方便美国民众获取所需的数据。该网站提供应用程序接口（API），美国民众可以开发自己的 App。

2013 年 5 月，美国总统奥巴马签署第 13642 号总统行政令，提出在保护好隐私安全性与机密性的同时，把数据公开化、可读写化纳入政府的义务范围。

2014 年 5 月，美国政府发布了《美国开放数据行动计划》，阐述了美国政府作为开放数据的主导者应承担的义务，介绍了美国政府在推动开放数据的工作中所做的大量工作。提出应主动承诺开放，并逐步开放数据资源的原则。发布的数据应做到方便社会公众使用和查找，根据社会公众反馈不断完善开放的数据，使其更容易被使用和理解。对于还没有发布的数据应开放数据列表，供社会公众申请开放，由专业机构及相关领域代表确定发布的优先级别。

2019 年 1 月，美国总统特朗普签署了《开放政府数据法案》，规定所有政府部门都要向公众开放"非敏感"政府数据。该法案要求联邦机构必须以"机器可读"格式，发布任何不涉及公众隐私或国家安全的"非敏感"信息，同时确保数据可以通过智能手机和其他电子设备轻松访问。该法案还要求各联邦机构任命一名首席数据官来监督所有开放数据的工作。

2. 英国

英国政府也开通了政府数据网站（www.data.gov.uk），如图 6-9 所示。该网站具有搜索功能，使数据容易获取。这意味着人民可以在详尽的信息基础上对政府政策作出决定或提出建议，从首相那里听到更多的透明政府议程。

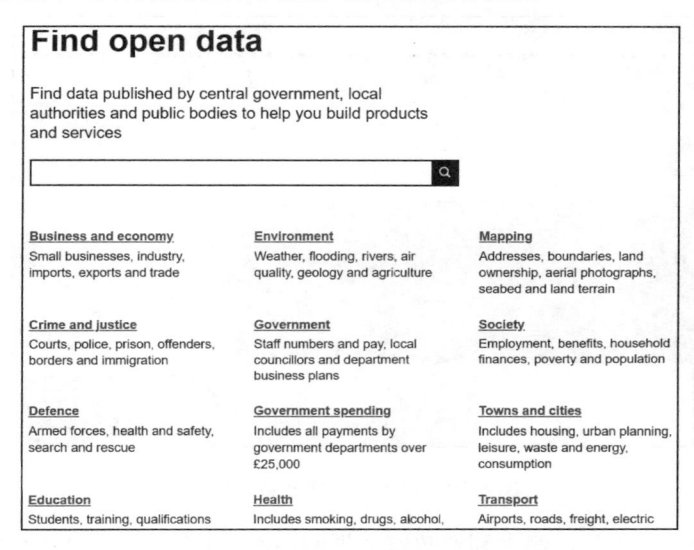

图 6-9　英国政府数据网站

英国政府数据网站罗列了各个数据发布者的数据集，提供了数据发布者索引。用户也可以在线搜索数据发布者。网站对每个数据集的浏览次数进行了排名。排名在前 20 名的列为"受欢迎的数据"（Featured Dataset）。用户可以在网站上申请新数据，开发 API。

英国政府数据网站上的数据不只是涉及公共信息，还有大量原始数据。这些原始数据可以用来建立有用的应用程序以帮助社会，或者审视随着时间的推移政府的有效政策是如何变化的。

2013 年 11 月，英国政府发布了《八国集团开放数据宪章 2013 年英国行动计划》，作出了六项承诺：发布《八国集团开放数据宪章》中明确的高值数据集；确保所有的数据集都通过 www.data.gov.uk 来发布；通过与社会、机构、公众沟通来明确应该优先公布哪些数据集；通过分享经验和工具来支持国内外开放数据创新者；为英国的开放数据工作设定一个清晰的前进方向，所有政府部门将在 2014 年 6 月前更新其部门的开放数据战略；为政府数据建立一个国家级的信息基础设施。

3. 澳大利亚

为了鼓励社会公众获取和利用政府数据，依据澳大利亚政府的《开放政府申明》

（Declaration of Open Government），在政府 2.0 工作组（Government 2.0 Taskforce）的要求下，澳大利亚金融和放松管制部（Department of Finance and Deregulation）开通了政府数据网站（www.data.gov.au），为查找、访问和利用来自澳大利亚各级政府的公共数据集提供了一个简单的方法，如图 6-10 所示。

图 6-10 澳大利亚政府数据网站

截至 2012 年 12 月，澳大利亚政府数据网站有 30 个领域的 3 000 多个数据集。这些数据集由不同的政府机构创建。

澳大利亚政府数据网站既提供可直接下载的数据集，在某些情况下也链接到其他数据目录或来源。用户可以通过在数据页上留下评论或评级的方式留下对数据的反馈意见，也可以建议还有哪些数据网站需要提供。该网站显示各个数据集的格式，根据数据集下载情况显示哪个最受欢迎的数据集。

4．韩国

2013 年 6 月，韩国政府发布了"政府 3.0 时代"计划。该计划的核心是韩国政府将自己拥有的信息在国民提出要求之前进行公开，每年公开的信息数量从 2012 年的 31 万件增加到 1 亿件。除了安保和私生活保护等法律规定禁止公开的领域以外，剩下的信息都以整体原文的形式进行公开。2014 年 7 月，韩国"政府 3.0 推进委员会"正式成立。

除了欧美发达国家之外，秘鲁、乌拉圭、智利、肯尼亚（如图 6-11 所示）等发展中国家和我国香港特别行政区也开通了政府数据网站。全球已经建成政府数据网站的国家或地区如表 6-4 所示[10]。

图 6-11　肯尼亚政府数据网站

表 6-4　全球已经建成政府数据网站的国家或地区

洲　名	国家或地区
欧洲	英国、德国、法国、意大利、奥地利、比利时、丹麦、芬兰、荷兰、挪威、西班牙、希腊、爱尔兰、爱沙尼亚、摩尔多瓦
北美洲	美国、加拿大
南美洲	秘鲁、乌拉圭、智利
亚洲	韩国、新加坡、沙特、阿联酋、巴林、东帝汶、中国香港
大洋洲	澳大利亚、新西兰
非洲	肯尼亚、摩洛哥

从发达国家经验来看，开放政府数据可以有效促进现代服务业（特别是咨询业）的发展。例如，美国海洋和大气管理局（NOAA）免费向社会开放气象数据，仅 2008 年为发电厂就节省 1.66 亿美元。由于采取气象数据免费开放政策，2000 年美国天气风险管理行业的产值是欧洲的 60 倍、亚洲的 146 倍。这是因为：在欧洲，虽然开放气象数据，但仍然需要支付一定的费用购买；而亚洲许多国家则不开放气象数据。

二、国内公共数据资源开放情况

党的十九届五中全会通过的《中共中央关于制定国民经济和社会发展第十四个五年规划和二〇三五年远景目标的建议》提出，扩大基础公共信息数据有序开放，建设国家数据统一共享开放平台。目前，北京、上海、广东、浙江、贵州、青岛、武汉、无锡、湛江等开通了政府数据网站。

1. 北京

北京市政务数据资源网（如图 6-12 所示）由北京市经济和信息化局牵头建设，北京市各政务部门共同参与，于 2012 年 10 月开始试运行。截至 2021 年 4 月，该网站开放了 101 个政府部门的 10 174 项数据集，开放的数据量达到 60.5 亿条。

图 6-12　北京市政务数据资源网（2020 年 3 月）

2. 上海

上海市公共数据开放平台（如图 6-13 所示）由上海市政府办公厅、上海市经济和信息化委员会牵头建设，相关政府部门共同参与，由上海市智慧城市建设促进中心负责日常运营管理。截至 2020 年 3 月，该平台开放了 64 个政府部门的 3 635 个数据集，开放的数据量超过 9 555 万条。

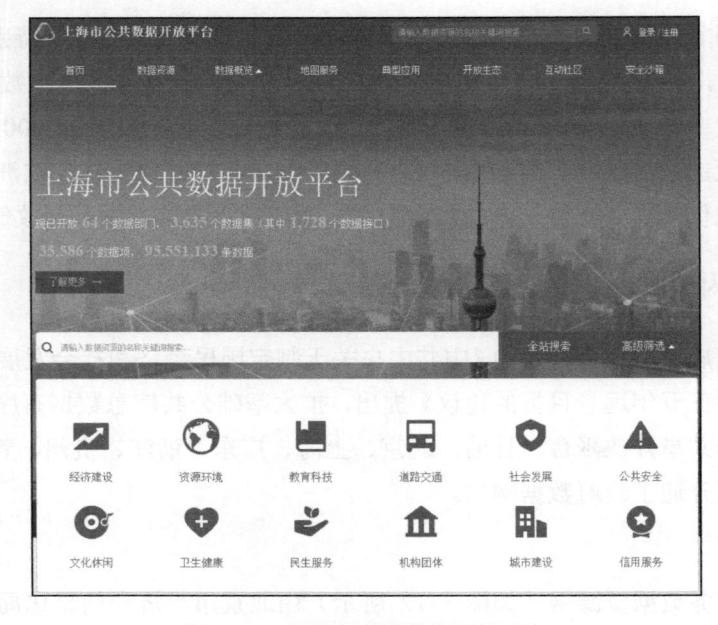

图 6-13　上海市公共数据开放平台

3. 青岛

2015 年 9 月，青岛市公共数据开放网（data.qingdao.gov.cn）及其移动客户端（App）上线试运行。该网站包含数据目录、API 超市、应用商店、地图服务、开放指数、互动交流、开发者中心等栏目。截至 2020 年 3 月，该网站开放了信用、交通运输、社会保障等 20 个领域的公共数据资源。

延伸阅读：香港特区政府资料一线通

"资料一线通"是一个促进公共资料广泛发放以增值再用的网站，由香港特区政府信息科技总监办公室牵头建设。目前，"资料一线通"网站已经公开的数据种类包括空气污染指数、获批准的慈善筹款活动、食品及环境卫生、公共设施的地理参考数据、影像资料、新闻及资讯、人口普查统计资料、物业市场统计资料、公共交通、实时交通资料、水质、天气资讯等，如图 6-14 所示。今后，香港特区政府还会继续发放更多其他类型的数据。

图 6-14 "资料一线通"网站

"资料一线通"网站的所有数据可供市民免费下载，这些数据既可以作为商业用途，也可以作为非商业用途，但不得转售从"数据一线通"下载的数据。为了方便市民传输和处理数据，部分数据采用了 XML 格式。香港特区政府鼓励香港市民开发数据应用方面的 App，发掘公共资料的创新用途，以充分发挥这些数据集的潜在价值。

香港特区政府相信：公共数据不但有参考价值，更有应用价值；公共资料越得到广泛发放，其用途越具弹性，能为社会带来的益处也越大；促进公共数据的增值再用，将有助于香港发展成为一个知识型经济的社会。

三、公共数据资源开放对策

1. 加快公共数据资源开放的立法工作

制定国家层面的《公共数据资源开放条例》及其实施细则,科学界定什么是公共数据资源,明确公共数据资源开放的范围、方式和程序,并建立监督和保障机制。在实施细则中,要明确哪些部门的哪些公共数据资源要对外开放,是全部开放还是部分开放?是面向所有人开放还是面向特定人群?是免费开放还是收取一定的费用?是直接开放还是依申请开放?

2. 建设政府数据网站

借鉴美国、英国、澳大利亚的先进经验,建设"中国政府数据网站",作为公共数据资源开放的重要渠道。

政府数据网站建设应以用户为中心。美国、英国、澳大利亚等国家的政府数据网站都强调如何方便用户获取所需的数据集,用户可以对数据集进行评论,提出自己对数据集的需求。为此,应坚持以人民为中心,改变过去政府网站建设"以部门为中心"的做法,"中国政府数据网站"应"以用户为中心"。一是建立系统的数据集分类体系,如按数据集所涉及的领域分、按数据发布单位分、按数据格式分,以方便用户查询和检索;二是网站应允许用户对数据集进行评论,提出数据集申请,以提高数据集质量,贴近用户需求;三是根据数据集的浏览量、下载量,对数据集进行排名,让用户知道哪些是深受用户喜欢的数据集。

政府数据网站建设应采用新一代信息技术。近年来,物联网、云计算、移动互联网、大数据等新一代信息技术飞速发展,不断成熟。中国政府数据网站建设应积极尝试采用新一代信息技术,以提高政府的技术水平。物联网是数据自动采集的一种新手段。对于气象、水文等政府监测类的数据,可以用物联网进行采集,使数据可以快速更新。中国政府数据网站的访问量必然很大,采用云计算技术则可以很好地满足网站的性能要求。目前我国手机已经超过电脑成为第一大上网终端。开发移动 App 供手机用户下载、使用,可以满足人们随时随地获取政府数据的需求。大数据的发展为政府数据开发利用带来了契机。通过对政府数据的挖掘、分析,可以使政府数据创造新的价值。

建设政府数据网站是政府信息公开和信息资源开发利用工作的重要抓手。根据初步估算,政府部门掌握着 80% 以上的数据资源。在保护国家安全、商业机密、个人隐私等基础上,借鉴发达国家的先进经验,以"政府数据网站"为渠道,向社会开放可公开的数据资源,促进这些数据资源的开发利用,使之转变为社会财富,是新时期电子政务建设的重点内容之一。

3. 加强个人数据保护

对政府来说，敏感数据泄露可能引发经济社会危机，一些机密数据泄露还会威胁到国家安全。对个人来说，数据泄露不仅会扰乱正常生活，而且可能诱发电信诈骗、入室盗窃等。对企事业单位来说，有些数据涉及商业秘密，数据也是一种重要资产。

在我国，个人信息被非法买卖情况时有发生。在互联网行业，我国已经发生多起用户信息大规模泄露事件。因此，在大数据时代，除了强调"网络安全"，还要强调"数据安全"。要贯彻落实《中华人民共和国数据安全法》，把情节严重的数据泄露、侵权等行为纳入刑法修正案，以加强对政府机密、企业商业秘密和个人隐私的保护，避免大数据被滥用。

第七章 人工智能及其在智慧城市中的应用

人工智能是研究、开发用于模拟、延伸和扩展人的智能的理论、方法、技术及应用系统的一门新的技术科学。人工智能是计算机科学的一个分支,它试图了解智能的实质,并生产出一种新的能以类似于人类智能的方式作出反应的智能机器。

第一节 人工智能概述

一、发展情况

1956年夏季,以麦卡赛、明斯基、罗切斯特和申农等为首的一批有远见卓识的年轻科学家在一起聚会,共同研究和探讨用机器模拟智能的一系列有关问题,并首次提出了"人工智能"(Artificial Intelligence,AI)这一术语。60多年来,人工智能经历了艰难曲折的发展过程,大致上可以划分为四个发展阶段,如表7-1所示。

表7-1 人工智能发展阶段

阶 段	时 间	理论方法
第一阶段	20世纪40年代中期到50年代中期	控制论、信息论和系统论
第二阶段	20世纪50年代中期到80年代末期	心理学、认知科学
第三阶段	20世纪80年代末期到21世纪初	人工神经网络
第四阶段	21世纪初到现在	类脑计算、深度学习

目前,人工智能技术已经被应用于人机大战、医疗、机器人、无人驾驶汽车、搜索引擎、人脸识别等领域,正在深刻改变人们的生产、生活方式。在特定领域,语义识别、语音识别、图像识别等人工智能技术的准确度和效率已经远远超过传统人工方法。

二、相关技术和应用

人工智能从诞生以来,其理论和技术日益成熟,应用领域也不断扩大。人工智能的关键技术包括机器学习、模式识别、计算机视觉、模糊数学、神经网络、自然语言处理和专家系统等。

1. 问题求解

人工智能的第一个大成就是发展了能够求解难题的下棋程序。在下棋程序中应用的某些技术，如向前看几步，把困难的问题分成一些比较容易的子问题，发展成为搜索和问题归约这样的人工智能基本技术。今天的计算机程序能够下锦标赛水平的各种方盘棋、十五子棋、国际象棋和围棋。1997年5月，IBM公司研制的"深蓝"（Deep Blue）计算机战胜了国际象棋冠军卡斯帕罗夫（Kasparov）。另一种问题求解程序把各种数学公式符号汇编在一起，其性能达到很高的水平，并正在为许多科学家和工程师所应用。有些程序甚至还能够用经验来改善其性能。

2. 逻辑推理与定理证明

逻辑推理是人工智能研究中最持久的子领域之一。其中特别重要的是要找到一些方法，只把注意力集中在一个大型数据库中的有关事实上，留意可信的证明，并在出现新信息时适时修正这些证明。对数学中臆测的定理寻找一个证明或反证，确实称得上是一项智能任务。为此，不仅需要有根据假设进行演绎的能力，而且需要某些直觉技巧。

1976年7月，美国的阿佩尔（K. Appel）等人合作解决了长达124年之久的难题——四色定理，轰动了整个计算机界。他们用了三台大型计算机，花了1 200小时。

3. 自然语言理解

自然语言处理（Natural Language Processing，NLP）是人工智能的早期研究领域之一，已经编写出能够从内部数据库回答用英语提出的问题的程序，这些程序通过阅读文本材料和建立内部数据库，能够把句子从一种语言翻译为另一种语言，执行用英语给出的指令和获取知识等。有些程序甚至能够在一定程度上翻译从话筒输入的口头指令（而不是从键盘输入计算机的指令）。人工智能在语言翻译与语音理解程序方面已经取得可喜的成就。

2011年2月，在一档类似于"最强大脑"的综艺节目《危险边缘》中，由IBM公司和美国得克萨斯大学联合研制的超级电脑"沃森"击败了两位最高纪录保持者——詹宁斯和鲁特。在问答过程中，"沃森"独自完成对自然语言的分析，并以远超人类的速度完成抢答。目前，"沃森"已被应用于医疗领域。病人向"沃森"说出自己的症状，沃森就自动分析出患者最有可能患上了哪种疾病，并提供医治方法。

1950年，阿兰·图灵提出了著名的"图灵测试"理论，能够通过测试的就是具有人工智能的机器人。2014年6月7日是图灵逝世60周年纪念日，在英国皇家学会举行的"2014图灵测试"大会上，聊天程序"尤金·古斯特曼"（Eugene Goostman）通过了图灵测试，标志着人工智能进入一个新时代。

4. 自动程序设计

自动程序设计是人工智能的一个重要研究领域。目前已经研制出能够以各种不同的目的描述来编写计算机程序。对自动程序设计的研究不仅可以促进半自动软件开发系统的发展，而且也使通过修正自身数码进行学习（即修正它们的性能）的人工智能系统得到发展。

5. 专家系统

专家系统是一个具有大量专门知识与经验的计算机程序系统，它应用人工智能技术，根据某个领域一个或多个人类专家提供的知识和经验进行推理和判断，模拟人类专家的决策过程，以解决那些需要专家决定的复杂问题。

专家系统可以解决的问题一般包括解释、预测、诊断、设计、规划、监视、修理、指导和控制等。随着人工智能整体水平的提高，专家系统也得到发展。在新一代专家系统中，不但采用基于规则的方法，而且采用基于模型的原理。

6. 机器学习

学习是人类智能的主要标志和获得知识的基本手段。香克（R. Shank）认为："一台计算机若不会学习，就不能称为具有智能的。"机器学习的主要目的是为了从使用者和输入数据等处获得知识，从而可以帮助解决更多问题，减少错误，提高解决问题的效率。

2016年3月，谷歌公司旗下DeepMind公司研发的围棋人工智能程序AlphaGo以4∶1的总比分战胜世界围棋冠军李世石（Lee Sedol），如图7-1所示。

图7-1 AlphaGo击败李世石

AlphaGo采用的是深度学习模式。AlphaGo输入了3 000万盘人类顶级棋手对弈数据，可以通过"自我对战"来进行增强学习，改善此前的决策网络。它还可以通过价值网络来进行整体局面判断，由决策网络与价值网络协作决定落子位置。

7．神经网络

人脑是一个功能特别强大、结构异常复杂的信息处理系统，其基础是神经元及其互联关系。对人脑神经元和人工神经网络的研究，可能创造出新一代人工智能机器。20 世纪 80 年代以来，神经网络研究取得重大进展。例如，霍普菲尔德（Hopfield）提出用硬件实现神经网络，鲁梅尔哈特（Rumelhart）等提出多层网络中的反向传播（BP）算法。目前，神经网络已在模式识别、图像处理、组合优化、自动控制、信息处理、机器人学和人工智能其他领域获得日益广泛的应用。

8．模式识别

模式识别是指识别出给定物体所模仿的标本，如文字识别、汽车牌照识别、指纹识别、语音识别、人脸识别等。这是一种用计算机代替人类或帮助人类的感知模式，是对人类感知外界功能的模拟，使一个计算机系统具有模拟人类通过感官接收外界信息、识别和理解周围环境的感知能力。2015 年，腾讯和阿里巴巴相继推出了"刷脸支付"，就是利用了基于人工智能的人脸识别技术。

9．机器视觉

机器视觉或计算机视觉已从模式识别的一个研究领域发展为一门独立的学科。视觉是感知问题之一。在人工智能中研究的感知过程通常包含一组操作。例如，可见的景物由传感器编码，并被表示为一个灰度数值的矩阵。这些灰度数值由检测器加以处理。检测器搜索主要图像的成分，如线段、简单曲线和角度等。这些成分又被处理，以便根据景物的表面和形状来推断有关景物的三维特性信息。机器视觉已在机器人装配、卫星图像处理、工业过程监控、飞行器跟踪和制导以及电视实况转播等领域获得极为广泛的应用。

10．智能控制

智能控制是一类不需要（或需要尽可能少的）人的干预就能够独立地驱动智能机器实现其目标的自动控制，是自动控制的高级阶段。1965 年，傅京孙首先提出把人工智能的启发式推理规则用于学习控制系统。十多年后，建立实用智能控制系统的技术逐渐成熟。

百度公司董事长兼首席执行官李彦宏认为，人工智能是具有显著产业溢出效应的基础性技术，能够推动多个领域的变革和跨越式发展。例如：人工智能可以加速发现医治疾病的新疗法，大幅降低新药研发成本；可以带动工业机器人、无人驾驶汽车等新兴产业的飞跃式发展；可以大幅提升国防信息化水平，加速无人作战装备的应用。人工智能技术将极大地提升和扩展人类的能力边界，对促进技术创新、提升国家竞争优势，乃至推动人类社会发展产生深远影响。

发展人工智能技术，要加强人脑研究。美国早在 2013 年就发布了"脑计划"，欧盟和日本也在 2013 年、2014 年相继发布各自的"脑计划"。中国也应制定"脑科学研究计划"，加强人工智能的基础科学研究。

第二节 我国人工智能发展情况

一、发展现状

2015 年 7 月出台的《国务院关于积极推进"互联网＋"行动的指导意见》把"互联网＋人工智能"作为 11 个重点行动之一。2016 年 5 月，国家发展改革委、科技部、工业和信息化部、中央网信办联合印发了《"互联网＋"人工智能三年行动实施方案》。近年来，我国人工智能产业飞速发展，科技成果不断涌现，促进了智能经济发展。

（1）产业规模飞速增长：2020 年，全球人工智能产业规模 1 565 亿美元，增长率是 12%；而中国人工智能产业规模大约 3 100 亿元人民币，同比增长 15%。截至 2020 年 10 月，全球共有人工智能企业近 5 600 家，中国将近 1450 家。

（2）科技成果不断涌现：近年来，我国在人工智能技术研发方面取得重要进展，语音识别、视觉识别等技术处于世界领先水平。例如，科大讯飞语音识别和语音合成技术的研发水平走在世界前列，眼擎科技公司发布了全球首个人工智能视觉成像芯片。百度的无人驾驶平台、阿里云的智慧城市平台、腾讯的医疗人工智能平台、科大讯飞的智能语音系统平台成为国家级人工智能开放创新平台。2010—2019 年，全球人工智能领域发表的论文总量超过 73 万篇；中国是人工智能领域论文产出最多的国家，超过 18 万篇，而且占比还在逐年增高，2019 年达到 32.3%。2019 年，中国人工智能专利申请量超过 3 万件，比 2018 年增长 52.4%。

（3）智能经济快速发展：人工智能技术在工业、交通、家居、安防等领域得到越来越广泛的应用。人脸识别在抓捕逃犯方面成效明显，刷脸支付普及率快速提高。我国东南沿海地区面临"招工难""招工贵"问题，越来越多的企业推行"机器换人"。国产工业机器人已服务于国民经济 37 个行业大类、102 个行业中类，以机器人产业为代表的智能经济迅速发展。

二、存在的问题

虽然我国人工智能产业快速发展，但依然存在一些不容忽视的问题。

（1）基础研究比较落后：我国人工智能产业基础研究、前沿研究与发达国家相比存在较大差距。人工智能学术研究以跟踪、模仿、改进为主，缺少重大原创性成果。人工智能基础理论、核心算法、前沿技术等方面的研究滞后，核心芯片、高端软件等尚未取得重大突破，一些国产人工智能产品智能化程度较低。

（2）核心技术受制于人：工业机器人的伺服电机等核心零部件依赖进口。国产机器人以组装为主，其性能与国外同类产品相比差距较大。面向工业领域的人工智能技术和产品少，智能制造装备产业发展滞后。以中低档数控机床为主，高档工业机器人较少。

（3）产业环境有待改善：人工智能产业还处于起步阶段，标准、数据、人才等方面都存在问题。人工智能相关标准规范不健全。以医疗人工智能为例，虽然许多巨头进军医疗人工智能领域，但医疗图像的病灶标注方式缺乏标准，即使同一个科室的医生也可能有不同的标注方式。医院信息化建设各自为政，医疗信息系统缺乏数据共享，患者的电子病历数据很难完全准确同步。据统计，目前我国人工智能产业从业人员不足 5 万人，每年高校培养的人工智能相关专业学生不足 2 000 人。美国人工智能产业从业人员拥有 10 年以上工作经验的约占一半，而中国不到 1/4。

三、发展对策

加快推进我国人工智能产业发展，需要做好如下一些方面的工作。

（1）大力发展机器人产业：进一步加大机器人关键零部件的研发力度，夯实中国机器人产业的基础。集中力量攻克精密减速器、伺服装置、变频装置、高性能控制器、传感器与驱动器等关键零部件及系统集成设计制造等核心技术，开发工业机器人、特种机器人、家庭机器人、军用机器人等产品。规划建设一批机器人产业园区，促进机器人产业集聚发展。

（2）加快发展智能汽车产业：加大智能汽车研发力度，推进无人驾驶汽车研发生产，推动泊车辅助、并线辅助、距离控制、自适应悬挂等先进技术的研究和应用，提高汽车智能化水平。对现有交通基础设施进行升级改造，发展车联网，以适应智能汽车的推广普及。

（3）推进人工智能与实体经济融合：实施以人工智能为引领的创新驱动发展战略，发展智能经济。重点发展智能制造、智慧农业、智慧交通、智慧旅游、智慧社区等。引导企业采用智能装备，建设智能工厂，研制智能产品，提高研发设计、生产制造、经营管理、市场营销等关键环节的智能化水平。实施"机器换人"计划，制定融资租赁、财政补贴等方面的政策，支持企业应用工业机器人。

（4）加大扶持力度：进一步完善人工智能产业发展扶持政策，加大资金扶持力度，加强对人工智能的知识产权保护，优化人工智能产业发展环境。有条件的省市可以设立人工智能专项资金，重点支持人工智能技术攻关、人才培养和应用推广等。鼓励对人工智能应用系统进行软件产品登记，登记后享受相关税收优惠政策。

（5）建设公共平台：加强人工智能技术创新载体和行业公共服务平台建设。建立面向行业的人工智能工程中心，符合条件的优先推荐认定为各级企业技术中心，享受相关优惠政策。建设一批以人工智能产品研发设计、检验测试、推广应用等为主要内容的行业公共服务平台，完善人工智能产业链。鼓励建立由骨干企业、专业机构、行业协会、产业园区、重点高校、科研院所多方参与组建资源共享、优势互补的人工智能产业联盟，围绕产业重点，开展人工智能标准规范研究、核心关键技术攻关和产业化推广。

（6）促进供需对接：促进人工智能技术、产品和解决方案提供商与企业的供需对接，以应用促发展。促进从事人工智能研发的科研院所与投资机构的对接，推进人工智能产业化。促进人工智能企业与高校的对接，联合培养人工智能专门人才。鼓励企业应用人工智能来提高产品信息技术含量和自身信息化水平。鼓励科研院所开展人工智能技术攻关，打破国外技术垄断。人工智能企业要抓住传统产业升级改造对人工智能的迫切需求，贴近用户实际需求，推出实用的人工智能技术产品和行业解决方案，完善售后服务体系，提高市场竞争力。

> 要加强人工智能同社会治理的结合，开发适用于政府服务和决策的人工智能系统，加强政务信息资源整合和公共需求精准预测，推进智慧城市建设，促进人工智能在公共安全领域的深度应用，加强生态领域人工智能运用，运用人工智能提高公共服务和社会治理水平。
> ——2018年10月31日习近平在主持中共中央政治局第九次集体学习时的讲话

第三节 机器人

机器人既是先进制造业的关键支撑装备，也是改善人类生活方式的重要切入点，其研发及产业化应用是衡量一个国家科技创新、高端制造发展水平的重要标志。2014年6月，习近平总书记在两院院士大会上指出，我们不仅要把我国机器人水平提高上去，而且要尽可能多地占领市场。机器人分为工业机器人、生活机器人、特种机器人和军用机器人。

一、工业机器人

工业机器人是集机械、电子、控制、计算机、传感器、人工智能等多学科先进技术于一体的自动化装备，包括焊接机器人、搬运机器人、码垛机器人、包装机器人、喷涂机器人、切割机器人等，代表着智能工业装备的发展方向。

美国是工业机器人的发源地，早在 1962 年就研制出世界上第一台工业机器人。1978 年，美国 Unimation 公司推出通用工业机器人 PUMA，这标志着工业机器人技术已经完全成熟。

根据国际机器人联合会发布的《2020 年世界机器人报告》，世界各地工厂中运行着 270 万台工业机器人。新机器人的销量保持较高水平，2019 年全球发货量为 37.3 万台，与 2018 年相比虽然下降了 12%，但仍然是有记录以来的第三高销量年份。

与发达国家相比，中国工业机器人产业仍存在较大差距：一是关键基础部件依赖进口，造成国产机器人成本居高不下。例如，伺服电机等关键零部件大部分依赖进口，成本占比高达 70% 以上。二是国内缺乏机器人公共技术服务平台，在机器人标准规范方面缺乏国际话语权，机器人专业技术人才严重短缺。三是自主品牌工业机器人市场影响力弱，推广应用难。目前，国产机器人的市场份额仅占约 30%，且主要处于行业低端、产业下游。

2013 年 12 月，工业和信息化部印发了《关于推进工业机器人产业发展的指导意见》，提出了七大任务：围绕市场需求，突破核心技术；培育龙头企业，形成产业集聚；突出区域特色，推进产业布局；推动应用示范，促进转型升级；加强总体设计，完善标准体系；强化公共服务，创新服务模式；推进国际合作，提升行业水平。

2013 年，浙江省政府提出实施"555 机器换人"推进计划，即未来 5 年每年实施 5 000 个项目，投入 5 000 亿元资金。通过"机器换人"，浙江省在 2013 年一年就减少普通劳动用工 70 万人。2014 年 1—8 月，全省规模以上工业企业的人均劳动生产率、利润分别同比增长 9.1%、10.6%，全省万元工业增加值用工人数下降了 9.1%，减少了 60 万个以简单劳动为主的操作工人。浙江众泰控股集团引进 12 台全自动智能焊接机器人，生产线员工从 120 人减至 30 人，产品一次性合格率提高至 99%。

"机器换人"是破解企业面临的"招工难""用工贵"问题的有效方法，可以降低劳动力成本。广东一家企业负责人说，以前这家企业的一个工作岗位需要雇佣两个工人，实行两班倒，一年下来工资加"五险一金"等福利需要花费 10 万元。现在花 10 万元买一台工业机器人，可以根据订单情况决定是否开启机器、开启多长时间，想什么时候开就什么时候开，想什么时候关就什么时候关，非常方便，一年就可以收回成本。在传统人工生产方式下，企业无法做到想什么时候辞退工人就什么时候辞退工人，想什么时候招到工人就什么时候招到工人。因此，在东南沿海地区，许多企业愿意购买工业机器人来替代工人。富士康昆山工厂通过使用工业机器人，工人数量从 11 万人减少到 5 万人。

许多专家学者担心中国人口老龄化以及现行计划生育政策造成劳动力短缺。其实，通过推广工业机器人可以大大减少产业发展对青壮年劳动力的需求，这样的担心大可不必。

二、生活机器人

目前，生活类的机器人有智能狗、食品制作机器人、扫地机器人、导购机器人、机器人模特等。

1999年，日本索尼公司推出犬型机器人爱宝（AIBO），当即销售一空。2009年6月，在东京"国际食品机械和技术展"上，东洋理机工业株式会社推出了什锦烧机器人。什锦烧机器人能够用刮铲制作什锦烧，将什锦烧盛入盘中双手奉上，问用户喜欢什么样的调料。

2002年，美国iRobot公司推出了吸尘器机器人Roomba，它能避开障碍，自动设计行进路线，还能在电量不足时，自动驶向充电座。

2014年，在广交会会展中心，科沃斯（ECOVACS）推出了导购机器人"旺宝"（BENEBOT），可以与人类进行视频或音频对话，使消费者迅速了解商品信息。

三、特种机器人

特种机器人包括太空机器人、海洋机器人、危险品作业机器人、消防机器人等。2012年，"发现号"航天飞机的最后一项太空任务是将首台人形机器人送入国际空间站。这位机器宇航员被命名为"R2"，它的活动范围接近于人类，并可以执行那些对人类宇航员来说太过危险的任务。在寻找马航370的过程中，澳大利亚海军使用了美国制造的"蓝鳍金枪鱼"水下机器人，如图7-2所示。

图7-2 "蓝鳍金枪鱼"水下机器人

四、军用机器人

目前出现的军用机器人有扫雷机器人、无人战斗机、无人攻击武器、后勤机器人等。

在武器方面，美军海军研制出了 X-47B 无人驾驶空战系统（UCAS）。美国陆军一直在开发自主旋翼飞机狙击系统，该系统由一挺遥控狙击步枪和一架无人自主直升机组成，将用于城市作战或其他需要部署狙击手的任务中。2009 年 4 月 8 日，在马萨诸塞州沃尔瑟姆，美国陆军测试了高等武装机器人系统（MAARS）——一部可变形的机器人。

在后勤方面，谷歌的智能机器驮驴已用来替美军士兵搬运沉重的背包（如图 7-3 所示），让士兵们可轻装上阵。美国还开发了一种名为"寻血猎犬"（Bloodhound）的医疗机器人，这种机器人能够找到受伤的士兵，对其生命机能进行检查并为其提供吗啡。

图 7-3　美军的机器人"士兵"——智能机器驮驴

第四节　新硬件

"新硬件"是由极客和创客为主要参与群体，以硬件为表现形式的一种新产业形态。这里说的新硬件，不是主板、显示器、键盘这些计算机硬件，而是指一切物理上存在的，在过去的生产和生活中闻所未闻、见所未见的人造事物，如多轴无人飞行器、无人驾驶汽车、3D 打印机、可穿戴设备、智能机器驮驴、机器人厨师等。

在美国等发达国家，以可穿戴设备、无人驾驶汽车等为代表的新硬件快速发展。谷歌、亚马逊、Facebook、百度、腾讯等大型互联网企业纷纷布局新硬件。例如，谷歌公司的谷歌眼镜和无人驾驶汽车（如图 7-4 所示），亚马逊公司的 Kindle 电子书阅读器和多轴无人飞行器。

早在 2011 年，谷歌就注册成立了"谷歌汽车公司"（Google Auto LLC）。谷歌的第一代无人驾驶汽车是在丰田普锐斯的基础上进行改装的，第二代无人驾驶汽车是在雷克萨斯 SUV 的基础上进行改装的。2012 年 5 月，美国内华达州正式颁发一台搭载谷歌无人驾驶系统的丰田普锐斯上路许可证。谷歌无人驾驶系统通过雷达、激光测距仪、摄像机等"看到"其他车辆，并使用 GPS 和高精度地图进行导航。2014 年，谷歌汽车公司作为一家乘用车制造商在美国加利福尼亚取得了汽车制造许可证。

图 7-4　谷歌无人驾驶汽车

2013 年 12 月,亚马逊公司发布了新 Prime Air 计划:采用无人机(如图 7-5 所示)送货,突破地面运输限制,用户下单后货物最快可在半小时内送到用户手中。

图 7-5　亚马逊公司的货运无人机

目前,无人飞行器已经广泛应用于军事侦察、空中打击、航拍、农药喷洒、电网巡查、反恐等领域。

2014 年 3 月,Facebook 以 20 亿美元收购了 Oculus VR,以便让年轻人用虚拟现实设备体验"真实世界"。

此外,Autodesk 公司利用 3D 打印机打出来的假肢让残疾人变成了炫酷人群。

延伸阅读:　极客和创客引领美国新硬件时代

引领"新硬件时代"的是那些极客和创客(Geek & Maker),大公司充其量不过是"买手"和"推手"。它们看到一个好东西,就花小钱把创客团队和"硬蛋"买下来慢慢孵化,一旦养大了,动辄就会撬动百亿级的市场。创客 1/3 在大学里,1/3 在自家车库里,还有 1/3 在孵化器里。

在国内，百度、阿里巴巴、腾讯、京东等大型互联网企业也纷纷布局新硬件领域。例如，百度与交通运输部公路研究院合作开展无人驾驶技术研究。2015年12月，百度无人驾驶汽车在国内首次实现城市、环路及高速道路混合路况下的全自动驾驶。此外，京东已经开展了无人机送货试验。

第五节　人工智能在智慧政府中的应用

目前，人工智能技术已经在市场监管、社会治理、公共服务、公共安全、生态环境、智慧城市、科学决策等领域得到初步应用。

一、人工智能在政府部门的应用

把人工智能技术应用到政府部门，可以提高行政管理的自动化和智能化程度，减轻广大公务员的工作量。例如：通过数据比对自动剔除不符合条件的各种申请、申报；对人、车辆等监管对象进行自动识别、自动追踪；根据水位、环境污染、山体滑坡、特种设备等监测情况自动报警、预警；对于一些简单重复性工作，由计算机自动处理；对于各类统计工作，由计算机自动生成统计分析报表；对于政府热线电话，可以由机器人来回答市民的问题。

1. 市场监管

人工智能在市场监管中能够展现出强大的追踪、搜集、计算和分析能力，可以帮助监管部门认识和把握网络市场的行为特征与规律，发现网络市场交易中的违法案件及线索，增强网络市场监管执法的针对性与有效性，显著提升网络市场监管的能力和效率。

在保证监管精准客观要求方面，人工智通过海量数据搜集、信息处理和对违法商品与交易的深度挖掘，能够给监管部门提供更多决策依据和执法证据，从而减少传统人工监管下的出错概率，优化资源分配利用和节约成本，增强监管效果。同时，监管部门也能设定相应算法，对全网信息进行收集、分析和提炼，实现对网络市场的有针对性监控和精准监管。

在保证监管公正本质要求方面，应用人工智能技术，一方面可以推动网监执法数据的充分应用，帮助执法人员作出高效、公正的决策；另一方面，也可以减少人为因素的干扰，增强执法人员的法治意识，通过法治思维和法治方式履行市场监管职责，人工智能让市场监管变得更加公平、公正和透明。

此外，人工智能还能从根本上改变传统监管的被动局势。利用人工智能进行市场数据与信息分析，能提早预测市场违法行为，从而给出及时的预防、制止和治理措施，变被动式监管为主动式监管。这不仅弥补了传统监管的滞后和不足，而且还能大幅降低执法成本。

佛山市市场监管局采用人工智能技术进行市场主体风险的高精准预测研判，在全国首创"人工智能＋双随机"监管模式。

佛山市市场监管局与科研院所合作，将机器学习算法、大数据、概率与统计学等前沿理论运用于监管实践，以风险点为导向，创新开展信用风险监管，采用人工智能技术对市场主体全数据进行风险研判。通过对历史监管数据的分析计算，发现企业发生经济违法行为的规律和特征，构建风险研判模型，寻找影响企业发生违法行为概率的因子，剔除与违法概率相关性低的因子，保留了存续期、股东认缴出资额等12项与违法概率相关性高的因子，以此作为计算违法概率的基本要素，自动寻找出高风险的市场主体。

经历史数据校验，通过将构建风险研判模型预测出的高风险市场主体，与实际监管中发生违法违规行为的市场主体对比，风险预测准确率高达77.6%。以检查市场主体100户为例，可减少对68户次守法市场主体的打扰；对佛山市78万户市场主体而言，即可减少非有效监管53万户次。

2019年初，佛山市市场监管局把研判出的2.9万户高风险市场主体纳入"双随机"抽查计划，通过人工智能技术精准研判出风险程度高的重点地域、行业及市场主体，加强"双随机"的精准性，以此为靶向开展差异性抽查。

2. 社会治理

在政法领域，人工智能可以应用于如下一些领域：利用智能语音识别技术减轻书记员的劳动强度、提供量刑建议、快速核对案件卷宗及证据链完整性等，服务法院法官决策，服务法治社会建设。应用人工智能技术，庭审时间可以缩短20%~30%，疑难复杂案件的审判时间可以缩短50%以上。

2016年9月，浙江省高级人民法院的智能语音识别系统上线，庭审记录方式迈入"智能书记员"时代。智能语音识别系统可根据案件性质、诉讼参与人多少等不同情况，预先设置身份，在语音文字转换时自动注明发言人角色，自动区分庭审发言对象及发言内容。

3. 公共服务

人工智能技术可以应用于行政服务中心。深圳市龙岗区利用人工智能技术打造的智慧便民服务大厅，使现场排队群众减少90%。上海市徐汇区行政服务中心引入机器人"徐小智"和"徐小境"，通过人脸识别和语音、文字交互并结合录入的专项业务场景语料和知识图谱，为企业和群众办事提供便捷、高效的服务。

在徐汇区政务服务中心一层，"徐小智"可提供一楼政务大厅多事项办理窗口引导。当办事民众不清楚自己的待办事项该前往哪个服务窗口时,"徐小智"可通过多轮对话引导民众,完成精确的业务引流工作。而在位于徐汇区行政服务中心二层的出入境办证中心,"徐小境"可以通过对话交互方式,为民众提供业务事项办理流程、所需材料等业务咨询服务,并针对不同业务情况提供个性化政策指引。

人工智能技术可以应用于政府热线电话。通过对语音的质检和分析,可挖掘语音价值,对来电原因、通话时长、满意度、来电次数等进行分析,政务服务机器人能准确把握人民群众需求热点变化趋势,提供全时段、媒体化、社交化等多种特性的服务,通过对网页、微博、微信及手机应用等渠道的用户问题及行为意图进行智能识别,再对接政务知识库、各种政务业务规程、流程的查询,实现精准回复。

4. 公共安全

上海市建立了刑事案件智能辅助办案系统,包括由16.55万份电子卷宗、裁判文书和庭审笔录组成的数据库。

浙江省桐乡市公安局出入境管理局自从接入了人工智能语音交互咨询接待服务系统,就在政务服务方面拥有了快速高效的服务效率,摆脱了需要大量咨询人员在大厅提供服务的难题。预约咨询、证件办理、证件更换、代办理等都可以通过这套人工智能系统提前解决。

桐乡市公安局研发了"情报魔方"实战平台,人脸识别、车脸识别、物联网等工具模型在实战平台上应用,使办案准确率、办案效率大幅提升。例如,曾有人在桐乡市乘公交时手机被盗,当地警方在获取犯罪嫌疑人在公交上的视频截图后,立即通过人脸识别系统进行比对,当天就将其抓获,顺利追回被盗手机。

5. 生态环境

运用无人机,生态环境保护部门可以更好地监测空气污染、水污染、固体废物污染和土壤污染,为环境治理决策提供依据。

在环卫行业,中联重科环境产业有限公司推出了环卫智慧作业机器人和无人驾驶小型扫路车。

环卫智慧作业机器人具有智能保洁与巡检、智能地面垃圾检测及清理、垃圾智能识别和作业模式智慧选择、智能清洁作业与机械臂智能协同作业、自动无线充电、室内作业与室外作业双模式无缝切换、自适应不同外界环境场景、"互联网云+环卫机器人"智慧远程集群物联互联等功能。环卫智慧作业机器人具有高可靠性虚拟安全屏障、绿色新能源动力、智慧智能高效作业、自动无线充电续航等特点,可完全替代人工的高端智慧环卫装备产品。环卫智慧机器人可以应用于广场、公园、产业园区、人行道、街区、生活小区、机场、高铁站等众多场所,将大幅提升环卫行业的智能化水平和作业效率,杜绝环卫人工作业的安全隐患及安全事故发生，大幅节省环卫人力成本。

无人驾驶小型扫路车（简称"无人小扫"）具有全工况无人驾驶能力，能自动感知到周边行人、车辆、动物等物体，还能对垃圾进行精准的追踪清扫，并根据地面垃圾种类及负荷调整作业车速、扫盘转速、风机功率等作业参数，实现节能清扫。同时，"无人小扫"的运行视频、作业轨迹和工况数据都会实时传输到公司的调度云平台，可以对"无人小扫"进行实时控制。

6. 应急管理

在应急管理方面，人工智能技术可以应用于人脸识别、车牌号识别、应急救援、智能测温、视频结构化、网络舆情管控等方面。

在突发事件应急处置过程中，通过人脸识别，可以掌握现场的人员身份信息。通过车牌号识别，可以掌握应急抢险车辆信息，利用交通信号灯智能管控手段保障应急抢险车辆一路畅通。

近年来，随着人工智能技术的发展，应急救援等方面的特种机器人越来越多。在火灾、爆炸等充满危险的突发事件现场，采用机器人进行灭火、排除爆炸物，可以减少消防官兵、武警指战员等的人员伤亡。

在火车站、汽车站、飞机场、商场、超市、医院等人员密集场所对流动人员进行快速体温筛查，有利于及时发现疑似病例，避免交叉感染。例如，四川德阳火车站安装了智能测温系统，该系统以非接触式体温测量方式，对大规模移动人群进行快速测温；一旦发现温度异常个体，系统会自动抓拍并自动触发声光报警，提醒现场工作人员核查。

目前，许多城市都建立了视频监控系统。通过对视频进行结构化处理和分析，并将其转化为结构化数据，继而对态势进行事前感知，达到事前预警的效果。基于人工智能技术的第三代事前预警系统以视频为报警源，用视频结构化分析技术来监测、判断是否符合预定的报警条件并在检测到触发设定条件时启动报警，实现从原来的人工查找到自动推送，从以前的事后查找向事前预测、预防、预警的根本性转变。例如，通过视频结构化，可以自动发现城市火灾，让应急指挥人员更好地了解火灾现场情况。

在群体性事件中，网络舆情往往影响事态发展。在互联网时代的城市应急管理中，通过网络舆情监测和网上舆论引导来控制事态很重要。采用人工智能技术，以"网络抓手"的身份出现在各大网络平台中，根据相关关键词对或将造成不良舆论的言语或资讯进行自动捕捉和删除，可以避免不良舆论的滋生，有利于控制事态。

二、典型案例

山东省聊城市东昌府区通过"城市数据湖＋数据视网膜＋AI赋能平台"模式打

造新型智慧城市,实现各业务应用系统的数据调用、汇聚、联动、碰撞、挖掘和融合,加快数据入湖和政务上云,打破了信息孤岛,全面赋能城市管理、社会治理、公共服务和产业升级,走出了"以数为基、以云为脉、以算助用,全面统筹、一体推进、持续运营"的新型智慧城市发展新路子。

聊城市东昌府区引入北京易华录信息技术股份有限公司建设城市数据湖,构建了计算、存储、安全于一体的数字基础设施体系,建设了政务云平台,存储能力超过50 PB,计算能力达到每秒4.7亿次;推进全区政务信息系统上云,新建15个云计算节点,已建政务信息系统上云率达95%;全区便民服务中心均接入政务外网,为"一次办好"提供有力支撑。城市数据湖采用光磁电融合存储技术,其中光存储能耗不足磁存储的1%,寿命超过磁存储20倍,可对热度不同的数据进行自动分级存储,具有绿色、海量、自主、安全等优点,有效解决了大数据存储碎片化、能耗大、长期存储成本高等难题。

聊城市东昌府区采用易华录城市驾驶舱和数字视网膜,针对公共安全精准追踪、交通状态精准感知、社区生活精准优化等场景实现城市数字化治理,打破了城市大脑视觉系统的瓶颈。东昌府区的数字视网膜已应用于交通、公安、城管、环保、水务、民生等方面。例如,针对交通拥堵问题,通过数字视网膜"抓重点"的编码特征,以城市大脑中的数据算法为支撑,可时刻进行检测并疏通。

此外,聊城市东昌府区还引入了北京旷视科技有限公司的国家新一代人工智能开放创新平台"Brain++",能针对不同领域的需求,高效定制丰富的算法组合,为各行业数据治理提供定制化服务。东昌府区智慧城市搭载的AI算法中台具备从数据标注到算法产出应用的完善体系,目前已经有交通违法、社区、城管、应急、图谱等7大算法产品,覆盖政法、交通、环保等18个领域,总计超过300个算法功能,为各类场景赋能;交通大脑面向交管、交运提供全域交通解决方案,如智能信号管控、人车查控、特勤安保、智慧停车等场景;公安大脑面向公安图侦、刑侦、情报、指挥、派出所、科信部门,提供人过留影、案件大数据、视频立体防控等产品。

第八章 区块链及其在智慧城市中的应用

区块链是由多个参与方共同记录和维护的分布式数据库,该数据库通过哈希索引形成一种链状结构,其中数据的记录和维护通过密码学技术来保护其完整性,使得任何一方难以篡改、抵赖、造假。区块链技术提供了不同机构在非可信环境下建立信任的可能性,降低了电子数据取证的成本,带来了建立信任的范式转变,在政府数字化转型方面可以发挥重要作用。

第一节 区块链概述

一、区块链的特点与类型

2008 年,日裔美国人中本聪在《比特币:一种点对点电子现金系统》一文中提出了"区块链"(Blockchain)概念。

区块链有狭义和广义之分。从狭义来讲,区块链是一种按照时间顺序将数据区块以顺序相连的方式组合成的一种链式数据结构,并以密码学方式保证的不可篡改和不可伪造的分布式账本。从广义来讲,区块链技术是利用块链式数据结构来验证与存储数据,利用分布式节点共识算法来生成和更新数据,利用密码学的方式保证数据传输和访问的安全,利用由自动化脚本代码组成的智能合约来编程和操作数据的一种全新的分布式基础架构与计算范式。

区块链的主要特点如下:
(1)自治性:没有中心节点,不依赖第三方管理机构;
(2)难篡改:数据全网传播和同步,篡改成本极高;
(3)可信任:对人的信任变为对机器的信任;
(4)可追溯:区块按时间顺序线性连接;
(5)智能化:智能合约可以执行复杂的业务逻辑;
(6)隐私性:运用加密技术保护用户身份或其他隐私信息;
(7)容错性:不会因为某个节点而影响整个系统的功能和安全。

区块链是分布式数据存储、点对点传输、共识机制、加密算法等计算机技术在互联网时代的创新应用模式。区块链是新一代信息基础设施,目前还处于初级阶段。

值得指出的是,区块链不等于比特币(Bitcoin)。比特币是一种 P2P 的、虚拟的、加密的、非官方的数字货币，是复杂算法生成的特解。2017年9月，中国人民银行等七部委宣布中国禁止虚拟货币交易。

区块链主要有公有链、联盟链、私有链三种类型。对于公有链，各个节点可以自由加入和退出区块链，并参加链上数据的读写，如以太坊。联盟链是多个机构共同参与管理的区块链，如中国分布式总账基础协议联盟（China Ledger）。对于私有链，需要授权才能加入节点，各个节点的写入权限被严格控制，如蚂蚁金服。

二、区块链的应用价值

区块链的优点是单点发起、全网广播、交叉审核、共同记账。打个比方，同村的张三向李四借钱，随后通过广播告诉全体村民，村民经过点对点的交叉确认核实了这个情况，随后各自在自己的账本上记上一笔，这样一来，全村村民的账本上都有了记载。

未来一段时间内，随着区块链技术不断成熟，其应用将带来以下几方面的价值：一是推动新一代信息技术产业的发展。随着区块链技术应用的不断深入，将为云计算、大数据、物联网、人工智能等新一代信息技术的发展创造新的机遇。二是为经济社会转型升级提供技术支撑。随着区块链技术广泛应用于金融服务、供应链管理、文化娱乐、智能制造、社会公益以及教育就业等经济社会各领域，必将优化各行业的业务流程、降低运营成本、提升协同效率，进而为经济社会转型升级提供系统化的支撑。三是培育新的创业创新机会。国内外已有的应用实践证明，区块链技术作为一种大规模协作的工具，能推动不同经济体内交易的广度和深度迈上一个新的台阶，并能有效降低交易成本。四是为社会管理和治理水平的提升提供技术手段。随着其在公共管理、社会保障、知识产权管理和保护、土地所有权管理等领域的应用不断成熟和深入，区块链技术将有效提升公众参与度，降低社会运营成本，提高社会管理的质量和效率，对社会管理和治理水平的提升具有重要的促进作用。

大力发展区块链，有利于推进国家治理体系和治理能力现代化，有利于促进数字经济发展，有利于推动下一代互联网发展，有利于推进社会信用体系建设。

区块链技术可以应用于新型智慧城市建设。2018年4月，陕西省咸阳市通过"陕数通"将公安、民政、社保、医院、银行等市县镇三级1 300多个单位涉及的85类数据上链，利用沙盒技术在保障数据安全和权属不变的情况下，实现数据一桥链通、数权不变、融合应用，并成功应用在多个民生领域。在精准扶贫方面，累计发现问题数据55 577条，并将不符合要求的320人剔除。在卫生健康方面，通过大处方和套保识别，减少大处方29%，过度医疗21%，累计节约医保资金6 720万元，减少老百姓医疗费用支出1.21亿元。

2018年9月，山东省荣成市政府与企业合作打造了区块链智慧城市平台，并广泛用于荣成智慧城市多个项目。

2019年1月，福州市与比特大陆公司合作，运用区块链技术共同打造福州"城市大脑"。

2019年10月，北京首个线上数据共享流程依托"目录区块链"开启，北京市水务局对北京市规划和自然资源委员会"建设用地规划许可证"和"建设工程规划许可证"两项数据的共享，申请、授权、确认、共享、使用等环节均在"目录区块链"管控下自动执行，10分钟内全部完成。

北京利用区块链将全市53个政府部门的职责、目录和数据结合在一起，解决了数据缺位、越位的问题。依托"目录区块链"将部门间的共享关系和流程上链锁定，建立数据共享规则，解决了数据流转随意、业务协同无序等问题。所有的数据共享、业务协同行为在"链"上共建共管，无数据的职责会被调整，未上链的系统将被关停。

三、相关政策

2016年以来，国家出台了一系列区块链相关政策文件。例如，2016年12月，国务院印发的《"十三五"国家信息化规划》中将区块链作为战略性前沿技术。2017年7月，国务院印发的《新一代人工智能发展规划》提出"促进区块链技术与人工智能的融合，建立新型社会信用体系"。

2019年1月，国家互联网信息办公室公布了《区块链信息服务管理规定》，自2019年2月15日起施行。根据该规定，区块链信息服务提供者应当落实信息内容安全管理责任，建立健全用户注册、信息审核、应急处置、安全防护等管理制度。区块链信息服务提供者应当制定并公开管理规则和平台公约，与区块链信息服务使用者签订服务协议，明确双方权利义务，要求其承诺遵守法律规定和平台公约。

2021年6月，工信部、中央网信办印发了《关于加快推动区块链技术应用和产业发展的指导意见》，提出：利用区块链促进城市间在信息、资金、人才、征信等方面的互联互通和生产要素的有序流动。深化区块链在信息基础设施建设领域的应用，实现跨部门、跨行业的集约部署和共建共享，支撑智慧城市建设。

第二节 区块链技术在政府部门的应用

目前，区块链技术在司法公信、政务服务、市场监管、自然资源、生态环境、公共安全、卫生健康、志愿服务、资金管理等领域得到初步应用。

一、司法公信

在司法实践中，区块链一方面可以对当事人上传到电子诉讼平台的诉讼文件和证据进行存证，防止篡改，保障诉讼安全；另一方面可以对进行过区块链存证的诉讼证据进行验证，解决当事人取证难、认证难的问题。

在司法公信领域，区块链技术可以应用于法院、检察院以及司法行政部门的仲裁、公证、社区矫正等方面。

2018年9月，最高人民法院公布了《最高人民法院关于互联网法院审理案件若干问题的规定》。其中第十一条规定：当事人提交的电子数据，通过电子签名、可信时间戳、哈希值校验、区块链等证据收集、固定和防篡改的技术手段或者通过电子取证存证平台认证，能够证明其真实性的，互联网法院应当确认。

北京、杭州、广州等地的一些互联网法院应用了区块链技术。例如，2018年12月，北京互联网法院电子证据平台"天平链"上线运行。2019年10月，北京互联网法院在办理网络侵权纠纷案件时，采用区块链智能合约实现执行"一键立案"。2018年9月，杭州互联网法院司法区块链正式上线。2019年6月，杭州互联网法院推出"5G+区块链"涉网执行新模式。2019年3月，广州互联网法院"网通法链"智慧信用生态系统正式上线。

2019年6月，广州市智慧破产审理系统上线运行，这是全国首个地方管理人智能服务平台、全国首个地方破产审判动态监管平台、全国首个债权人评价监督平台、全国首个破产审判区块链协同平台。此外，广州司法公信领域的区块链应用项目还包括广州市司法局的"仲裁链"等。

2019年11月，司法部在南京举办"区块链+法治"论坛，司法部部长傅政华提出要把"区块链+法治"作为"数字法治、智慧司法"建设新内容，为国家治理体系和治理能力现代化提供有力法治保障。

2019年3月，江苏省推出了区块链公证摇号系统。使用区块链公证摇号系统进行现场摇号公证和直播，在全国尚属首次。2019年5月，浙江区块链公证摇号系统正式启动运营。

在社区矫正方面，山东省建立了区块链社区矫正智能化平台，佛山市建立了"社矫链"平台。

此外，山东省烟台市探索"区块链+司法行政"的实现形式，推动区块链技术在社区矫正、公证、司法鉴定等司法行政领域应用。

二、政务服务

在政务服务领域,区块链技术可以应用于政务数据共享、数字身份、电子证照等方面,方便企业和群众办事。

2018年5月,青岛市北区开始试点探索区块链在政务方面的应用,将政府业务"上链",实现市民"零跑腿"和"无纸化"办理。

2018年7月,开封市兰考县建立"链政通",可以为兰考县85万居民用户提供区块链数字身份。

2019年10月,山东自贸区济南片区的"区块链+政务"可信服务平台正式上线,可实现申请材料跨部门复用,企业开办只需47分钟。

2019年12月,"i深圳"App区块链电子证照应用平台正式上线,居民身份证等24类常用电子证照上链,支持100多项高频政务服务事项。市民和企业在办事时,可以通过直接授权、扫码授权等形式,授权他人在特定时间、特定场合对特定业务调取电子证照,电子证照使用记录被区块链平台留存。

三、市场监管

在市场监管领域,区块链技术可以应用于商事制度改革、产品质量监管、食品药品监管、海关监管、金融监管、信用监管、知识产权保护等方面。

2018年6月,济南市"企业开办一次办成"系统上线,诞生了山东省内第一张在区块链存储和传递的数字营业执照。

2019年1月,重庆市场监管局利用区块链技术进行食品药品监管追溯。2019年6月,利用区块链和人脸识别技术建设的重庆市企业开办网上服务平台正式上线运行。

2019年2月,《广州市深化商事制度改革实施方案》印发,提出在黄埔区试点"区块链+商事服务",探索打造共享式登记模式。此外,广州市税务局推出了基于区块链的"税链"平台。

2019年4月,"TBC区块链跨境贸易直通车"在天津海关上线运行。区块链平台对每个贸易环节的数据进行前后交叉比对,形成带有时间戳和清晰责任人的不可篡改的可信过程数据,利益相关方避免了赔付、贷款、交税等环节产生差异,形成对可信数据一致性的认可,一旦出现问题,可追踪,可确责。通过运用区块链技术,天津海关监管模式从"被动查验"变为"主动采集验证",降低了监管成本,提高了监管效率和精度。

2019年6月,深圳在全国范围内率先推出P2P网贷机构良性退出统一投票表决系统,该系统采用了区块链技术。

区块链将重构社会信用体系建设。2018年5月，山东省日照市开出首个区块链信用证。2018年8月，重庆采用区块链技术建立了贸易港企业主质量信用公示管理体系。2019年5月，全国首份区块链信用报告在福州亮相。

区块链技术可以应用于知识产权保护领域。通过区块链，知识产权生成的瞬间就被确权，确权后可以公开、透明、可信地进行交易。有了区块链，网络音乐、网络影视、网络文学、知识付费等数字内容平台所有交易记录都是真实可信的，平台方无法造假，保护创作者的合法权益。2018年9月，杭州互联网法院司法区块链平台正式上线。司法区块链平台事实认定更加清晰、简单，使该院知识产权纠纷类案件调解撤诉率超过90%。

四、其他领域

1. 自然资源

在自然资源管理领域，区块链技术可以应用于房屋租赁、不动产管理、二手房交易等方面。2018年4月，河北雄安新区建成区块链租房应用平台，解决了房屋租赁市场的"假房东、假房源"问题。2018年10月，乐山市基于区块链的房屋租赁平台上线运行。2018年11月，娄底市不动产区块链信息共享平台正式上线启用。

2019年4月中旬，北京市海淀区率先推出"不动产登记＋用电过户"同步办理的新举措。以前去供电公司办理用电过户手续需要携带4~6种证件，办理工作时长为5个工作日，现在办理不超过5分钟。

2019年5月，北京市公安局、市民政局数据信息完成上链，区块链技术正式在京籍存量房交易场景开展对外服务。

2. 生态环境

在生态环境保护领域，区块链技术可以应用于环保监管、垃圾分类等方面。2019年5月，福州市永泰县通过建设环保生态综合监管区块链弹性数字云平台，实现了以信息化的方式助力生态综合治理。

雄安新区部署了基于区块链技术的智慧垃圾收集器。市民可通过下载App，在通过扫码后进行垃圾分类倾倒，该垃圾箱内置系统可以根据垃圾种类和重量，给予垃圾投递者积分奖励，所有积分则可以通过未来遍布新区的服务体系用来兑换生活用品等。

3. 公共安全

在公共安全领域，区块链技术可以应用于数字身份、数据共享等方面。2018年2月，重庆"社区民警智能名片"区块链应用项目正式启动。与通常对公众进行数字身份认证相同,该项目对社区民警和驻校民警进行数字身份认证。通过基于区块链的三级身份验证系统,给民警佩戴防伪身份证二维码的智能民警联系卡。

2018年11月,徐州市公安局建立了淮海经济区警务数据区块链共享协作系统,实现跨省相邻城市间警务数据实时加密共享。以往跨省警务联动布控要层层审批近1小时,犯罪嫌疑人早就逃跑了。现在申请即布控,有利于公安实战。

4. 卫生健康

区块链在"互联网+医疗"方面具有降低隐私信息泄露的可能性、提高数据信息可靠性、实现数据使用的可追溯性、以患者为导向的医疗信息体系、实现医疗数据的价值传递等优势。2017年8月,常州市政府与阿里健康合作实施了"医联体+区块链"试点项目。

2018年5月,中国银行与国家卫生健康委统计信息中心签署了居民健康卡创新应用战略合作协议。电子健康卡利用二维码技术,可实现账户互通,线上、线下一体化服务。利用区块链技术,中国银行与卫健委、医院等机构实现数据快速同步,兼具高安全性和可扩展性。

我国虽然建成了全球规模最大的传染病疫情和突发公共卫生事件网络直报系统,但在这次新冠肺炎疫情中没有发挥作用。运用区块链技术建立"防疫链",传染病报告卡初次登记上报和人工核实、事后补充双线异步并行,可以避免传统逐级上报模式的弊病。

5. 应急管理

在应急管理中,运用区块链技术有利于解决物资、人员调配等关键性难题。根据应急预案,通过智能合约,可以实现对突发事件的快速响应,提供点对点的应急救援服务,保障救援物资供应,调配专业救援人员,提高应急管理效率。发展区块链金融,可以对救援资金进行快速结算,避免发生传统救灾模式下的"一笔糊涂账"问题。发展"区块链+物流",可以追踪救援物资流向,有效调配救援物资。此外,运用区块链技术可以加强捐赠物资管理,解决重复捐赠和冒领等问题。

6. 财政

对于财政部门,区块链技术可以应用于资金管理、电子票据等领域。例如,河北雄安新区建立了区块链资金管理平台,实现了多个建设项目在融资、资金管控、工资发放等方面的透明管理。河北雄安新区在征地拆迁安置资金管理方面采用了区块链技术,实现了征地拆迁原始档案和资金穿透式拨付的全流程链上管理。

2019年10月,广东省财政厅区块链电子票据平台正式上线。电子票据的生成、存储、流转全过程记录在区块链上,各环节操作痕迹可实时查看、可追溯,防篡改和造假。所有数据加密保存，保护交款人隐私。

7. 税务

对于税务部门，区块链技术可以应用于电子发票等领域。例如，2018年8月，深圳市税务局开出首张区块链电子发票。截至2019年11月，深圳区块链电子发票的开票量突破1 000万张，实现"交易即开票""开票即报销"。深圳市已有7 600多家企业接入区块链电子发票系统，开票金额超70亿元。区块链电子发票被广泛应用在金融保险、零售商超、酒店餐饮、停车服务等行业。使用区块链电子发票以后，企业不用定期往返税务部门领购发票，降低了企业财务成本。用户购物后自行申请开票，减少了企业的人力投入。

8. 志愿服务

在自愿服务领域，区块链技术可以应用于信息溯源、积分兑换等方面，使信息更安全、数据更公正、管理更智能、服务更及时。

2018年4月，成都青年志愿服务区块链联盟成立并发出了全国首张青年志愿服务区块链证书。系统可以记录志愿者活动记录、服务时长、公益积分等数据，并生成唯一、真实的志愿服务区块链证书。

2019年1月，"志愿汇"与everiToken在杭州签订战略合作协议，就搭建区块链志愿服务应用场景达成合作。双方合作的第一个阶段是实现记录每个人公益行为的透明、公开的公益账目，第二阶段是把志愿者的服务记录在个人授权前提下变成公益积分形式的交易凭证。

2019年7月，海南省海口市龙华区启动了海南首个"区块链＋志愿服务"项目，通过建立区委宣传部、团委、民政、司法等部门与志愿服务工作的衔接机制，在志愿服务平台上实现互联互通。

第三节 佛山市禅城区的区块链技术应用实践

2017年6月，禅城区举办智信城市与区块链创新应用（禅城）发布会，正式启动"智信禅城"计划，明确了区块链应用探索的重点和方向：即"一个平台、三个应用方向"。"一个平台"是指搭建可信"数字身份"平台。"三个应用方向"是指面向政务服务、民生服务以及产业经济等三个方向挖掘行业应用。

一、发展背景

佛山市禅城区推进区块链技术应用探索的最初动力来自"一门式一网式"政务服

务改革的再深化。"一门式一网式"改革实现了简政放权从"N"到"1"的转变，而从简到"1"基础上进一步简到"0"，需要突破两大难点：一是要破解互联网时代"如何证明我是我"的难题。当前，随着技术的不断发展，DNA、指纹、虹膜等生理特征都可以复制，在这种环境下，如何证明办事人员的身份和材料的真实性成为亟待突破的难点。二是在现有政务外网的条件下，如何保障信息安全。

数据的真实性和安全性问题不仅存在于政务服务领域，也存在于经济和社会发展领域，互联网时代真实身份难辨，信息盗用、网络诈骗让人处处设防，在人与人交往、企业与企业交易的过程中摩擦和存疑时有发生，成为现代社会共同的"痛点"。而区块链不可复制、不可篡改、保障安全的技术特点，为进一步深化改革提供了解决方案。在建设自然人库和法人库的过程中，一个人或一个企业在其整个生命周期过程中，会不断地产生各种行为和记录，如果把这些行为和记录用大数据的形式在安全、不可逆的区块链上固化下来，并通过身份认证机制进行保护，随着数据的不断积累，可以达到三个方面的效果：一是数据链条具备唯一性，能为自然人和法人身份提供数字化证明，助力突破互联网时代"证明我是我"的难题。二是链上信息不可篡改、不可复制，切实保障自然人和法人数据主权和数据安全，实现"我的数据我做主"。三是守信行为和失信行为同时记录在链，为守信激励、失信惩戒提供有效抓手，有效引导数据主体的信用预期，推动形成诚实守信的良好社会氛围。

二、主要做法

2016年，佛山市禅城区从政务服务领域起步，探索区块链创新应用，并逐步拓展到民生服务、社会治理和经济发展领域，尝试构建摩擦小、效率高、成本低的新型信用社会，抢抓互联网、大数据时代发展机遇，利用区块链技术打开经济社会发展新局面。

1. 构建一套推进机制，助力实施智信禅城计划

一是健全组织架构。成立以区委书记为组长的智信禅城与区块链创新应用工作领导小组，并设立产业应用、技术及能力平台、政务与民生应用三个专责组，实行联席会议制度，切实加强对区块链创新应用相关工作的统筹领导。

二是完善制度配套。制定了《禅城区政务信息资源共享管理办法（试行）》《禅城区社会信用体系建设三年行动计划（2018—2020年）》《禅城区深化IMI身份认证平台推广行动方案》等。

三是探索市场化合作模式。瞄准行业标杆，找准战略合作伙伴，借助市场化力量共同探索开发区块链创新应用。

2. 打造一个平台，为区块链应用构建基础支撑

基于区块链底层技术，依托禅城区真实自然人库和法人库，开发 IMI（"我是我"）身份认证平台，构建"我是我"信用身份认证机制。

一是建立健全底层数据库。以"一门式一网式"政务服务积累的实时数据为基础，整合卫健、流管、人社等 10 多个部门的自然人数据以及市场监管、生态环境、发改、税务等部门的法人数据，建设自然人库和法人库。目前，自然人库已入库 6 700 多万条数据，涉及 1 600 多项自然人标签；法人库已整合 5 800 多万条数据，形成包含 1 800 多个标签的企业画像。

二是运用区块链技术搭建个人数据空间。以自然人库为基础，以身份证号为索引，围绕数据、业务、安全三个维度，运用区块链技术构建个人主体相关数据及其关系的数据集合，打造个人数据空间，作为个人产生的数据、经认证资料的存储空间，形成个人真实可信的"数据资产"，为自然人提供高效的数据资产管理能力、严密的核心数据安全能力和标准的多态数据共享能力。

三是通过实名认证获取数字身份。以个人数据空间为支撑，自然人通过 IMI 身份认证平台获取数字身份，以政府实名认证作为背书，利用区块链安全、可溯源、不可篡改、不可抵赖的技术特点，有效解决自然人网上或自助办事所面临的人员身份真实性问题，实现用 IMI 身份认证平台登录验证就如本人亲临的效果，实现政府部门从"限制监管"向"服务见证"的角色转移。

四是链接个人数据，延伸个人数据链条。在 IMI 身份认证平台的框架下，自然人数据可实现跨政府部门安全、可信流转，政府内部复用共享，由"群众跑腿"变为"数据跑路"。同时，随着新产生数据的持续接入，个人"数据资产"不断扩充，数据链条不断延伸，数据的价值不断增加。

3. 聚焦三大方向，探索多场景应用

聚焦政务服务、民生服务、产业经济三大方向，从多个场景深度挖掘区块链创新应用。

在政务服务方面，将 IMI 身份认证平台应用于"一门式一网式"政务服务改革、社区矫正、司法公证等领域，推进区块链＋政务服务"零跑腿"、区块链＋社区矫正、区块链＋公证等应用。

在民生服务方面，将 IMI 身份认证平台应用于社区服务、青少年眼健康管理、食品监管等领域，推进区块链＋共享社区、区块链＋微服务中心、区块链＋视力、区块链＋食品安全等应用。

在产业经济方面，发布了《禅城区"区块链＋产业"白皮书》，推进区块链在产业领域的落地应用，引导传统产业利用区块链技术降低信任成本，构建更开放的供应链协同生态，提升产业整体竞争力。2019年3月，建立了"区块链＋工业设计"版权交易平台，为企业、设计师提供一个价值存证、价值传递、价值交换（交易）的平台，解决工业设计行业知识产权确权难、盗版严重、流动性不足等问题，促进工业设计版权上链管理、交易，并实现更好的知识产权维权和保护。2019年7月，建立了"基于区块链的中小企业融资平台"，这是地方政府基于区块链技术解决中小企业融资难问题的首次尝试。

三、典型应用

2017年6月，佛山市禅城区在一门式"政务服务"改革形成的真实自然人和法人数据库基础上，运用区块链技术探索社会信用体系建设，创新打造IMI身份认证平台，改变原来以第三方授信为主的单点信用模式，构建"自信＋他信＋你信"的信用机制。实施"智信城市"计划，着力营造摩擦小、效率高、成本低的信用社会。目前，佛山市禅城区已形成14项区块链创新应用成果。

1. 区块链＋政务服务

办事群众利用IMI身份认证平台确定身份后，通过"零跑腿"App对接自然人库和部门业务系统数据，提供政务事项自助办理和申请表单自助填写服务，电子结果物经审核后保存至个人数据空间，可做到零材料提交及结果物重复利用，实现安全、可靠、可信的自助办理。同时，为避免部分办事材料重复提交，推动群众、企业办事最多跑一次，积极探索容缓预审和容缺审批机制，推动区人社局等5个部门35项事项纳入一门式信任审批，79个自然人事项实现材料"零提交"、审批"不见面"、办事"零跑腿"，2019年12月底前各部门80%以上高频公共服务事项（月均业务量300宗及以上）实现网上申办"零跑腿"、材料"零提交"目标。

2. 区块链＋共享社区

在基层党建的引领下，以社区党组织为核心，以城市小区为单位，发挥小区在职党员干部、离退休党员、流动党员等群体的领头雁作用，激发社区居民的主体作用，创新性地引入"区块链"理念和"爱心积分"机制，通过IMI身份认证平台进行实名注册，构建共享互信机制，通过"线上"App和"线下"共享小屋两大互助平台打通供需两端，推进社区居民资源共享和技能互助，搭建点对点党群服务体系，冲破人与人之间的冷漠和隔阂，营造信任、合作的良好氛围，催化社区"熟人社会"温情回归，构建"我为人人、人人为我"的共享社区。截至 2019 年 10 月，共享社区建设已在全区 91 个社区全面铺开，"共享社区"App 注册人数近 6.4 万人，其中党员 1.5 万人，共享物品 14 万件，共享技能 40 余种，受益群众超 6 万人次。

3. 区块链+社区矫正

打造"区块链+社区矫正"联动平台，打通公检法司部门壁垒，优化社区矫正流程，实现多方联动和全方位监管。该平台建立信息共享共识签名机制，整合社区矫正相关信息，经过多方比对、达成共识后，形成区块挂接上链，即时共享，切实保障数据的准确性、客观性和权威性。同时，构建"区块链+社区矫正"信用评价模型及激励机制，对接 IMI 身份认证平台，把服刑人员的社矫记录"写进"个人信用，社矫人员直观看到自己的"矫正进程"和信用分值，增强了参与矫正的获得感和对未来的期盼，不仅倒逼社矫人员遵纪守法，还有效破解社区矫正人员在回归社会时"自证清白难"的困境，逐步形成监管部门信息共享、业务协同、智慧矫治、高效监管，监管对象守法守信、主动受矫、真心向善、重塑人生的良好局面。截至 2019 年 10 月，全区共有 433 名社矫人员进入平台，累计 3 011 条社矫档案。

4. 区块链+公证

搭建区块链+公证平台，推动公证业务"上链"，在政府相关职能部门数据互享互用基础上，进一步提升办证、公证的效率和质量，杜绝假证和错证。市民办理出生医学证明、学历、学位、无犯罪记录等 20 项公证业务实现零跑腿，一小时出证事项达 13 项。

5. 区块链+食品安全

通过各个主体在业务发生环节实时将信息上链存证，交易各方同时对信息互认共享，并且食品流转信息在区块链网络中以链式结构进行存储，并不会因为时间的原因而丢失、被删除或被覆盖，实现了食品溯源的实时性、真实性、不可篡改性。食品从生产到运输，再到销售等各个环节的信息都记录到区块链上，消费者可以随时查询。

6. 区块链+卫生健康

利用区块链技术，搭建"盘古健康 e 园"App，市民通过互联网即可完成预约挂号、预防接种、智能叫号、在线缴费、健康档案等就医功能。

搭建儿童青少年眼健康综合平台，利用区块链技术为辖区每位学生建立眼健康档案，实现儿童眼健康从筛查到治疗的全过程数字化管理。

建设"区块链+疫苗安全管理平台"，实现对辖区内疫苗全链条"透明监管"，市民可以通过手机预约轻松打上更放心的疫苗。

7. 区块链+门禁

在流动人员出租屋管理中，通过门禁系统对接 IMI 身份认证平台后，屋主只需在 IMI App 中进行授权，访客就可以通过扫描二维码进入家中，而且访客的信息也会实时反馈到屋主的手机中，是谁、什么时候进入等信息一目了然。

第九章 智慧城市的"新基建"

"新基建"是新型基础设施建设的简称。新型信息基础设施是"新基建"的核心内容。"高速、泛在、集约、安全"的城市新型信息基础设施是城市基础设施的重要组成部分，是智慧城市的重要支撑。

第一节 "新基建"概述

一、"新基建"的范畴

党的十九大以来，习近平总书记和中央对"新基建"作了一系列重要论述。例如，2018 年 10 月，习近平总书记在主持中共中央政治局第九次集体学习时强调，要推动智能化信息基础设施建设，提升传统基础设施智能化水平，形成适应智能经济、智能社会需要的基础设施体系。2018 年 12 月在北京举行的中央经济工作会议确定，加强人工智能、工业互联网、物联网等新型基础设施建设。2020 年 2 月 14 日，习近平总书记主持召开的中央全面深化改革委员会第十二次会议指出，要以整体优化、协同融合为导向，统筹存量和增量、传统和新型基础设施发展，打造集约高效、经济适用、智能绿色、安全可靠的现代化基础设施体系。2020 年 3 月 4 日，习近平总书记主持召开的中共中央政治局常务委员会会议强调，加快 5G 网络、数据中心等新型基础设施建设进度。

从习近平总书记和中央关于"新基建"的重要论述来看，"新基建"包括 5G 网络、物联网、工业互联网、数据中心、人工智能等。

目前，专家学者对"新基建"的范畴还没有形成一致的意见。例如，徐宪平认为新基建包括 5G、云数据中心、人工智能、工业互联网、物联网和关键核心硬件、基础应用软件、开源开放平台重大科研设施等；任泽平认为"新基建"包括特高压、新能源汽车充电桩、5G 基站建设、大数据中心、人工智能、工业互联网及城际高速铁路和城市轨道交通等七大领域；李毅中认为"新基建"包括 5G 网络、数据中心、计算中心、工业互联网、重大科研机构和基地。

"新基建"包括新型信息基础设施、新型交通基础设施、新型物流基础设施、新型能源基础设施、新型水利基础设施等。其中，新型信息基础设施包括 5G 网络、物联网、工业互联网、云计算平台、数据中心、人工智能、区块链、网络安全基础设施等；新型交通基础设施包括城际高速铁路和城市轨道交通、新能源汽车充电桩、智能高速公路、车联网等；新型物流基础设施包括自动分拣系统、立体仓库等；新型能源基础设施包括特高压、智能电网、能源互联网等；新型水利基础设施包括智慧大坝、智能水闸等。

目前媒体广泛报道的"新基建"当中，5G基站建设、大数据中心、人工智能、工业互联网四类属于新型信息基础设施，新能源汽车充电桩、城际高速铁路和城市轨道交通属于新型交通基础设施。特高压属于新型能源基础设施。

二、新型信息基础设施与"新基建"的关系

"新基建"与新型信息基础设施既有联系，又有区别。"新基建"不完全等同于新型信息基础设施。新型信息基础设施也被称为"数字基础设施"或"数字基建"，是"新基建"的重要组成部分，信息通信技术的应用是传统基础设施转变成为"新基建"的关键因素。

信息基础设施的主要领域不会一成不变，而是随着信息通信技术发展而变化的。新型信息基础设施随着物联网、云计算、移动互联网、大数据、人工智能、区块链等新一代信息技术的发展应运而生。

新型信息基础设施是数字经济的基石。以新型信息基础设施建设引领"新基建"，是构建现代化经济体系、推动高质量发展的重要举措，可以减轻新冠肺炎疫情对中国经济的冲击。

三、新型信息基础设施的类型

新型信息基础设施分为网络基础设施、数据基础设施、计算基础设施、智能基础设施和安全基础设施等类型，如表9-1所示。

表9-1 新型信息基础设施类型

类 型	示 例
网络基础设施	5G网络、物联网、工业互联网、IPv6网络、软件定义网络（SDN）等
数据基础设施	IDC、大数据中心、其他各类数据中心、基础信息库和专题数据库等
计算基础设施	云计算中心、云计算平台、超级计算中心、高性能计算中心等
智能基础设施	人脸识别系统、智能测温系统、城市大脑、工业机器人等
安全基础设施	公钥基础设施（PKI）、授权管理基础设施（PMI）、密钥管理基础设施（KMI）、CA认证中心等

第二节　网络基础设施

一、宽带城域网

所谓宽带城域网（Metropolitan Area Network，MAN），就是在城市范围内，以 IP 和 ATM 电信技术为基础，以光纤作为传输媒介，集数据、语音、视频服务于一体的高带宽、多功能、多业务接入的多媒体通信网络。它能够满足政府机构、金融保险、大中小学校、公司企业等单位对高速率、高质量数据通信业务日益旺盛的需求，特别是快速发展起来的互联网用户群对宽带高速上网的需求。

宽带城域网具有如下一些特点：

（1）传输速率高。宽带城域网采用大容量的 Packet over SDH 传输技术，为高速路由和交换提供传输保障。千兆以太网技术在宽带城域网中的广泛应用，使骨干路由器的端口能高速有效地扩展到分布层交换机上。光纤、网线到用户桌面，使数据传输速率达到 100 Mbps、1 000 Mbps。

（2）用户投入少，接入简单。宽带城域网用户端设备便宜而且普及，可以使用路由器、Hub 甚至普通的网卡。用户只需将光纤、网线进行适当连接，并简单配置用户网卡或路由器的相关参数即可接入宽带城域网。个人用户只要在自己的电脑上安装一块以太网卡，将宽带城域网的接口插入网卡就联网了。安装过程和以前的电话一样，只不过网线代替了电话线，电脑代替了电话机。

（3）技术先进、安全。宽带城域网在网络中提供了第二层的 VLAN 隔离，使安全性得到保障。由于 VLAN 的安全性，只有在用户局域网内的计算机才能互相访问，非用户局域网内的计算机都无法通过非正常途径访问用户的计算机。如果要从网外访问，则必须通过正常的路由和安全体系。因此，黑客若想利用底层的漏洞进行破坏是不可能的。虚拟拨号的普通用户通过宽带接入服务器上网，经过账号和密码的验证才可以上网，用户可以非常方便地自行控制上网时间和地点。

总体来说，宽带城域网的建设应包括城域光传送网、宽带数据骨干网、宽带接入网和宽带城域网业务平台等几个层面。新一代的宽带城域网应以多业务的光传送网为开放的基础平台，在其上通过路由器、交换机等设备构建数据网络骨干层，通过各类网关、接入设备实现语音、数据、图像、多媒体、IP 业务接入和各种增值业务及智能业务，并与各运营商的长途骨干网互通，形成本地市综合业务网络，承担城域范围内集团用户、商用大楼、智能小区的业务接入和电路出租业务，具有覆盖面广、投资量大、接入技术多样化、接入方式灵活，强调业务功能和服务质量等特点。

2015 年 5 月印发的《国务院办公厅关于加快高速宽带网络建设推进网络提速降

费的指导意见》提出：加快高速宽带网络建设，提升骨干网络容量和网间互通能力，加强应用基础设施建设，深入推进电信基础设施共建共享。

二、5G 网络

目前，许多城市都在开展 5G 网络建设。2019 年北京建成 5G 基站 2.6 万个，深圳建成 1.55 万个，广州建成 1.2 万个。

三、政务网络

政务网络是电子政务的"血脉"。在中国，政务网络包括政务内网和政务外网。其中，政务内网由党委、人大、政府、政协、法院、检察院的业务网络互联互通形成，主要满足各级政府部门内部办公、管理、协调、监督和决策等需要，同时满足副省级以上政府部门的特殊办公需要；政务外网主要运行各个政府部门为企业和社会公众服务的业务以及不涉密的跨部门业务，可以发布政务公开信息，受理、反馈社会公众请求。

目前，中央、省、地市、区县已基本实现政务外网全覆盖，为实现跨部门、跨地区的网络互联互通、信息共享和业务协同创造了良好的网络环境，有力地支撑全国政务服务一体化平台建设。

第三节　数据基础设施

数据基础设施包括 IDC（互联网数据中心）、大数据中心、其他各类数据中心、基础信息库和专题数据库等。

一、数据中心

政府数据中心是政府部门信息系统的软硬件支持平台和数据交换平台，以及提供统一扩展应用服务的支持中心，主要面向政府提供信息化系统的运行环境和相关服务，并提供重大公益性信息化系统的运行环境和相关服务。服务内容包括：提供标准的 IDC 机房环境，提供高速稳定的 Internet 出口，提供域名服务，提供服务器、服务器空间和服务器托管服务，提供电子邮局、统一短信平台服务，提供政府数据交换平台服务，提供容灾备份服务，提供证书认证中心（Certificate Authority，CA）认证和其他安全服务。

一般来说，政府数据中心由机房配套设施、网络系统、服务器存储设备、系统软件、共享应用系统、安全保障体系、管理运维体系等组成。

（1）机房配套设施：包括机房场地、供配电、空调、消防和 KVM 等，提供安全可靠的环境保障。

（2）网络系统：包括布线和路由器、交换机、负载均衡等设备，为服务器存储设备、系统软件、共享应用系统等提供高速、稳定的网络服务。政府数据中心应接入电子政务外网。

（3）服务器存储设备：利用服务器虚拟化、存储虚拟化等技术实现资源的集中和共享，形成一个共享资源池，为用户提供统一的服务器空间、虚拟服务器、存储空间、集中备份等服务。

（4）系统软件：包括各种操作系统、数据库管理系统、中间件等软件。

（5）共享应用系统：基于应用虚拟化和软件即服务模式为政府各部门提供通用的应用支撑服务，包括数据交换平台、地理信息平台、短信平台、电子邮局、电子公文传输等。由数据中心统一管理，部门分级管理，共享使用，用户只要通过网络即可获得所需的软件和服务。共享应用系统与部门应用系统的松耦合设计，能支持这些功能方便地嵌入应用系统。

（6）安全保障体系：包括安全设施和安全制度。安全设施包括防网络攻击、防病毒入侵、防信息篡改等软硬件设施。安全制度包括信息网络安全制度、应急预案以及灾难恢复演练规范等。

（7）管理运维体系：由高素质的运维团队、提供运维管理技术支持的运维管理系统和一系列管理运维制度规范组成，对政府数据中心进行流程化、规范化、制度化的管理，保障数据中心的正常运行。

2016 年 10 月，习近平总书记在主持中共中央政治局第三十六次集体学习时指出，建设全国一体化的国家大数据中心。自 2020 年初以来，习近平总书记多次强调，加快 5G 网络、数据中心等新型基础设施建设。政府数据中心是政府的新型基础设施，应纳入"新基建"范畴。

二、基础信息库

《国家信息化领导小组关于我国电子政务建设指导意见》提出启动人口基础信息库、法人单位基础信息库、自然资源和地理空间基础信息库、宏观经济数据库（简称"四大基础信息库"）的建设。此外，电子证照库、社会信用数据库也属于基础信息库。

1. 人口基础信息库

人口基础信息库由公安部牵头，人力资源和社会保障部、民政部、国家税务总局等部委参加建设，包括 19 项基本信息。目前，覆盖 13 亿人口的国家人口数据库初步建成，为各级公安机关提供查询服务 1.3 亿次，协助破案 227 万起，挽回经济损失 40

多亿元。

2. 法人单位基础信息库

法人单位基础信息库由国家质检总局牵头，国家工商总局、国家税务总局、民政部、中编办、国家统计局等部委参加建设。

法人单位基础信息库建设目标是围绕各政府部门对法人监管业务的实际需求，制定法人库标准规范体系，依托国家电子政务内外网，整合编办、民政、税务、工商、质检、统计的法人信息资源，建设一个逻辑集中、全国统一、信息全面、准确一致、动态更新、真实反映法人现状的法人单位基础信息数据库，为各部门加强对法人的监管及社会公众对法人的社会监督，构建社会主义和谐社会提供支撑。

法人单位基础信息库的建设内容，包括法人单位基础信息标准规范体系建设、网络系统建设、数据处理与存储系统建设、法人单位基础信息数据库建设、应用支撑平台建设、数据交换平台建设、法人库应用系统建设及信息安全体系建设。

法人单位基础信息分为基本元素信息和扩展元素信息两大类。基本元素信息是指法人库基础信息（目录索引信息），包括组织机构代码、法人名称、法人状态、法人类型、法人住所、法定代表人姓名、成立日期、批准机关、注册或登记号等9项。扩展元素信息是指法人基本元素信息之外部门间共享需求较为普遍的法人信息，包括组织机构代码信息、注册或登记信息、税务登记信息、统计信息等4大类34项。

2015年6月，国务院办公厅出台了《关于加快推进"三证合一"登记制度改革的意见》，提出通过"一窗受理、互联互通、信息共享"，将由工商行政管理、质量技术监督、税务三个部门分别核发不同证照（工商行政管理部门核发的工商营业执照、质量技术监督部门核发的组织机构代码证、税务部门核发的税务登记证），改为由工商行政管理部门核发一个加载法人和其他组织统一社会信用代码的营业执照，即"三证合一、一照一码"登记模式。

3. 自然资源和地理空间基础信息库

自然资源和地理空间基础信息库由国家发展改革委牵头，国土资源部、水利部、国家林业局、国家气象局、国家海洋局、国家地理信息和测绘局、中科院、中国航天科技集团等11个有关部门和单位参加建设，主要建设内容包括基础性自然资源信息库、基础性地理空间信息库、自然资源和地理空间综合信息库、自然资源和地理空间信息交换系统。

自然资源和地理空间基础信息库采用分布式与集中式相结合的建设及运行服务模式，包括1个数据主中心和11个数据分中心。数据主中心建设内容包括综合信息库、数据主中心网络系统及运行环境、交换系统、安全系统和基础性工作等。数据分中心建设任务包括专题信息库、数据分中心网络系统及运行环境、交换系统、安全系统和基础性工作等。

2014年8月，国家自然资源和地理空间基础信息库项目通过竣工验收。该项目遵循跨部门应用共享模式，采取集中式与分布式相结合推进工程建设，数据主中心和数据分中心互促发展；项目采取"边建设边运行边出成果"的原则，通过对跨部门信息资源整合，为政府决策部门和社会公众提供应用产品服务。

运用自然资源和地理空间基础信息库，有关部门发布了《京津冀协同发展高分影像图集》《中国重大自然灾害图集》《全国自然资源开发利用综合分析图集》《中国区域规划与可持续发展图集》《海洋资源与海洋经济发展图集》等17本跨部门、长时间系列的综合图集与研究报告，为国民经济和社会发展提供了重要的决策信息支撑。

4. 宏观经济数据库

国家发展改革委在实施金宏工程过程中，建立了一批宏观经济数据库。工业和信息化部、商务部、中国人民银行等部委也都建立了一些与宏观经济有关的数据库。国务院发展研究中心、人民日报、国家信息中心等单位建立了宏观经济数据库。

5. 电子证照库

电子证照是指由各单位依法出具的、具有法律效力的各类证照、证明、批文、鉴定报告、办事结果等文件，如身份证、结婚证、营业执照等。

2018年11月，国家市场监督管理总局、国家标准化管理委员会、国家电子文件管理部际联席会议办公室（国家密码管理局）正式发布《电子证照 总体技术架构》《电子证照 目录信息规范》《电子证照 元数据规范》《电子证照 标识规范》《电子证照 文件技术要求》和《电子证照 共享服务接口规范》6项国家标准，自2019年1月1日起实施。

2013年底，福建省省直部门涉企电子证照库上线运行，推动了跨部门证件、证照、证明的互认共享。截至2015年9月，福建省电子证照转换工作已基本覆盖所有省直部门的涉企电子证照，累计生成电子证照150多万本。福建省工商局、质监局、地税局、住建厅等部门通过实施系统对接，保证了电子证照实时不断生成，并且有组织地对全省存量证照进行集中批量转换，在较短时间内完成了几类基础证照的存量电子化，为电子证照的应用奠定了基础。福州市、泉州市的行政服务中心已经在许多行政审批事项受理环节利用电子证照库对申报材料进行核验；泉州市在公共资源交易中开始使用电子证照；人民银行福州中心支行利用电子证照开展企业账户网上年检，企业通过政务通平台提交营业执照、组织机构代码证以及税务登记证等电子材料，实现全流程网上年检，切实方便了企业办事，节省了纸张耗费。

6. 社会信用数据库

社会信用体系以法律、法规、标准和契约为依据，以健全覆盖社会成员的信用记录和信用基础设施网络为基础，以信用信息合规应用和信用服务体系为支撑，以树立诚信文化理念、弘扬诚信传统美德为内在要求，以守信激励和失信约束为奖惩机制，目的是提高全社会的诚信意识和信用水平。

健全社会成员信用记录是社会信用体系建设的基本要求。2014 年 6 月，国务院印发了《社会信用体系建设规划纲要（2014—2020 年）》，提出各部门要以数据标准化和应用标准化为原则，依托国家各项重大信息化工程，整合行业内的信用信息资源，实现信用记录的电子化存储，加快建设信用信息系统，加快推进行业间信用信息互联互通。

2019 年，江苏省社会法人信用基础数据库新增归集 29 家省级部门和 13 个设区市约 9 230.9 万条信息，省自然人库新增归集 15 家省级部门和 13 个设区市 7.76 亿条信用信息。

第四节　计算基础设施

计算基础设施包括云计算中心、云计算平台、超级计算中心、高性能计算中心等。

一、云计算平台

许多城市建立了政务云平台。例如，上海市提出"系统整合"带动"数据整合"，2019 年市级政务信息系统全部上云。威海市电子政务云整合了 200 多个部门已有信息资源，实现了"六统一"，即统一技术平台、统一运算存储、统一内外网络、统一互联网出口、统一安全防护、统一运行维护。

二、超算中心

国家超级计算中心（超算中心）是由国家科技部批准成立的数据计算机构，是科技部下属事业单位。截至 2020 年底，科技部批准建立的国家超级计算中心共有 8 个，分别是国家超级计算天津中心、国家超级计算广州中心、国家超级计算深圳中心、国家超级计算长沙中心、国家超级计算济南中心、国家超级计算无锡中心、国家超级计算郑州中心、国家超级计算昆山中心。

国家超级计算深圳中心于 2009 年获国家科技部批准成立，是深圳建市以来规模最大的国家级重大科技创新基础设施。国家超级计算深圳中心立足深圳，服务全国乃至东南亚地区，坚持以技术为引领、以市场为导向、以品质为追求、以服务为根本的方向，不断提升自主创新能力，打造成为技术先进、功能齐全、服务一流的国际化超算中心。近十年来，累计服务 3 万个以上用户团队，完成各类计算任务逾 1 000 万个，完成 15 亿核小时计算，已成为计算机资源服务形式最丰富、资源利用率最高的国家级超算中心。

第五节　智能基础设施

智能基础设施包括人脸识别系统、智能测温系统、城市大脑、工业机器人等。

一、智能测温系统

新冠肺炎患者的主要临床表现之一是发热。为了防控新冠肺炎疫情，许多城市在机场、火车站、汽车站等人流量大的场所安装了智能测温系统。人们在通过智能测温系统时，智能测温系统可以自动测出人体的温度，自动识别出体温异常的个体，进一步检查该个体是否是新冠病毒感染者。

二、城市大脑

"城市大脑"是基于云计算、大数据、物联网、人工智能等新一代信息技术构建的支撑经济、社会、政府数字化转型的开放式智能运营平台。

2019 年 7 月，浙江省数字经济发展领导小组办公室、浙江省经信厅、浙江省大数据发展管理局联合印发了《浙江省"城市大脑"建设应用行动方案》，提出推动"城市大脑"通用平台建设，加强数字化基础、标准规范、技术产业三大支撑体系建设，开展基于"城市大脑"通用平台的重点应用，包括政府数字化基础性应用、交通应用、平安应用、城管应用、经济应用、健康应用、环保应用、文旅应用、未来社区应用和其他应用。

杭州城市大脑诞生于 2016 年，致力解决城市治理问题与民生问题。2018 年 12 月，杭州城市大脑（综合版）2019 正式向社会发布，正式从交通领域向城市治理、市民服务等领域拓展，形成了体现各部门之间业务协同创新的旅游、出行、就医、停车与警务五大系统。

杭州城市大脑将散落在城市各个角落的各种数据，政务的、企业的、社会的、网络的……归集起来，进行融合计算，进而在城市运行、生命体征感知、公共资源配置、宏观决策指挥、事件预测预警、城市病治理等方面发挥作用。

杭州城市大脑在治理交通拥堵方面发挥了重要作用。它将人、车、道路数据多端统一接入系统，加以人工智能分析技术，把庞大的数据转化为科学合理的业务模型，形成城市交通实时大视图，最终实现城市交通系统的调度和管理。杭州曾在全国大中城市"堵城"排行榜中高居前 3 名，目前已回落至第 30 名，高峰期间平均行车速度提升了 15%。

2018 年 4 月，杭州市发展和改革委员会、杭州市数据资源管理局联合印发了《杭州市城市数据大脑规划》。

城市数据大脑是一个按照城市学"城市生命体"理论和"互联网＋现代治理"思维，创新运用大数据、云计算、人工智能等前沿科技构建的平台型人工智能中枢。其整合汇集政府、企业和社会数据，在城市治理领域进行融合计算，实现城市运行的生命体征感知、公共资源配置、宏观决策指挥、事件预测预警、"城市病"治理等功能。

杭州城市数据大脑包括大脑平台（包括计算资源平台、数据资源平台、算法服务平台）、行业系统、超级应用（架构于大脑平台和行业系统之上的综合性应用）、区县中枢（支撑区县建设基于城市数据大脑的创新应用）等，其总体架构如图 9-1 所示。

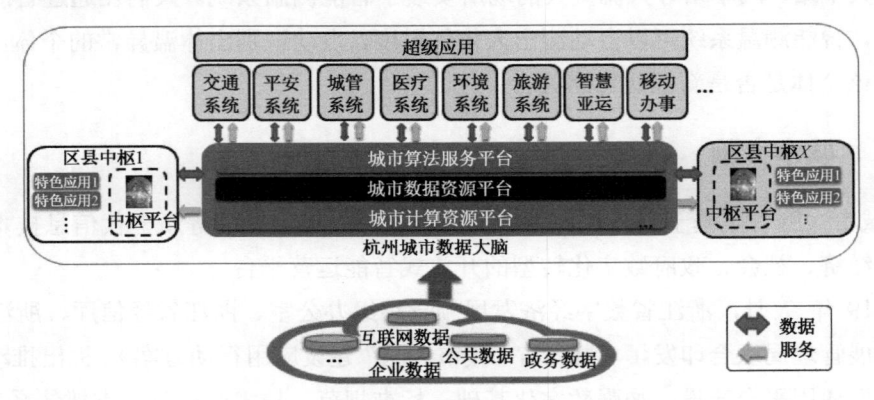

图 9-1 杭州城市数据大脑总体架构

杭州城市数据大脑充分整合现有数据、系统等资源，围绕综合能力体系、技术支撑体系、数据资源体系、标准规范体系、安全保障体系、应用服务体系、运营支撑体系等进行架构（如图 9-2 所示），统筹各方力量，有序推进各项任务。

1. 综合能力体系

感知能力建设：通过接入和汇集政府、企业、运营商和互联网企业的海量多源数据资源，即时动态感知城市运行的状态，动态监测交通运行、生态环境、社会治安、医疗卫生等的综合态势。

认知能力建设：通过汇集的海量感知数据资源，依托云计算、大数据平台，形成基于机器智能模式的对城市态势和状态的认知。

治理能力建设：在对城市状态和态势认知的基础上，结合机器智能和专家智能，通过人工交互、迭代计算、多重验证的方式，提出城市治理优化方案。

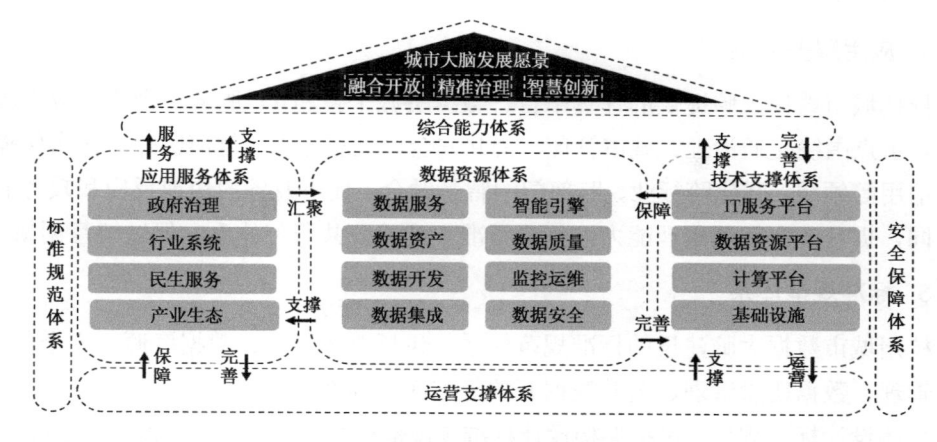

图 9-2　杭州城市数据大脑体系构成

指挥控制能力建设：针对城市管理出现的突发状况，实时联合多部门协同，形成联合应急指挥能力，并为指挥决策提供基于大数据分析的参考。

2. 技术支撑体系

构建计算平台、数据资源平台和 IT 服务平台，形成城市数据大脑技术支撑体系。

计算平台：通过大规模分布式计算内核将计算、存储及网络变成统一的计算服务，并在此基础上提供云数据库、大数据处理、分布式中间件服务，为城市数据大脑提供足够的计算能力。

数据资源平台：汇聚海量数据，通过技术和机制的创新，提供标准接口，实现政府数据、城市公共服务数据、运营商数据、互联网数据等的统一归集、统一管理和共享开放，使数据资源得到更为广泛的有效应用，实现数据资源的保值增值。

IT 服务平台：提供服务中间件、数据服务及管理、应用服务、应用质量管理等，为城市数据大脑应用提供服务支撑。构建一套能够为政府、企业和个人提供公共计算、数据服务的城市运行基础设施体系，提供人工智能创新服务平台。

3. 数据资源体系

依托城市数据大脑数据资源平台，汇聚城市数据资源。采集政府和公用事业单位的政务数据、城市运行中所产生的各类数据以及互联网数据，进行数据处理、集中融合分析、决策应用。提升政务治理、城市运行管理、公共服务和产业转型升级等方面的综合能力。通过数据资源平台建设，建立统一规范、安全可控、充分共享的城市数据资源中心，实现城市数据资源跨区域、跨层级、跨部门、跨时间的互联互通、融合共享，为政府统筹规划和科学决策提供支撑。依托城市数据大脑数据资源平台，建设政府数据统一开放平台，实施公共机构数据开放策略，推进公共机构数据资源统一汇聚和有序开放。

4. 应用服务体系

依托城市数据大脑提供的计算平台、数据资源平台和 IT 服务平台构建应用服务体系。重点围绕交通治理、城市管理、公共安全、生态环境、健康医疗、住房保障和社会信用等领域，强化跨行业、跨部门的智慧融合，促进业务的快速反应和政务的高效协同，提升政府智慧治理能力，打造精准主动的公共服务体系，促进智慧创新。

5. 标准规范体系

杭州城市数据大脑建设的标准规范体系，包括总体设计、数据资源、安全保障、项目管理、数据质量管理、公共数据开放等方面的标准规范。

总体设计标准规范：包括架构设计标准（规范计算平台、数据资源平台、IT 服务平台基础架构，以及全局数据调度、全局计算调度和全局服务调度能力），基础网络标准（规范接入控制、带宽分配、变更策略、内容审查、应用审计等），以及数据中心标准（规范存储和计算资源的分配、管理、审计，规范各领域云平台配额、管理、审计等）。

数据资源标准规范：城市数据大脑的技术约束。涵盖数据的采集、存储、应用、归档等全生命周期需遵循的标准（数据采集、数据存储、数据应用、数据归档等）。

安全保障标准规范：包括统一认证管理（身份鉴别、权限分配、角色管理等方面的流程、注意事项的约束），网络安全（对网络安全使用、运维，突发网络安全事件的分类、定义、评估、分级，应急管理、指挥、恢复计划等），系统安全（软件系统、服务器系统的安全使用和维护），以及数据安全等方面的标准。

项目管理标准规范：建立约束项目实施、验收、监督、审计全过程的项目管理标准。

数据质量管理规范：明确质量管理范围，设定切实有效的验证规则和评价指标。覆盖数据采集清洗监测、数据加工处理监测、数据质量优化全过程，形成线上质量监控闭环。

公共数据开放标准：制定公共数据开放标准，明确各类数据的开放属性（公开、限制公开、不公开），统一政府数据开放、指标口径、分类目录、交换接口、访问接口、数据质量等关键共性标准。

6. 安全保障体系

从数据资源的归集、传输、处理、交换、共享、存储、运行、维护、访问、使用等全方位对数据提供安全保障。以"可管、可控、可信"为核心，依照统一规划、分段建设、持续完善的原则，建立起"先进、实用、稳定、可靠、发展"的数据大脑信息安全保障体系。

（1）安全技术保障体系。根据城市数据大脑的安全需求和架构特点，安全技术保障体系架构由数据安全保护、数据资源高可用性、数据业务连续性、集中安全运维、数据中心基础安全5部分组成。数据安全保护包括建设统一授信监管中心、数据安全监控平台、数据加密、数据传输安全防护等。数据资源高可用性包括：建设数据高可用性监控系统、虚拟化（云）安全防护，综合考虑负载均衡，冗余设计，集群多活。数据业务连续性包括：数据备份，异地容灾。集中安全运维包括：建设集中运维监控管理系统、集中日志审计系统。数据中心基础安全包括：防火墙，入侵防御，网络准入控制，主机安全防护，物理安全等。

（2）信息安全管理保障体系。信息安全管理保障体系建设的主要工作：建立和完善信息安全管理组织机构；对现有安全措施进行梳理与分析；设计和规划切合城市数据大脑安全目标的信息安全管理体系；建立健全安全策略方针，安全规范标准，安全管理制度、流程，申请、审批、记录表单等全面的安全管理制度体系；定期对信息安全工作进行自查、内审、外审或风险评估，不断提高安全管理水平，确保业务稳定运行和运维安全。

7. 运营支撑体系

建立政府指导、国资主导、市场化运作的城市数据大脑运营主体，建设以政务数据和社会数据为核心资产，创新应用为驱动力的安全、可控的运营支撑体系与运营服务平台。以严防敏感数据泄露为原则，综合评估数据属性，封装核心数据，根据需求方的要求定制数据服务，提供大数据、人工智能等支撑。建立数据服务、智能平台开放使用的定价机制、交易规则、计量计费功能，实现数据资源、智能平台等的资产化、价值化。同时，基于数据开放平台开发各类应用，包括个性化便民服务应用，实现数据应用价值。

通过大数据开发和应用的商业模式创新，吸引各类主体共享共用大数据资源、人工智能平台，推动大数据、人工智能在宏观决策、政府治理、城市管理、产业发展、创新创业等领域的融合应用和开发。联合企业、科研、教育资源，引入优质投资，以产业化应用为目标，推动大数据、人工智能领域科技成果的产业化落地。

《中华人民共和国国民经济和社会发展第十四个五年规划和2035年远景目标纲要》提出，完善城市信息模型平台和运行管理服务平台，构建城市数据资源体系，推进城市数据大脑建设。

第六节　安全基础设施

安全基础设施包括公钥基础设施（PKI）、授权管理基础设施（PMI）、密钥管理基础设施（KMI）、数据灾备中心等。

一、公钥基础设施（PKI）

PKI 采用证书管理公钥，通过证书认证中心（Certificate Authority，CA），把用户的公钥和用户的其他标识信息（如姓名、E-mail、身份证号等）捆绑在一起，在互联网上验证用户的身份。

在 PKI 中，加密密钥与解密密钥各不相同，发送信息的人利用接收者的公钥发送加密信息，接收者再利用自己专有的私钥进行解密。这种方式既能保证信息的机密性，又能保证信息具有不可抵赖性。目前，PKI 已广泛应用于 CA 认证、电子签名和密钥交换等领域。

PKI 由公钥密码技术、数字证书、CA 认证和公钥安全策略等组成。数字证书是一个经证书授权中心数字签名的、包含公钥拥有者信息和公钥的文件。最简单的证书包含一个公钥、名称以及证书授权中心的数字签名。一般情况下，证书中还包括密钥的有效时间、发证机关（证书授权中心）的名称、该证书的序列号等信息，证书的格式遵循 ITU-T X.509 标准。

CA 是 PKI 的核心机构，负责验证并标识证书申请者的身份，对证书申请者的信用度、申请证书的目的、身份的真实性等问题进行审查，确保证书与身份绑定的正确性，确保 CA 用于签名证书的非对称密钥的质量和安全性，确保证书主体标识的唯一性，确保不使用过期或已作废的证书，监视已签发证书的使用过程，以便在发生争端时提供依据。概括地说，CA 的职责包括证书发放、证书更新、证书撤销和证书验证。

在电子政务领域，信息安全保证包括身份标识和认证、保密或隐私、数据完整性和不可否认性。采用建立在 PKI 基础之上的数字证书，通过把要传输的数字信息进行加密和签名，就可以保证信息传输的机密性、真实性、完整性和不可否认性，从而保证信息的安全传输。

二、授权管理基础设施（PMI）

PMI 负责权限和证书的产生、管理、存储、分发和撤销等。PMI 与 PKI 的主要区别在于：PKI 证明用户是谁；而 PMI 证明这个用户有什么权限，能干什么。PMI 需要 PKI 为其提供身份认证。

PMI 技术通过数字证书机制来管理用户的授权信息，并将授权管理功能从传统的应用系统中分离出来，以独立的方式面向应用系统提供授权管理服务。与传统应用捆绑的授权管理模式相比，基于 PMI 的授权管理模式具有管理灵活，授权操作与业务操作分离，对多授权模型的灵活支持等优势。

三、密钥管理基础设施（KMI）

KMI 提供统一的密钥管理服务器，包括密钥生成服务器、密钥数据库服务器和密钥服务管理器等。

四、数据灾备中心

随着电子政务建设的不断深入，特别是汶川大地震发生后，各级政府部门提高了对灾难备份系统建设的重视程度。《中华人民共和国网络安全法》第 34 条明确规定，关键信息基础设施的运营者应当对重要系统和数据库进行容灾备份。

灾难备份是指利用技术、管理手段以及相关资源，确保已有的关键数据和关键业务在灾难发生后，在确定的时间内可以恢复和继续运营的过程。

灾难备份系统一般由数据备份系统、备份数据处理系统、备份通信网络系统和灾难恢复计划组成。

（1）数据备份系统：通过一定的数据备份技术，在灾难备份中心保留一份完整的可供灾难恢复的数据。数据备份系统是灾难备份系统的基础，包括备份设备、备份软件、备份网络等。

（2）备份数据处理系统：指在灾难备份中心配置的供灾难恢复使用的主机系统、存储系统、网络系统、应用软件。备份数据处理系统所要达到的处理能力和范围，应综合恢复目标及成本效益等因素，选择合适的产品来实现。在建立备份数据处理系统时可采用跨平台、系统集成及虚拟主机等技术来实现资源共享，达到低成本、高效益的目的。

（3）备份通信网络系统：根据灾难恢复目标的要求，选择合适的通信技术与产品建立备份通信网络系统，提供安全快速的网络切换方案，保证灾难恢复和业务渠道对外服务的需要。

（4）灾难恢复计划：为了规范灾难恢复流程，使组织机构在灾难发生后能够快速地恢复业务处理系统运行和业务动作；同时，可以根据灾难恢复计划对其灾难备份中心的灾难恢复能力进行测试。灾难恢复计划应包含以下内容：灾难恢复目标，灾难恢复流程，灾难恢复队伍及联络清单，以及灾难恢复所需的各类文档和手册等。

第十章 智慧政府

在我国，市政府是城市的规划者、建设者、管理者和服务提供者。因此，建设智慧城市的首要任务是建设智慧政府。现代政府事务日益复杂，传统政府部门的智能水平已经难以应对这种新的形势，必须利用物联网、云计算、移动互联网、大数据等新一代信息技术，建立"智慧政府"。"智慧政府"先行，带动智慧经济、智慧社会等其他领域的建设，是"智慧城市"建设的基本思路。

第一节 国外数字政府发展情况

一、美国

美国是现代信息技术的发源地，也是世界上电子政务起步最早的国家。克林顿政府、小布什政府、奥巴马政府、特朗普政府和拜登政府都积极推进政府数字化转型。

1. 克林顿执政时期

早在 1993 年，克林顿政府就把构建"电子政府"作为其施政改革的一个重要内容，并成立了国家绩效评估委员会，使美国民众有更多的机会、以更有效的方式获取公共服务。

1996 年，克林顿政府启动了"重塑政府计划"，提出到 2003 年让美国联邦政府部门全部上网，使美国民众能够充分获取联邦政府的各类信息。

1997 年，克林顿政府制定了"走近美国"计划，要求到 2000 年在电子政府方面完成 120 余项任务，到 21 世纪初公共服务全部实现电子化。

2. 小布什执政时期

2002 年，小布什政府通过了《2002 年电子政务法案》（Electronic Government Act of 2002）。根据该法案，美国建立了一个电子政府基金，设立了电子政府办公室（Office of Electronic Government），负责电子政府基金的管理，优先资助政府部门间并且有着政府广泛应用的项目。电子政府办公室负责人由总统任命。

为了向美国民众提供更好的电子化公共服务，小布什政府在 2003 年制定了电子政务发展战略，具体包括 3 个战略目标：

（1）方便公民与政府实现互动。围绕以客户为中心的业务流程，继续完善和更新

IT 管理机制，信息化管理部门要不断评估，监控跨部门业务流程的认定、部署，适当归并、减少重复投资。尤其是财务核算管理、数据统计、人力资源、社会福利、犯罪调查、公共卫生等方面，要制定合理的投资计划。通过简化政府业务流程来提高公共服务效率。各个孤立的政府信息系统，必须实现和其他系统、数据和流程的整合，实现"一次收集，多次使用"。根据已有的 FEA 指导系统的整合和迁移。

（2）提高政府工作绩效。根据管理和预算办公室的规定来支持电子政务系统的实现和整合。按照《2002 年电子政务法案》，管理和预算办公室获得了在预算上的决策授权，在提高电子政务项目绩效，避免重复建设中发挥作用。联邦总务管理局（GSA）负责制定一个"巧妙采购（Smart Buy）计划"，来降低软件的购买和维护费用，提高软件资产的管理水平，提倡使用标准化的软件。

（3）改善政府对公民的响应能力。管理和预算办公室利用国会授权，发挥已有的电子政府组织管理作用，适当建立新的电子政府工程领导小组。管理和预算办公室领导层与联邦 CIO 委员会要充分利用各个机构领导人的经验和能力，推动政府建设。

3. 奥巴马执政时期

奥巴马在竞选美国总统时就很善于利用互联网，被称为"网络总统"。奥巴马一上台就表示"本届政府"将通过电子政务提高美国政府的透明度和公众参与度。

2009 年 3 月，美国政府设立了联邦政府首席信息官（CIO）一职，隶属于美国管理和预算办公室（OMB）。

2009 年 5 月，奥巴马签署了《开放式政府指令》（Open Government Directive），促进政府信息公开和公共数据资源开放。为此，美国联邦政府开通了政府数据网站。

2012 年 5 月，美国政府发布了新的电子政务战略——《数字政府：构建一个 21 世纪平台以更好地服务美国人民》（Digital Government：Building a 21st Century Platform to Better Serve the American People），提出了三大目标：一是使美国人民和流动性加强的劳动力随时、随地、通过任何设备访问高质量的数字政府信息和服务。二是确保美国政府适应新的数字世界，抓住机遇，以智慧、安全和实惠的方式采购和管理设备、应用和数据。三是开发政府数据以刺激全国的创新，改进为美国人民服务的质量。

美国数字政府战略坚持如下 4 个原则：

（1）以信息为中心。改变传统管理文件的形式，而是管理开放数据和内容的碎片，这些碎片可以被标记、共享和安全，并且可以以对客户最有用的方式组合和表达。

（2）共享平台。帮助美国政府各部门内部以及部门之间的雇员一起工作，以降低成本，精简部门，应用一致的标准，并且以一致的方式创建和分发信息。

（3）以客户为中心。围绕客户需求，创建、管理数据，通过网站、移动应用、原数据集以及其他分发模式提供数据，允许客户在任何时候以任何他们希望的方式构建、分享和消费信息。

（4）安全和隐私平台。确保安全地分发和使用服务，保护信息和隐私。

根据上述 4 个原则，美国政府在以信息为中心、共享平台、以客户为中心、"安全和隐私" 4 个方面提出了相应的任务。

在以信息为中心方面，美国政府将使开放数据、内容和网络应用程序接口（Web API）作为新的默认（New Default）方式，可以通过 Web API 获取现有的高价值的数据和内容。OMB 将与来自各政府部门的代表一起，为联邦政府制定开放数据、内容和 Web API 政策，并为改进的互操作而进行指南、标准和最佳实践的开发。

在共享平台方面，美国政府将建立一个数字化服务创新中心和顾问团队，建立一个跨部门治理机制以改进数字化服务的提供，统一政府部门的资产管理和采购工作。数字化服务创新中心负责识别共享的、开放的内容管理系统（CMS）解决方案，帮助政府机构开发 Web API，启动一个共享移动应用开发项目。顾问团队负责帮助数字化服务创新中心优化共享服务需求，促进现有政策和最佳实践的共享。

在以客户为中心方面，美国政府将使用现代化的工具和技术来提供更好的数字化服务，为移动用户改进面向客户服务的优先权，测量绩效和客户满意度以改善服务的提供。

在安全和隐私方面，提升新技术应用的安全性，评估和精简安全和隐私流程。美国国土安全部、美国国防部以及国家标准和技术研究所（NIST）将开发一个针对政府部门的移动和无线安全基准，包括安全参考框架。

4. 特朗普执政时期

2017 年 5 月，美国总统特朗普签署一项行政命令，成立美国科技委员会（American Technology Council），其目标是让政府数字化服务变得更加现代化。美国科技委员会隶属于白宫创新办公室（White House Office of American Innovation），负责对美国联邦政府如何用好信息通信技术向总统提供政策建议，以推进美国联邦政府数字化转型。

之后，美国白宫发布了《联邦政府信息技术现代化报告》，分析了政府各部门在利用信息系统进行现代化改造的过程中遇到的各种障碍，提出了美国联邦政府构建更现代化和更安全的信息技术系统架构的建议。

2018 年，美国众议院通过了《政府技术现代化法案》。要加快推进政府数字化转型，更加重视公民体验，政府必须做到以下几点：帮助机构对软件进行现代化改造并支持物联网，鼓励推行云计算的使用，培养一个鼓励创新和前瞻性思维的环境，建立更强有力的安全标准，实施自动化和数据分析以简化服务，利用私营部门创新性的想法和实践。

5. 拜登执政时期

2020年12月28日，当选美国第46任总统的拜登宣布了白宫数字团队的任命。该团队由罗布·弗莱厄蒂（Rob Flaherty）、杰米·洛佩兹（Jamie Lopez）、布伦丹·科恩（Brendan Cohen）等12位曾在拜登的总统竞选团队、过渡小组或成立委员会中有过工作经验的民主党人组成。拜登在一份声明中说："与美国人民进行透明和诚实的沟通是总统最重要的职责之一。这个由多元化专家组成的团队在数字战略方面拥有广泛经验，他们将会使用创新的方式帮助白宫与美国人民建立联系。"

二、英国

英国电子政务最早可以追溯到1994年的"政府信息服务计划"。1996年底，英国推出了"直通政府"（Government Direct）计划，提出进一步利用现代信息技术提高办公效率，改善行政管理，加快信息获取。

1997年3月，英国制定了政府指导计划，责成内阁办公室信息技术中心组负责，组织相关部门具体实施。之后根据该计划推出了一系列试点项目，展示基本技术，调查公众和企业的反应，促进信息技术在公共服务中的新应用。

1998年，英国政府率先提出了"信息时代政府"的建设目标：开发信息与通信技术，改善公共服务，使英国政府成为使用信息通信技术的世界典范。

1999年3月，英国发布了《政府现代化白皮书》，提出了英国电子政务建设的5个着力点：提供跨部门、跨机构的协同服务；改变政府内部运作效率；将政府纳入战略计划的核心；在电子服务传递中开发新的合作伙伴关系，利用信息技术加强电子民主建设；开发以客户为中心的服务。

2000年4月，英国政府发布了《电子政务行动方案》，提出建立数字身份认证，建立互操作结构，建立元数据结构，保持电子商务、电子政府发展中的安全性与可靠性，积极推广智能卡技术应用，建立隐私规约，大力推进政府各部门上网，建立面向公众服务的呼叫中心，实现基于数字电视的服务传递，发展电子数据管理，面向公务员与大众的信息技术培训，为地方政府电子化建设提供指导。之后，英国政府相继实施了首相在线战略（the Prime Minister's UK Online Strategy）、政府部门电子事务战略（Departmental e-Business Strategy）和英国在线运动（the UK Online Campaign）等一系列行动计划。

2005年11月，英国政府发布了"以技术推动政府变革"战略。2006年4月，英国政府颁布了《"以技术推动政府变革"战略实施计划》，提出继续以公众需求为核心，提供高效服务，重点建设"变革型政府"。

"变革型政府"包含按需设计、共享文化和专业化3层含义。"按需设计"是指深化对用户需求的理解和认识，并寻找现代化的服务渠道，积极促进渠道间的融合与切换。"共享文化"是指通过资源再利用和投资共享的方式推行服务共享，在政府中形成服务共享文化。"专业化"是指加强政府的专业化水平，包括领导和治理、项目管理等方面。

与此同时，英国政府还围绕电子政务建设，先后发布了《渠道框架：新经济中的政务服务提供》《电子政务互操作框架》《电子政务元数据标准》《安全框架》《电子采购规定》等政策文件。

2006年，英国政府成立了高级别的服务改革委员会，其主要职责是依照用户为中心的原则设计、改革政府公共服务，包括制定全局性的服务设计原则、推广优秀案例、挖掘技术发展潜能、关注服务改革的实践推进机制等。

2011年3月，英国内阁办公室制定了《政府ICT战略》，提出：减少垃圾和项目失败，刺激经济增长；创建一个共同的ICT基础设施；用ICT来促进变化；加强治理。

2012年，英国政府发布了《政府数字化战略》。2012年10月，英国开启"政府网站瘦身革命"，最终，2 000个政府网站缩减为唯一的UK.gov。

2015年，英国启动"数字政府即平台"计划，由政府数字服务组（Government Digital Service）提供通用共享平台设施，内阁组成部门或者第三方在平台上开发附加应用，推动以平台为基础的政府数字化转型。这一举措取得了显著成效，助力英国获得2016年联合国电子政务调查评估第一名，成为全球表现最为卓越的数字政府。

2017年3月，英国政府发布了《英国数字化战略》（UK Digital Strategy），提出了七大战略任务，其中包括数字化治理，确保英国政府在全球在线便民服务方面处于领先地位。

2017年，英国政府发布了《政府转型战略（2017—2020）》，提出了五大任务：推动跨政府部门业务的整体转型，培养数字人才、技能和文化氛围，优化数字工具、流程和治理体系，提升数据应用、分析和管理能力，创建共享平台、组件和业务复用能力。

2019年，英国发布了《数字服务标准》最新版，对用户需求的理解、源代码的开放、开放标准与组件、产品迭代与敏捷开发、多学科的团队合作等依然是其关注的重点。值得注意的是，最新版本删除了考核和收集数据、制定KPI标准等内容，同时要求通过服务的实践来定义优质服务的标准。

英国政府数字化转型特点如下：

（1）以人为本。政府更多地从用户需求出发，致力于改善民众与政府之间的关系，把更多的权力移交给民众。

（2）灵活性。数字时代提供的工具、技术和方法，能够帮助政府以更快的速度、更低的成本实现政府数字服务的优化组合。

（3）包容性。英国政府部门计划在网站上建立具备高可靠性、高安全性以及高效能的在线服务，将为更多用户提供更优质的服务。

英国政府数字化转型的主要经验：形成强有力的政府数字化转型推进机制；提升政府部门主要负责人的数字素养；广泛吸纳社会力量提供数字服务；践行"数字政府即平台"的发展理念。

三、德国

20世纪末期，德国各级政府都面临机构臃肿、效率低下、行政成本过高、财政赤字严重等问题。这是德国启动电子政务建设的主要原因。

2000年9月，德国政府发布了"联邦在线2005"计划，要求德国联邦政府到2005年将所有可在网上提供的服务都在线提供，以便公民、企业、院校及其他管理机构能更方便快捷而有效地获取联邦政府的各种服务。

2006年，德国内政部CIO办公室制定了"eGovernment 2.0"计划，旨在让更多的德国企业和社会公众参与到电子政务中，为其提供更好的服务和个性化的信息。

2012年3月，德国联邦政府推出了新的电子政务计划，希望通过开发广泛的基于网络的知识平台和支持有关项目中设施的具体实现，来满足德国联邦政府、州和地方当局对De-Mail邮件和新身份识别卡的信息需求。

截至2018年1月，德国已在联邦、州、市、地区、城镇五级推行了政府对政府、居民、企业、社团各大类至少7 500项在线服务，少数州的在线公共服务项目占比达到75%。

德国政府数字化转型经验如下：

（1）强化顶层设计和法律保障。德国把电子政务建设上升为国家战略，构建了以《基本法》为基石、以两部条款法为支撑、以三部传媒法为核心的一整套法律框架，与后来制定的《电子政务法》《2014—2017数字议程》《德国ICT战略》成为德国电子政务建设的主要依据和基本遵循。

（2）加大统筹协调力度。德国专门设立首席信息官（相当于部长），下辖精干管理团队和1~2家非营利性国有IT公司，总揽联邦政府电子政务工作，直接对总理负责，主要职责是制定信息化标准，横向打通部委之间、纵向打通联邦与州之间数据互联互通，实现数据共享，各州和地方政府也设立了相应的机构，总揽州政府和地方政府电子政务工作，直接对行政首长负责。

（3）完善项目建设管理模式。德国成立了两家非营利性国有企业，为联邦政府提供 IT 服务时无须履行相关招投标手续，大多数州和地方政府也实行这种模式，统一标准、统一服务，达到安全可靠、企业可控。

（4）坚持以公众需求为导向。德国各级州政府在推进电子政务中，非常重视公众对政府的评价，凡建设新的电子政务项目，都能最大限度地征求民众的意见，提高民众的满意度与参与度。

此外，德国还非常强调政务服务对弱势群体的支持。例如，在充分应用心理、生理以及虹膜集中度测试的基础上，为老人打造了专门的网站，受到了广泛的好评。

四、澳大利亚

1997 年，澳大利亚总理霍华德提出"到 2001 年底联邦政府要将所有适于上网的服务全部搬上网"的目标。

2000 年 4 月，澳大利亚政府制定了"政府在线"战略。到 2001 年底，联邦政府已经可以通过互联网为公众提供一切适当的服务，在网上可获取的政府服务和信息资源超过 1 600 项。

2002 年 11 月，澳大利亚政府提出"更优的服务，更好的政府"发展战略，其目标是建立无缝的、满足需求的、以客户为中心的、为全体澳大利亚人民谋利益的政府，将工作重点转变为将信息技术更广泛地运用到政府管理和公共服务中去。该战略提出达到更高的功效并将盈余用于投资，确保政府服务和信息的便捷获取，提供满足公众需要的服务，整合相关服务，建立信任与自信，实现对社会公众的承诺 6 个重要目标。

2006 年 3 月，澳大利亚财政部下属的政府信息管理办公室发布了《2006—2010 年澳大利亚电子政务发展战略：建设一个反应灵敏的政府》，确定了电子政务 4 大优先领域：公众需求、互联服务的提供、经济效益和公共部门的能力。提出了 4 个方面的实施措施：应用创新的技术，包括推广新型的移动通信技术、确立智能卡框架、开发现有的创新基础设施、对其他新兴的创新技术进行评估；加强政府与产业界之间的合作；对目标进行管理；开发一套服务传递方法，对电子政务绩效进行评估。

澳大利亚政府数字化转型的特点如下：

（1）以用户为中心，线上线下相结合。线上领域以用户需求为导向，设计和提供相应服务，同时继续提供高质量的线下服务。

（2）保护数据安全。保障数据和信息安全，让数据变得更有价值。

（3）提升服务能力。加强公务员数字化工作能力，制定数字化工具政策和使用指南。

（4）开展协同治理。鼓励公共部门和私营部门合作。

（5）模式持续创新。创新服务模式，并进行持续迭代更新。

（6）推进数据共享。共享线上服务设计方法和线上服务系统，分享数据运用的方法。

澳大利亚政府数字化转型的主要启示是：成立专业数字化小组，各部门制定数字化策略，各部门开发适合自身的数字工具，制定政府数字化服务标准，开展数字技能学习和提升项目，推行创新工程等。

五、日本

早在1993年10月，日本临时行政改革推进审议会就将政府信息化作为行政改革的重要内容之一，制定了"行政资讯推进共同事项行动计划"。1994年12月，日本内阁会议通过了《1995—2000年政府信息化推进基本计划的决议》。2000年3月，日本政府正式启动了"电子政务工程"，计划在2005年前使政府各部门的主要业务全部通过互联网进行。

2001年1月，日本政府制定了e-Japan战略，计划在5年内把日本建设成为世界最先进的信息化国家。电子政务是e-Japan战略的重要内容。2003年7月，日本IT战略委员会启动"e-Japan2"计划，希望通过信息技术的广泛应用，构建一个充满活力、安全、美好和便捷的社会。

2004年6月，日本政府发布了u-Japan战略，其中涉及电子政务的内容包括：到2010年实现所有特别区、直管市和县政府所在地的无缝连接；通过ICT带动制度改革，推进中央和地方电子政务建设；对政府机关、公共事业单位持有的个人信息加以保护，确保个人信息的正当使用；通过推进一站式服务、业务系统的最优化、行政手续的电子化、数据的标准化，促进共同外包业务、统一业务系统框架，以及支持地方进行公共ICT基础建设，强化地区信息化体制和促进官方个人认证服务等，进一步提高用户对电子政务的满意度。

2006年1月，日本政府制定了"IT新改革"战略，提出实施在线申报促进计划，设计普及电子化手段缴税或手续费的方案；以用户为导向，对相关业务流程进行梳理或改进；以国民年金、厚生年金受领权人在进行现状确认时的应用或不动产登记申请手续中的应用为先导，促进居民基本账户网络系统的应用；2008年所有都道府县完成公共机构个人认证申请系统的配置，2010年所有地方政府完成该系统的配置；中央、地方公共团体努力推进信息系统数据的标准化，促进各系统之间的连接和协作；在医疗、看护、年金等公共领域推广IC系统，提供安全、迅速且可靠的服务；各府省设立项目管理办公室（PMO），负责府省内信息系统规划、采购、开发、应用、评价等；在IT战略本部下设立电子政务评价委员会，负责对各府省业务、系统最优化工作进行严格的审查和评价，并为PMO提供必要的协助和建议；制定信息系统采购相关指南，增加有相应技术能力的企业参与竞争的机会，通过政府与民间协作推进必要的技术开发。

2009年7月，日本政府制定了《i-Japan 2015战略》，在电子政务方面提出整顿体制和相关法律制度，以促进电子政府和电子自治体建设。关键是设置副首相级的CIO，赋予其必要的权限并为其配备相关的辅佐专家，增强中央与地方的合作，以大力推进电子政务和行政改革。此外，延续过去的计划并确立PDCA（计划-执行-检查-行动）体制，以通过数字技术推进"新行政改革"，简化行政事务，实现信息交换的无纸化和行政透明化。其中特别提出要广泛普及并落实"国民电子个人信箱（暂称）"，为国民提供专用账号，让其能够放心获取并管理年金记录等与己相关的各类行政信息。

2012年7月，日本总务省ICT基本战略委员会发布了《面向2020年的ICT综合战略》，确定了日本ICT发展的5个重点领域：舒适、有活力的生活；通过大数据应用促进社会发展和经济增长；享受丰富的数字内容；构建强大、灵活的ICT基础设施；实现世界最高水平的安全保障。

2013年6月，日本政府发布了新的信息化战略——"创建最尖端IT国家"，阐述了2013—2020年间以开放公共数据和大数据为核心，在日本建成"世界最高水准、信息技术广泛应用的社会"的目标。

2016年1月，日本政府制定了超智能社会5.0战略。超智能社会5.0是在当前物质和信息饱和且高度一体化的状态下，以虚拟空间与现实空间的高度技术融合为基础，人与机器人、人工智能共存，可超越地域、年龄、性别和语言等限制，针对诸多细节及时提供与多样化的潜在需求相对应的物品和服务，是能实现经济发展与解决社会问题相协调的社会形态，能够满足人们愉悦及高质量生活品质的需求。

第二节　智慧政府概述

随着物联网、云计算、移动互联网、大数据等新一代信息技术飞速发展，电子政务正由电子政府向智慧政府转变。

一、内涵与特征

智慧政府是指利用物联网、云计算、移动互联网、大数据、人工智能、知识管理等技术，提高政府办公、监管、服务、决策的智能化水平，形成高效、敏捷、便民的新型政府。智慧政府是电子政务发展的高级阶段，是提高党的执政能力的重要手段。

与传统电子政务相比，"智慧政府"具有透彻感知、快速反应、主动服务、科学决策等特征。在智慧政府中，政府信息化建设模式将从"以政府部门为中心"向"以企业和居民为中心"转变，整合有关部门的信息资源，开展面向企业和居民的全生命周期管理和服务。

二、体系框架

众所周知，政府的四大职能是经济调节、市场监管、社会管理和公共服务。智慧政府就是要实现上述职能的数字化、网络化、智能化和精细化。从政府工作内容来看，智慧政府内容包括智能办公、智能监管、智能服务、智能决策 4 个方面，如图 10-1 所示。

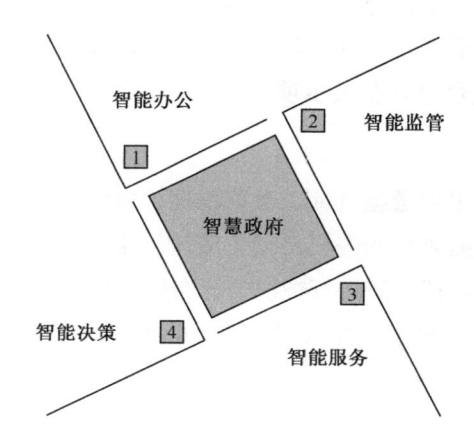

图 10-1　智慧政府的 4 个方面

1．智能办公

在智能办公方面，采用人工智能、知识管理、移动互联网等手段，将传统办公自动化（OA）系统改造成为智能办公系统。智能办公系统对公务员的办公行为有记忆功能，能够根据公务员的职责、偏好、使用频率等，对用户界面、系统功能等进行自动优化。智能办公系统有自动提醒功能，如待办件提醒、邮件提醒、会议通知提醒等，公务员不需要去查询就知道哪些事情需要处理。智能办公系统可以对待办事项根据重要程度、紧急程度等进行排序。智能办公系统具有移动办公功能，公务员随时随地可以进行办公。智能办公系统集成了政府知识库，使公务员方便查询政策法规、办事流程等，分享他人的工作经验。

2．智能监管

在智能监管方面，智能化的监管系统可以实现对监管对象的自动感知、自动识别和自动跟踪。例如，在主要路口安装具有人脸识别功能的监视器，就能够自动识别在逃犯等；在服刑人员、犯罪嫌疑人等身上植入生物芯片，就可以对他们进行追踪。智能化的监管系统可以对突发性事件进行自动报警、自动处置等。例如，利用物联网技术对山体形变进行监测，可以对滑坡进行预警；又如，当探测到火情后，建筑内立即自动切断电源。智能化的监管系统可以自动比对企业数据，发现企业偷税、逃税等行为。智能化的移动执法系统可以根据执法人员的需求自动调取有关材料，生成罚单，方便执法人员执行公务。

3. 智能服务

在智能服务方面，能够自动感知、预测民众所需的服务，为民众提供个性化的服务。例如，如果某个市民想去某地，智能交通系统可以根据交通情况选择一条最优线路，并给市民实时导航。在斑马线安装传感器，当老人、残疾人或小孩过马路时，智能交通系统就能感知，适当延长红灯时间，保证这些人顺利通过。政府网站为民众提供场景式服务，引导民众办理有关事项。

4. 智能决策

在智能决策方面，采用数据仓库、数据挖掘、知识库系统等技术手段建立智能决策系统。该系统能够根据领导的需要自动生成统计报表，开发用于辅助政府领导干部决策的"仪表盘"系统，把经济运行情况、社会管理情况等形象地呈现在政府领导干部面前，使他们可以像开汽车一样驾驭所赋予的本地区、本部门职责。

三、发展对策

智慧政府代表着电子政务新的发展方向，各级政府部门应予以关注，并逐步开展建设工作。在此，对智慧政府发展提出如下对策。

1. 建设集中、统一的政务云

云计算技术正好切合我国当前一些城市政府的"数据大集中""信息系统平台化"等实际需求。目前，许多城市的各个部门在电子政务建设方面各自为政，分别建有自己的机房，计算资源闲置的现象特别普遍。OA、人事管理软件、财务管理软件、后勤管理软件、网站管理软件等通用软件也是自行采购，造成标准不统一和不必要浪费。为此，建议各市加快建设基于云计算的政府数据中心，推进政府部门机房大集中，实现软硬件统一采购、统一运维；建设基于云计算技术的政府网站群，形成以政府门户网站为主网站、各政府部门网站为子网站的政府网站群；推进政府OA系统等通用软件的SaaS化，建设政务云服务平台，进一步促进信息共享和业务协同。值得指出的是，政务云是推进电子政务集约化建设的重要手段，需要建立与之配套的电子政务管理体制和机制。

2. 大力发展移动电子政务

目前，手机已超越台式计算机而成为我国第一大上网终端，中国移动互联网正进入井喷式发展阶段。与传统电子政务相比，移动电子政务使公务员摆脱了网线的束缚，实现随时随地处理公务。人们通过移动智能终端随时随地获取政府信息或电子化公共服务。为此，各市政府部门应对现有政务信息系统进行改造，增加移动数据通信接口；组织开发政府 App，把一些公共服务事项打包成 App，供企业或居民用户下载、使用。香港政府信息科技总监办公室新近推出了"香港政府通知你"和"政府 App 站通"两个 App，值得内地城市学习。通过"香港政府通知你" App，香港政府以第一时间向香港市民的智能手机发送重要信息或紧急信息；"政府 App 站通"类似于 App Store，供香港市民搜寻和下载政府部门发布的 App。

3. 推进"数据大集中"，进一步促进政府信息公开

随着信息化建设的深入，许多城市的政府部门积累了海量数据，迫切需要进行处理、分析和数据挖掘。利用大数据技术对政府海量数据进行管理和挖掘，是提高公共管理和公共服务智能化水平的重要手段。政府信息公开的范畴，不应只局限于政府工作动态、政策文件、办事指南等，还应公开政府部门所掌握的数据（涉密的除外）。政府数据网站是一种新的政府信息公开方式，美国、英国、澳大利亚都开通了政府数据网站。因此，建议有条件的城市应建设政府数据网站，进一步推进政府信息公开，促进社会各界对政府数据的开发利用。为了实现政府数据的规范、有序开放利用，建议全国人大制定一部旨在强化公民个人隐私和企业商业秘密保护的国家法，以避免政府、企业、公民的数据被滥用。各政府部门应采取有效的信息安全保障措施，以避免发生涉密数据泄露的事件。

此外，建制市的有关部门在编制智慧城市的规划时，应把智慧政府作为其中重要的内容；为了更好地引导智慧政府的发展，建议各级政府编制智慧政府发展规划。

第三节 政府知识管理和政务智能

一、知识管理

所谓知识管理（Knowledge Management，KM），是指在组织中建构一个人文与技术兼备的知识系统，让组织中的信息与知识，通过获得、创造、分享、整合、记录、存取、更新等过程，达到知识不断创新的最终目的，并反馈到知识系统内，由此个人与组织的知识得以永不间断地累积，如图 10-2 所示。

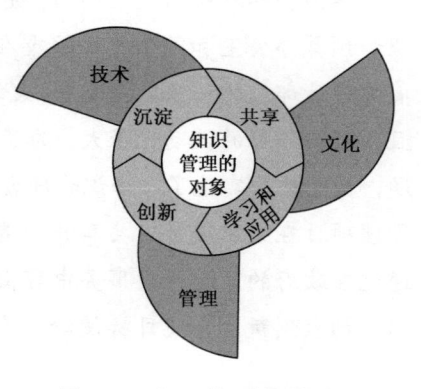

图 10-2 知识管理体系框架

政府知识管理是指政府在日益加剧的非连续性、高度不确定性和未来不可预测性的环境下，为适应管理和职能变化的需要，在电子政务的基础上，充分利用知识网络系统，畅通无阻地进行知识收集、组织和运用，不断地创造新知识，并将新知识高效地应用于政府在各个领域的管理实践，最终提高政府的管理水平和工作效率，提高公众对政府的满意度。

政府知识管理借鉴了企业知识管理的一些理论方法，把知识和人才看成是政府重要资产和推动力，通过建立激励公务员参与知识共享的机制，运用集体的智慧，提高政府对环境的应变能力和管理创新能力。

2002年6月，英国建立了世界上领先的政府知识管理系统。该系统建设分为4个阶段：

第一阶段主要是初步实现各个部门通过安全内网用浏览器或其他客户端工具发布、浏览、下载有关资料，包括政府研究资料、政府统计数据及其他政府数据库信息，系统还提供了用户导航、在线帮助、技术支持等功能。

第二阶段主要侧重于政府部门之间的交流和协作，包括跨部门协同工作和新的应用，建立政府资料元数据等。

第三阶段主要是加强部门之间的协同工作，并充分体现到每天的事务处理中去，包括部门内部的研讨会，新思想、新理念的探讨和交流，讨论现有知识管理系统的优点和缺点，探索新的交流方式等。

第四阶段主要是使知识管理融入政府部门的日常事务处理中去，各个部门能够熟练地应用政府知识管理系统这个平台实现自己的预期目标，开发具有部门特色的知识管理应用系统，由不同兴趣爱好者组成不同的知识社区等。

> **美国联邦政府"知识管理金字塔"工程**[84]
>
> 美国联邦政府的决策问题，尤其是在卡特里娜飓风中表现出来的问题，使美国管理和预算办公室和国会更加注重在政府知识共享流程和系统方面的投入。2004年，美国审计部门的一项数据表明，大约53%的联邦公务员在此后近5年内达到退休年龄，且年轻公务员的流动性很大。为了建立一个知识型政府，解决人力资源青黄不接的问题，美国政府实施了"知识管理金字塔"工程。该工程的总体目标是通过正式的知识管理项目在组织成员内共享并创造知识，以支持组织战略目标的实现。具体目标包括：通过在政府的日常行政事务中贯彻知识管理提高行政效率；通过获取、分享和再生知识来刺激创新，实现目标使命；尽量留住人才，加强同事间的合作。

中国政府知识管理的当务之急是丰富各级政府网站的内容，提高其所提供信息的知识含量，建立政府知识库，对现有知识进行有效管理。所以，必须制定政府知识分类和标准化制度，提高政府知识的利用率。首先要对政府现有知识进行有效分类，区分可以对社会公开的应让公众知情的知识，政府内部各部门与公务员需要周知的知识，以及需要严格保密的国家机密等。对于需要公开的知识，应尽快进行知识标准化的工作，将有关知识尽快在政府网站上公开，并做好知识的更新与归类检索等工作；对政府内部知识（如工作经验、技巧等）要尽量进行显性化、编码化，将其纳入政府知识库，便于相关人员共享和利用；对于国家机密应做好安全防范工作，采取物理隔离等有效措施防止外泄。此外，对政府知识还可以按照岗位、专业进行分类，便于检索和分析整合。

对政府知识进行有效分类整理以后，要制定相应的知识积累与更新制度，做好相应知识的存储与定期更新工作。政府的知识积累工作由来已久，尤其是档案的管理与定期更新较为规范化，但是政府档案偏重于对工作成果、相关文献的管理，而对于各项工作和岗位的技术诀窍、最佳实践等隐性知识的挖掘与管理较为忽视，应出台有关制度，将各部门的成功经验和最佳实践整理成规范的文档，纳入政府知识库，通过有效的知识分发机制使之在更广的范围内与其他相关机构共享，从而避免由于知识共享不够、信息交流不畅而引起不同分支机构重复开发、重复摸索，造成资源浪费。同时要建立知识定期更新制度，确保政府知识的有效性、精炼性和一致性。

建立外部知识收集与内化制度，其中外部知识包括来自政府外部的研究机构、企事业单位、民间组织以及其他普通群众等各个方面的知识。具体地说，就是要定期请专家来为本部门官员讲解国内外本行业的最新发展态势，新的理论与经验，发挥政府网站双向互动的作用，收集社会群众对政府工作的意见与建议，然后将外部专家所传授的知识以及群众对政府工作的意见建议进行分类整理，综合分析，建成规范的文档纳入知识库，并将其传递给相关部门和人员，将外部知识变为政府改进工作、提高服务水平、创造新知识的起点。

建立公务员和政府部门的知识成果申报制度。申报的知识成果包括知识创新成果以及知识共享和知识应用的成果，并建立知识成果审核制度，由上级领导和相应知识管理人员对所申报知识成果进行真实性审查和有效性的评定，填写考核单，送交知识管理部门作为对各业务部门及其公务员考评的依据之一。政府部门的许多工作收益不确定，知识成果较难衡量，可以借鉴美国通用电气公司的360度考核法，采用专家背靠背投票的方法或专家面对面协调的办法予以确定。每个部门、每个员工都有成果申报，都能切身体会到自己的工作与知识管理有关，从而形成有利于知识创新、共享与应用的良好氛围。实际上，实施政府知识管理的最大阻力不是信息技术，而是公务员不愿与其他公务员分享自己的知识。因此，应该建设一种鼓励积极分享知识和交流知识的政府文化[84]。

二、政务智能

政府部门要充分发挥政府的职能，进行有效的监控和管理，同时为了增强民众和政府之间沟通的时效性，及时掌握有效的信息，就必须建立一个可以有效地收集、监测和分析所获得的大量数据的系统。

现有的数据库系统虽然可以高效地实现数据的录入、查询和部分统计等功能，但是无法发现数据中存在的关系和规则，无法根据现有的数据预测未来的发展趋势。

把商务智能思想引入电子政务中进行应用，就产生了"政务智能"的概念。从技术角度来说，商务智能与政务智能没有什么区别，只不过是应用对象不同罢了。但从应用角度来说，后者还必须考虑政府部门的特殊性，如业务流程、数据权限等。

政务智能的基础是政府各种业务活动的各项绩效指标，它们来自政府各个应用系统并经提取计算而得，这些应用系统包括政府供应链管理、政府资源规划、政府客户关系管理等。政务智能及时将各种基础绩效指标及关键绩效指标提供给政府各级管理者，管理者借以快速作出决策。

政务智能系统可以通过大量政务信息的处理，找出经济社会运行存在的问题，优化政府业务流程。基于对政府第一手资料的分析，政务智能为政府提供的决策支持效果非常明显。政务智能可以让政府所有公务员进行资料分析，从而发现问题，这是一些传统决策支持系统软件所不具备的功能。一直以来，只有信息技术人员或统计人员懂得如何在成堆的信息与数据里产生厚厚一叠的政府报告，然后通过政府公报的形式与社会分享。现在有了政务智能系统就不同了，它能让每个公务员都有能力独自进行数据分析。一般而言，政务智能软件会将海量信息进行分类，让相关信息聚集在一起，如财政的归财政，交通的归交通。等到需要特定信息时，公务员就可以用政务智能软件去搜寻所需的信息。

政务智能系统的关键技术包括数据仓库技术、联机分析处理技术、数据挖掘技术和决策支持系统技术（如图10-3所示）。

1. 数据仓库

数据仓库是支持管理决策过程的、面向主题的、集成的、随时间变化但信息本身相对稳定的数据集合。数据仓库是在数据库已经大量存在的情况下，为了进一步挖掘数据资源、满足决策需要而产生的，而不是所谓的"大型数据库"。

数据仓库的体系结构分为数据提取层、数据组织层、数据挖掘层等。

数据提取层把决策主题所需的数据（当前的、历史的），从各种相关的业务数据库或数据文件等外部数据源中抽取出来，进行各种必要的清洗、整合和转换处理，再将这些数据集成、存储到数据仓库中。

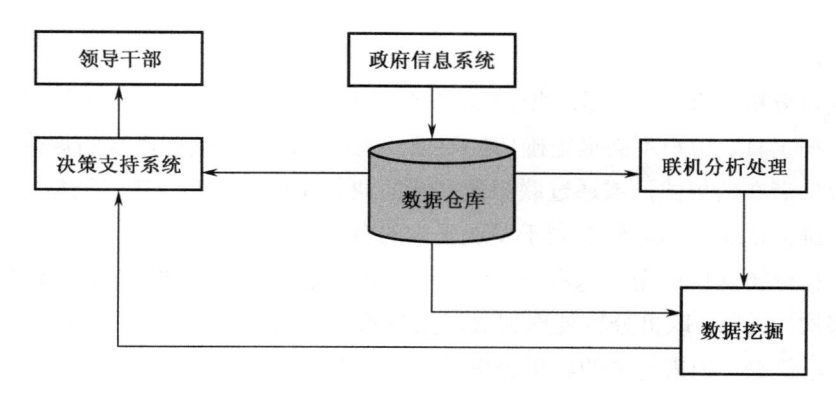

图 10-3 政务智能系统

数据组织层以一定的组织结构存储各种主题数据。数据仓库包括多个主题，一个主题的数据通常存储在一个数据库中，包括该主题的一些综合性表。

数据挖掘层集成各种数据挖掘的算法，包含具有很强功能的数据挖掘工具，可以提供灵活有效的任务模型、组织形式，以支持各项决策的数据挖掘任务。

2．联机分析处理

数据仓库侧重于存储和管理面向决策主题的数据，而联机分析处理则侧重于数据仓库中的数据分析，并将分析结果转换成辅助决策信息。联机分析处理的一个重要特点是多维数据分析，这与数据仓库的多维数据组织正好形成相互结合、相互补充的关系。

联机分析处理是针对特定问题的联机数据访问和分析，通过对信息进行快速、稳定、一致和交互式的存取，对数据进行多层次、多阶段的分析处理，以获得高度归纳的分析结果。联机分析处理是一种自上而下、不断深入的分析工具：在用户提出问题或假设之后，它负责提取关于此问题的详细信息，并以一种比较直观的方式呈现给用户。联机分析处理是由用户驱动的，在很大程度上受到用户水平的限制。

联机分析处理技术中比较典型的应用是对多维数据的切片和切块、钻取、旋转等，它便于使用者从不同角度提取有关数据。联机分析处理技术还能够利用分析过程对数据进行深入分析和加工。例如，关键指标数据常常用代数方程进行处理，更复杂的分析则需要建立模型进行计算。

3．数据挖掘

数据挖掘是指从大量的、不完全的、有噪声的、模糊的、随机的实际应用数据中，抽取隐含在其中的、人们事先不知道但又是潜在有用的信息和知识的过程。数据挖掘是知识发现的核心部分，而知识发现是在积累了大量数据后，从中识别出有效的、新颖的、潜在的、有用的和最终可以理解的知识，人们利用这些知识改进工作，提高效率和效益。

与联机分析处理不同，数据挖掘是数据驱动的，是一种真正的知识发现方法。使用数据挖掘工具，用户不必提出确切的要求，系统就能根据数据本身的规律性，自动地挖掘数据潜在的模式，或通过联想建立新的业务模型，帮助决策者调整市场策略，并找到正确的决策。这显然有利于发现未知的事实。

从数据分析深度的角度来看，联机分析处理位于较浅的层次，而数据挖掘则位于较深的层次。所以，联机分析处理和数据挖掘的主要差别就在于是否能自动地进行数据分析。近年来，越来越多的联机分析处理产品融入了数据挖掘的方法，所以联机分析处理与数据挖掘间的界限正在逐渐变得模糊。

4．决策支持系统

决策支持系统（DSS）是一个由多种功能协调配合而构成的，以支持整个决策过程为目标的集成系统，由数据库、模型库、方法库、知识库等组成。自20世纪70年代提出以来，决策支持系统已经得到了很大发展。新一代决策支持系统是基于数据仓库、联机分析处理和数据挖掘的决策支持系统。

把电子政务平台和决策支持系统有机地结合起来，可以大大提高决策的科学性、时效性和适应性。实践表明，政府部门的决策越来越依赖于对历史数据、相关数据的科学分析。发展政府决策支持系统可以提高公共政策制定的科学性和有效性。因为公共政策的制定是通过一系列行政决策实现的，而决策的科学性、及时性和有效性，不仅是公共政策制定的基础，也是政府有效管理的前提和条件。

第四节　互联网＋政务服务

"互联网＋政务服务"是指推进互联网与政府部门公共服务的深度融合，创新政府部门的公共服务模式。以部门联网、信息共享和数据交换实现行政事项跨部门、跨地区、跨层级办理，让数据多跑腿，群众少跑腿。通过互联网提供在线公共服务，提高公共服务效率，降低公共服务成本。"互联网＋政务服务"是互联网时代的公共服务模式，是构建服务型政府的重要举措，是深化"简政放权、放管结合、优化服务"改革的重要内容。

一、相关政策

《国务院关于积极推进"互联网＋"行动的指导意见》把益民服务作为"互联网＋"的11个重点行动之一。

2016年4月，国务院办公厅转发了国家发展改革委等部门制定的《推进"互联网+政务服务"开展信息惠民试点实施方案》，提出：通过两年左右时间，在 80 个信息惠民国家试点城市实现"一号"申请、"一窗"受理、"一网"通办；变"群众跑腿"为"信息跑路"，变"群众来回跑"为"部门协同办"，变"被动服务"为"主动服务"。

2016 年 9 月，国务院印发了《关于加快推进"互联网+政务服务"工作的指导意见》，提出：优化再造政务服务，即规范网上服务事项，优化网上服务流程，推进服务事项网上办理，创新网上服务模式，全面公开服务信息；融合升级平台渠道，即规范网上政务服务平台建设，推进实体政务大厅与网上服务平台融合发展，推动基层服务网点与网上服务平台无缝对接；夯实支撑基础，即推进政务信息共享，加快新型智慧城市建设，建立健全制度标准规范，完善网络基础设施，加强网络和信息安全保护；建立"互联网+政务服务"工作绩效考核制度，纳入政府绩效考核体系，加大考核权重，列入重点督查事项；将"互联网+政务服务"工作纳入干部教育培训体系，定期组织开展培训。

2016 年 12 月，国务院办公厅印发了《"互联网+政务服务"技术体系建设指南》。该指南以服务驱动和技术支撑为主线，围绕"互联网+政务服务"业务支撑体系、基础平台体系、关键保障技术、评价考核体系等方面，提出了优化政务服务供给的信息化解决路径和操作方法，为构建统一、规范、多级联动的"互联网+政务服务"技术和服务体系提供保障。

2018 年 5 月，中共中央办公厅、国务院办公厅印发了《关于深入推进审批服务便民化的指导意见》，提出：开展市民个人网页和企业专属网页建设，提高网上办事精细化水平。运用大数据精准分析和评估审批服务办件情况，有针对性地改进办理流程，让办事更快捷、服务更优质。加大非紧急类热线整合力度，建设统一的政务咨询投诉举报平台。以审批智能化、服务自助化、办事移动化为重点，把实体大厅、网上平台、移动客户端、自助终端、服务热线等结合起来，实现线上线下功能互补、融合发展。

政务服务的主要渠道如图 10-4 所示。

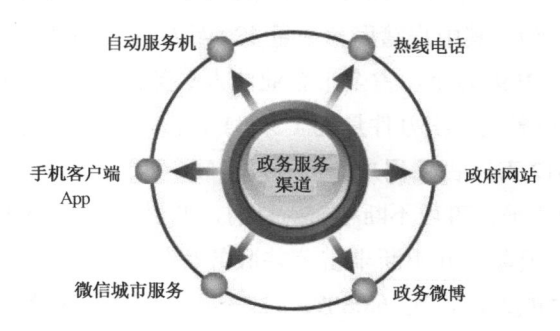

图 10-4 政务服务的主要渠道

二、上海"一网通办"改革

2018年全国"两会"期间，上海率先提出"一网通办"改革，并于当年3月30日印发《全面推进"一网通办"加快建设智慧政府工作方案》，4月12日成立市大数据中心，10月17日"一网通办"总门户正式上线运行。

党和国家领导人非常关注上海"一网通办"改革。2018年11月，习近平总书记考察上海时指出，上海要优化政务服务，推进"一网通办"，在全市通办、全网通办、只跑一次、一次办成上取得实实在在的成效。2019年7月，李克强总理考察上海市大数据中心时强调，用大数据改善政府服务、更好满足群众需求是深化"放管服"改革的重要内容。

上海市委、市政府主要领导高度重视"一网通办"改革，亲自决策、亲自部署、强力推进。2019年4月3日，上海市召开"一网通办"工作推进会议，李强书记、应勇市长共同出席，提出明确工作要求，全市上下进一步统一了思想，以更大力度推动"一网通办"改革。

"一网通办"总门户正式上线以来，上海市注重加强顶层设计，先后出台了《上海市公共数据和一网通办管理办法》《上海市公共数据开放暂行办法》以及一系列配套文件。同时，注重前端和后台的联动发力，持续推进行政审批制度改革；不断加强技术平台建设，构建了坚实的技术支撑体系。在全市各方的共同努力下，"一网通办"改革有序有力推进，成效初步显现。

（1）大力破解政务服务多头受理问题，推动从"找部门"到"找整体政府"的转变。

"一网通办"平台的服务能力是实现"进一网、能通办"的基础。上海市坚持需求导向、效果导向，不断优化完善平台功能，基本实现了政务服务"线上进一网、线下进一窗"。

经过不懈努力，"一网通办"社会受益面逐步扩大。目前，总门户个人实名用户注册量已突破1 008万人，其中户籍用户数量489万人，占全市户籍人口总数的33.8%；法人用户注册量超过199万个，占全市企业法人总数的92%。平台累计办件量已超2 489万件。其中，最多跑一次办件量为1 377.1万件，占总量的55.32%；"随申办"App月活跃用户数312万，占总用户数的30.95%。

接入"一网通办"平台事项不断丰富。目前，平台已接入2 035个政务服务事项，实现行政审批事项全覆盖，并不断丰富公共服务和其他行政权力事项。其中，1 400个事项具备全程网办能力，占比68.80%；1 839个事项具备最多跑一次能力，占比90.37%。

"一网通办"平台功能不断完善。上海市整合微信、支付宝、银联三种主要支付渠道，对接47项收费事项，累计缴费887万笔，总金额超11.8亿元。与邮政、顺丰深度合作，能够为1 142个事项寄送材料，累计寄件89.6万笔。上海市不断深化移动端"随申办"App建设，接入637项高频的、适合在移动端办理的事项，持续优化用户体验。

"一网通办"覆盖地域不断拓展。上海市与江浙皖三省合力攻关，打造长三角"一网通办"专栏，上线全国首个区域政务服务"一网通办"旗舰店。目前，已经开通18个城市164个线下专窗办理点，实现了51个事项跨省办理。长三角全程网办总量为170万余件，线下专窗跨省办件729件，政务服务区域一体化效应逐步显现。

（2）大力实施业务流程革命性再造，推动从"以部门为中心"到"以用户为中心"的转变。

业务流程再造是实现"进一网、能通办"的核心。上海市以高效办成一件事为目标，以"双减半"（行政审批事项办理时限减少一半、提交材料减少一半）和"双100"（推进100个业务流程优化再造事项落地，新增实现100项个人事项全市通办）为抓手，全力推进业务流程再造，切实提升企业群众办事获得感和满意度。

扎实推进"减材料""减时限"工作，规定"没有法律法规依据的证明材料""能够通过数据共享或网络核验的材料""能够通过电子证照库调取的证照""能够通过告知承诺方式解决的材料"4类材料一律不需要提交。目前，全市所有审批事项减材料已达到50.5%，100个事项实现"零材料提交"；"减时限"达到59.8%，均已完成全年目标。

突出重点、以点带面，着力推动业务流程再造。聚焦群众反映突出的、涉及跨部门、具有代表性的100个事项，重点推动减环节、减时间、减材料、减跑动，确保群众进一网、跑一次、能办成。目前，其中88个事项已明确改革方案，46个具备上线条件，6个已完成改革，极大简化了市民和企业办事流程。

继续推进简政放权工作。进一步取消和调整行政审批，已由市政府决定取消15项、调整2项，近期还将再取消17项、调整2项。对标世行标准，进一步优化营商环境，其中获得电力、开办企业、办理施工许可、登记财产、跨境贸易等5个事项，企业办事时间在去年缩短了50.2%的基础上再缩短40%左右，手续环节在去年减少30.8%的基础上再减少近50%。

（3）大力解决数据整合共享难问题，推动从"群众跑腿"到"数据跑路"的转变。

数据整合共享是实现"进一网、能通办"的关键。上海市依托电子政务云，把分散、孤立的数据汇集起来、流动起来，方便群众办事。

大力推进数据共享。建成1个市级和16个区级数据共享交换平台，累计实现数据共享交换5.15亿余次，调用国家数据304万次。通过数据共享，进一步精简办事材料，减少不必要的证明，简化各类申请表格填报，让"数据多跑路"。

持续推进电子证照归集和政务服务应用。电子证照库已入库 200 类、共计 7 700 万余张高频电子证照。企业群众在线上办事，可直接使用名下电子证照；前往线下窗口办事，利用"随申办"App 电子亮证功能，可免交相应实体证照和复印件。打造"在线开具证明"功能，提供 22 类高频电子证明服务。目前，电子证照库调用总量已突破 4 000 万次，日均访问量超 40 万次，共开具 60 万张电子证明。

此外，上海市积极推进电子证照的社会化应用，在交通执法、宾馆入住，以及部分服务性行业开展应用试点。从 2019 年 9 月 1 日起，在上海市如遇交警路面查验，当事人可通过出示电子驾驶证、行驶证处理交通违法和事故，实现电子亮证，受到了市民的欢迎。

（4）大力提升政务服务智能化水平，推动从"人找服务"到"服务找人"的转变。

办事更方便、体验更满意是"一网通办"的根本目标。上海市利用大数据资源，及时向用户提供个性化、精准化、主动化、智能化的政务服务。比如，可以通过"随申办"App 推送"证照到期提醒"信息。再如，申请人居住登记满 6 个月后，通过主题引导方式指引申请人线上申领居住证，15 个工作日内完成制证，快递送达。

加快实现线上线下融合，标准一致、服务一体。2019 年，新增 177 项事项"全市通办"，累计达到 364 项。在全市推行"一窗受理、分类审批、一口发证"的"综合窗口"机制。比如，徐汇区将原先 83 个受理专业窗口整合为 18 个"零差别受理"综合窗口，受理人员从"专科医生"升级为"全科医生"，申请人等候时间平均减少三分之一。又如，市公安局目前已在全市 106 个派出所设立"综合窗口"，可办理出入境、交警、治安、人口等 43 项业务。

实行政务服务"好差评"制度，把对政务服务的评价权交给群众，使之成为政务版的"大众点评"。截至目前，共收到评价 21 万余条，其中差评 1 900 条。每条差评都被及时分析处理，作为改进工作的重要依据。

"一网通办"不仅是上海政务服务的重要组成部分，更是优化营商环境、提升城市能级和核心竞争力的重要举措。

三、浙江"最多跑一次"改革

1. 背景介绍

多年来，为应对政府部门办事"门难进、脸难看、事难办"问题，浙江省先后实施了多轮行政审批制度改革和"四张清单一张网"改革。但以往改革主要是从政府的角度去推进，从人民群众角度考虑问题不够，政府权力运行流程没有优化，政府部门之间的协同机制没有建立，导致人民群众"办事慢、办事繁、办事难"等问题依然存在，为办一件事情需要到有关部门多头跑、多次跑的问题比较突出，人民群众获得感有待增强。

2016年12月，浙江省委经济工作会议第一次提出以"最多跑一次"倒逼政府部门简政放权、优化服务。2017年6月，浙江省第十四次党代会提出以"最多跑一次"作为改革强省的总抓手，撬动各方面各领域改革，加快打造"审批事项最少、办事效率最高、政务环境最优、群众和企业获得感最强"的省份。

"最多跑一次"改革的制度逻辑是从"以政府为中心"向"以人民为中心"转变，从"碎片化治理"走向"整体性治理"；技术逻辑是顺应信息技术革命，推行"互联网＋政务服务"，推进政府数字化转型。

"最多跑一次"改革是习近平同志在浙江工作时大力倡导的机关效能建设、政府自身改革的再推进、再深化，是习近平新时代中国特色社会主义思想在浙江的生动实践，是浙江深化"放管服"改革、优化发展环境、推进省域治理现代化的重大举措。

2. 主要做法

"最多跑一次"改革是一场从理念、制度到作风的全方位深层次变革。在这场改革过程中，浙江充分发挥党建引领作用，深入践行以人民为中心发展思想，激励引导各级党组织和广大党员干部强化责任担当、敢于攻坚克难，以钉钉子精神奋力推动"最多跑一次"改革，努力做到"干在实处、走在前列、勇立潮头"。

（1）秉持以人民为中心发展思想，以"勇闯深水区、敢啃硬骨头"的勇气拉开"最多跑一次"改革大幕。

习近平总书记强调"把以人民为中心的发展思想体现在经济社会发展各个环节，做到老百姓关心什么、期盼什么，改革就要抓住什么、推进什么，通过改革给人民群众带来更多获得感"。"最多跑一次"改革应群众需求而生、为解决问题而变，从与人民群众生产生活关系最紧密的领域和事项做起，在人民群众反映最强烈、最渴望解决、最难办的事情上突破，无论从推进角度还是目标要求来看，都是一场以人民为中心的改革，彰显了我们党全心全意为人民服务的根本宗旨。

"最多跑一次"改革是一场浙江各级党委政府刀刃向内的自我革命，是动自己的奶酪、给自己找"别扭"。因此，当2016年12月"最多跑一次"改革第一次提出来时，有人质疑，有人担心，很多人甚至认为这是不可能完成的任务。

面对质疑和挑战，浙江省委省政府表现出了"明知山有虎、偏向虎山行"的巨大决心和勇气。2017年1月，"最多跑一次"改革写入省政府工作报告，随后被列为年度重点改革项目。2017年2月，浙江省政府印发了《加快推进"最多跑一次"改革实施方案》，明确改革的时间表、路线图和任务书。浙江省委省政府的鲜明态度，更让全省上下统一了思想、消除了疑虑、坚定了决心，各级党员干部紧紧围绕让群众和企业到政府办事"最多跑一次"的目标,聚焦高质量的政务服务体系建设,迅速行动起来。浙江"最多跑一次"改革总体设计框架如图 10-5 所示。

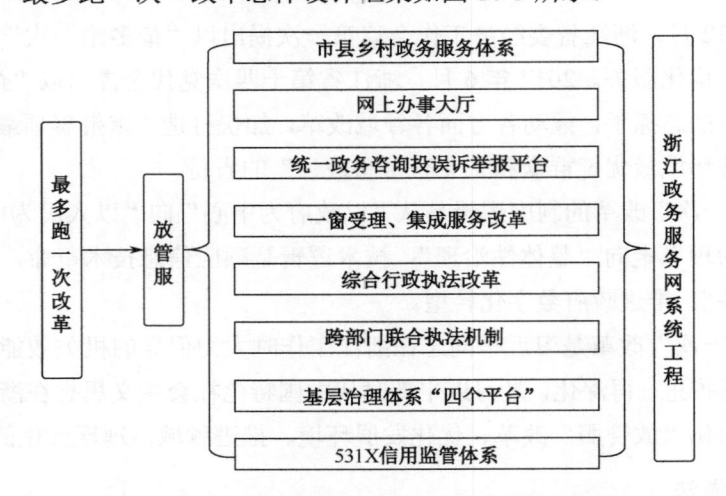

```
最多跑一次改革 → 放管服 → {
  市县乡村政务服务体系
  网上办事大厅
  统一政务咨询投诉举报平台
  一窗受理、集成服务改革
  综合行政执法改革
  跨部门联合执法机制
  基层治理体系"四个平台"
  531X信用监管体系
} → 浙江政务服务网系统工程
```

图 10-5 浙江"最多跑一次"改革总体设计框架

改革伊始,千头万绪。浙江突出抓住政府部门职能分工过细、各自为战、办公场所分散,造成群众一件事多头跑、多次跑这一主要矛盾,将"一窗受理、集成服务"作为推进"最多跑一次"改革的主抓手,着力建设市县乡村"四级联动"的政务服务体系。各级党员干部牢固树立"以人民为中心"的理念,从方便群众和企业办事的角度出发,按照"一窗受理、集成服务"的新要求,夜以继日、加班加点,明确办理条件,精简办理材料,再造办理流程,形成"前台综合受理、后台分类审批、综合窗口出件"的政务服务新模式。建立行政服务中心作为第三方对政务服务的全流程统筹协调和监督管理机制,构建"受审分离、衔接有序、协同联动、信息共享、实时监督、便捷高效"的政务服务体系。除车辆、船舶、动植物防疫等 31 项需要现场检验检测事项外的办事事项全面进驻行政服务中心,使群众只需进行行政服务中心"一个门"、到综合窗口"一个窗"就能把"一件事"办成。例如,在不动产交易领域,过去需要跑住建、自然资源和税务三个窗口、三次取号、三次排队,再由自然资源部门出具的通知书办理水电气联动过户,现在不动产登记和水电气过户只需要跑一次,一般 50 分钟即可当场领证。在卫生健康领域,通过"最多跑一次"改革解决人民群众"看病难、看病烦"问题。目前,全省医院高峰期挂号现场排队平均时间从改革前的 8.3 分钟减少到 3.8 分钟。浙江推广以"企业化"运营、"考级制"定薪、"积分制"考评、"全科制"培训为核心的行政服务中心窗口工作人员招录、管理制度,有效破解了窗口工作人员待遇低、业务素质差、队伍不稳定等难题。例如,台州市推行"一窗受理、集成服务"改革后,窗口工作人员日办件量由原来的 5.88 件增加到 11 件,群众办事排队等候平均时间不超过 10 分钟。

为解决好政务服务"最后一公里"问题，浙江在乡镇（街道）、村（社区）打造"代办点＋自助服务终端＋网格员服务"便民服务模式，扩大银行、邮政等网点代办政务服务事项的范围和覆盖面，实现"就近能办、同城通办、异地可办"。同步上线地市、区县、乡镇（街道）、村（社区）四级办事网点电子地图，采集发布各类办事网点 39 646 个，累计关联事项 1 190 348 个，为群众办事提供清晰指引。截至 2019 年 5 月，全省共有 900 多个邮政网点、2 300 多个银行网点可以代办车驾管、医保社保、公积金等事项，部分市县的银行、邮政等网点的医保社保办件量已超过该类业务总办件量的 30%。宁波、丽水等市实现由银行通过"互联网＋不动产抵押登记"平台，办理商品房抵押权首次登记、注销登记和不动产登记资料查询等业务，群众办理银行抵押贷款无须不动产登记部门和银行两头跑，到银行就可一次办结。

（2）坚持问题导向，紧扣改革堵点难点痛点，以"愈挫愈奋，愈战愈勇"的担当攻下改革中的一道道难关。

习近平总书记指出，奋斗是艰辛的，艰难困苦、玉汝于成，没有艰辛就不是真正的奋斗，我们要勇于在艰苦奋斗中净化灵魂、磨砺意志、坚定信念。浙江在推进"最多跑一次"改革过程中面临两大难题：一是办事事项标准化、规范化程度不高，二是信息孤岛林立、数据难以共享。这直接导致政府部门各自为政，群众多头跑、来回跑，材料重复提交，办事效率低下。传统的行政审批以不同部门相互分割的"事项"为标准，群众眼中的"一件事情"往往由一个或多个部门的多个"事项"构成。浙江以群众眼中的"一件事"为标准整合归并相关事项，推进一件事全流程最多跑一次。办事事项是政务服务的最小单元，事项名称、申报要件的规范与否对"最多跑一次"改革能否有序、高效推进起着至关重要的作用。

一开始，浙江各地梳理公布的"最多跑一次"事项名称、口径、办事指南等不尽相同，造成各地事项数量悬殊，不同地区办理同一事项的条件、材料不一致，不仅办事的群众一头雾水，负责审批的同志也"丈二和尚摸不着头脑"。针对这一难点，浙江聚焦"最多跑一次"标准化全覆盖，坚持从群众和企业最迫切、最期盼的事项入手，以群众和企业眼中的"一件事"为标准，大力推进办事事项、办事指南标准化、规范化建设。省市县三级充分发挥党的组织体系强大优势，成立工作专班，开展专项行动。广大党员干部不怕苦、不怕累，采用"上下联动、条块结合、稳步推进"的工作方法，集中火力，合力攻坚，以"八统一"为标准（主项名称、子项名称、适用依据、申请材料、办事流程、业务经办流程、办理时限和表单内容 8 个要素全省统一），全面完成省市县三级办事事项梳理（主项 1 411 项、子项 3 443 项），建立了全省统一规范的办事事项和办事指南体系，实现了除"最多跑一次"例外事项清单（共 6 个主项、9 个子项）外的省市县三级办事事项 100%全覆盖。在此基础上，以"网上办""掌上办"为导向，进一步梳理细化办事事项，如将"购房提取公积金"办事事项，细分成"购买一手房""购买二手房""父母买房、子女提取"等21种情形。围绕群众、企业全生命周期"一件事"，聚焦出生、上学、就业、就医、退休、养老和企业登记开办、水电气报装、员工招聘、获得信贷、生产经营、并购重组、清算注销等关键环节，出台实施多部门联办"一件事"61件，制定全省统一规范的办事指南，并持续扩大"一件事"的数量和覆盖面，推动群众和企业办理跨层级、跨部门的"一件事"全流程"最多跑一次"。

政府部门之间信息共享是实现"最多跑一次"的重要基础；但在实际工作中许多政府部门对信息共享认识不足，信息共享的意愿不高。针对这一突出问题，浙江省政府制定了《浙江省深化"最多跑一次"改革推进政府数字化转型工作总体方案》，提出统筹建设公共数据资源目录体系、共享平台、分析挖掘平台、开放平台等设施，以及基础数据库、主题数据库、部门数据仓等数据资源。加强数据资源规划、采集、存储、共享、开放，加强数据治理，提升数据质量和价值，构建全省共建共享的大数据资源体系。

建成统一架构、覆盖全省的浙江政务服务网，"浙里办"App推出各类便民应用315个，实现省级168项、设区市平均452项、县（市、区）平均371项审批服务事项掌上可办，全省63.64%的民生事项实现"一证通办"，以数据多跑路换取群众少跑腿甚至一次都不跑。浙江省政府主要领导亲自挂帅，定期召开"打破信息孤岛、实现数据共享"专题会议。各级党员干部开展"百日攻坚"数据大会战，围绕"一次录入、大家共用"和"一个数据用到底"等目标，坚持以业务需求引领数据需求，打破信息孤岛，实现数据共享。截至2019年5月，浙江已打通5套国家系统、85套省级系统、275套市县系统，建成个人综合库、法人综合库、信用信息库、电子证照库、办事材料库，开放57个省级单位13 500多项数据共享权限，归集数据总量超过154.7亿条，统一公共支付平台累计服务1亿多人次、缴费金额1 700亿元，2018年证照快递送达服务达1 500多万次。同时，强化大数据分析，查找办事业务关联性，推进流程再造和业务协同，根据企业和群众办事频率优化服务资源配置。例如，嘉兴市南湖区政府通过大数据分析发现，63.33%从事卷烟零售的企业在提交工商营业执照申请后，同步提交烟草专卖许可申请，为此推行营业执照和烟草专卖许可"一件事"联办。

（3）着眼推动高质量发展，以"只有进行时、没有完成时"的定力推动"最多跑一次"改革持续提质增效。

"实践发展永无止境，解放思想永无止境，改革开放也永无止境，停顿和倒退没有出路，改革开放只有进行时、没有完成时。"随着"最多跑一次"改革效果初步显现，一些党员干部出现了思想松懈，认为改革手段已经够多、够好，落地的举措已经能用、够用，成绩有了，功劳也有了，可以松口气、缓一缓了。针对这一情况，浙江省委省政府明确提出不能满足于现在取得的成绩，不能满足于实现"跑一次"量的指标，而是要在提质增效上持续发力，推动"最多跑一次"向"一次都不用跑"和"办得快、办得好"转变。2018年1月，浙江省委主要领导在全省全面深化改革大会上提出了"四个再"和"三个坚决摒弃"要求，会后浙江省委印发了《关于深化"最多跑一次"改革推动重点领域改革的意见》。2018年10月，浙江省委全面深化改革委员会第一次会议提出"抓基础、抓扩面、抓提质、抓撬动"的新要求和"跑一次是底线、一次不用跑是常态、跑多次是例外"的新目标。

针对企业投资项目审批部门多、环节多、周期长，市场准入领域"办照容易办证难""准入不准营"问题，浙江以打造法治化、国际化、便利化的营商环境为目标，大力推动投资审批、市场准入等重点领域"最多跑一次"改革。2017年7月，浙江省政府办公厅印发了《关于加快推进企业投资项目"最多跑一次"改革的实施意见》。同年8月，浙江省政府办公厅印发了《关于印发企业投资项目"最多跑一次"改革实施方案》，提出最大限度减少审批事项、环节和材料，以"数据跑路"代替"企业跑腿"，大力推进项目审批集成式优化，破除制约企业投资项目"最多跑一次"改革的制度障碍。目前，企业投资项目在线审批监管平台2.0版实现"四个100%"，即100%应用平台、100%系统打通、100%网上审批、100%网上申报。实施"区域能评、环评＋区块能耗、环境标准"和"多评合一、多审合一、多测合一"等，大幅缩短投资审批时间。一般企业投资项目开工前审批最多100天，"标准地"出让占省级以上平台新批工业用地的80%，从备案赋码到施工许可全流程时间为71天，降幅达63%。在施工图"多审合一"后，业主从跑建设、消防、人防等3个部门、3个中介、10多次变为"最多跑一次"，电子图审一次都不用跑。一般项目施工图审查时间从2~3个月压缩到18天，平均一年为企业节约费用约5亿元。2019年进一步提出企业投资项目竣工验收前审批最多90天。在供电供水供气行业，进一步简化报装流程、精减办事材料、压缩环节和时限。以用电报装为例，全省用电企业平均申请材料精简71%，用电费用节约135亿元。企业办理10 kV高压用电时间缩短至45个工作日，压缩了27%；办理低压用电时间缩短至16个工作日，压缩了10%。推进证照分离、证照联办、多证合一、一照一码等改革。以前开办一家餐馆，群众要跑市场监管、消防、环保等多个部门。改革后，只要到行政服务中心综合窗口，实现"一套材料、一表登记、一次办成"。全省企业开办，从受理到领取税务发票只要1个工作日。

在民生领域，浙江大力开展"减证便民"。全省地方设定的证明事项从61项减少到1项（献血者和用血者的亲属关系证明），出生、婚姻状况等15个大项公证事项已实现"最多跑一次"。以"出生"一件事为例，原先办理预防接种、出生医学证明、落户、参保登记、社保卡申领等出生事项需要跑5个窗口、填写60项信息、提交20份材料，现在只需填写9项信息、提交1份材料，如图10-6所示。浙江以民生领域高频事项为重点，与江西、河南、安徽等省积极推进跨省数据共享应用。与江西实现了身份证、户口簿等 11 本证照跨省"亮证",江西籍夫妻在浙江办理生育登记时,不用再提交结婚证;在浙江办理新生儿落户时(须夫妻一方已落户浙江),不用再提交户口簿、结婚证。

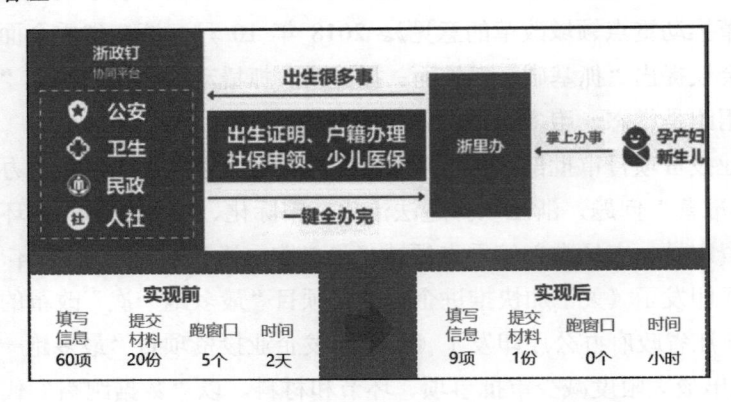

图 10-6 "出生"一件事在开展"减证便民"前后比较

针对机关内部办事层级多、流程多、材料多、时间长等突出问题,着力推动机关内部"最多跑一次"改革。围绕简事项、优流程、少材料、压时间、减次数 5 个关键点位,综合施策,精准发力,有效降低行政成本,提升行政效能。

针对重审批轻监管问题,聚焦放管结合,推进"最多跑一次"改革向事中事后监管延伸。落实"部门联合、随机抽查、按标监管"的"一次到位"机制,按照"服务零距离、监管不扰民"的要求,创新市场监管模式,完善行政执法监管平台和掌上执法系统,强化"12345"投诉举报平台功能,加强"四个平台"建设(综治工作、市场监管、综合执法、便民服务),健全以"双随机、一公开"监管为基本手段、以重点监管为补充、以信用监管为基础的新型监管机制。投诉举报办理时间从 21 天缩短到 4 天,98%的事件在乡镇、村居或网格层面解决。

针对改革与法治不衔接的问题,在桐庐县先行开展"最多跑一次"改革与法律法规衔接绿色通道试点,在深入梳理总结全省改革创新做法和试点经验的基础上,2018 年 11 月底浙江省人大常委会通过了《浙江省保障"最多跑一次"改革规定》,在地方立法权限内将"一窗受理、集成服务""标准地""告知承诺""证照分离"等一批行之有效的经验做法和改革成果以法律的形式固化下来,为今后进一步深化"最多跑一次"改革提供了法治保障。此外,浙江还大力推进"最多跑一次"标准体系建设,制定了《一窗受理、集成服务》《行政服务大厅现场管理工作规范》《企业投资工业项目"标准地"管理规范》等一系列地方标准。

截至 2019 年末,浙江 41 件个人和企业全生命周期事项实现"一件事"全流程办理,80.5%的政务服务事项掌上可办,97.4%的事项"跑零次","一证通办"民生事项比例达 91.4%。企业开办实现一日办结,一般企业投资项目实现竣工验收前审批"最多 90 天"。

浙江"最多跑一次"改革自启动以来取得了显著成效。"最多跑一次"改革推进了政府治理体系和治理能力现代化，使政府工作更加透明、高效、规范，有利于深化"放管服"改革。优化了营商环境和资源配置，有利于深化供给侧结构性改革、推动高质量发展。创新了政务服务模式，增强了人民群众的获得感。促进了权力运行规范化、权力监督公开化，有利于党风廉政建设和依法行政。重塑了政府、市场、社会的关系，撬动了其他领域的改革，赢得了社会各界的普遍赞誉。在新冠肺炎疫情防控和企业复产复工方面，浙江的出色表现也得益于"最多跑一次"改革。

3. 经验启示

（1）领导干部以上率下形成氛围。

"最多跑一次"改革自启动以来，浙江省委省政府主要领导亲自决策、亲自部署、亲自协调，全过程、全方位倾力推动，赴基层调研必去行政服务中心，亲身经历改革，实地掌握改革信息。2017 年 3 月，浙江成立省政府推进"最多跑一次"深化"四单一网"改革协调小组，由时任省长车俊担任组长。浙江省省长每两个月召开一次"打破信息孤岛、实现数据共享"专题会议，2018 年又升级为"推进政府数字化转型"专题会议。

2018 年浙江机构改革，成立了浙江省委深改委办公室，加挂"浙江省最多跑一次改革办公室"牌子，由省委常委、秘书长陈金彪担任主任，省委常委、常务副省长冯飞担任第一副主任。浙江省最多跑一次改革办公室是浙江唯一由两位省委常委担纲的机构，并建立了每月例会制度。

浙江各级党委政府主要负责同志坚持把"最多跑一次"改革作为本地区中心工作，实行挂图作战。各职能部门负责人身体力行，百名局长赴办事窗口指导工作。"两代表一委员"以普通群众身份至窗口办事，亲身体验改革实际效果，提出意见建议。省委省政府主要领导亲自谋划，高位协调，以上率下，靠前指挥，各级党政领导一级做给一级看、一级带着一级干，形成了改革创新的浓厚氛围。

（2）立足基层首创，加强集成提升。

"最多跑一次"改革是一个新生事物，没有成熟的经验可以借鉴，没有现成的范本可以参照，浙江在整个改革过程既注重顶层设计，又充分尊重基层首创精神，如：衢州市"一窗受理、集成服务"和数据共享，台州市外贸企业"11 证合一"，嘉兴市南湖区分领域"证照联办"，等等。对于这些经实践检验证明行之有效的做法和经验，在省级层面及时进行总结提炼并加以复制推广。

（3）始终秉持为了群众、依靠群众的群众路线。

以往的行政体制改革，多是从政府自身的角度进行，如简政放权或改变公权力的实现形式。浙江"最多跑一次"改革坚持换位思考，从群众的视角思考政府改革，用群众的语言设定改革目标，以群众的感受确立改革标准。坚持"让实践来检验、让基层来评判、让群众来打分"，把改革的评判权交给人民群众，由人民群众来评价"最多跑一次"改革的实施效果。在各类网络平台开通"调查评估""改革建言"等栏目，征集社会各界对"最多跑一次"改革的意见和建议。通过第三方评估等形式，调查、了解实际办事的基层一线企业和群众对"最多跑一次"改革的满意度，让人民群众成为这场改革的监督者、评判者、推动者。

（4）科学运用目标量化、业务协同的理念方法。

可量化、可检验的目标，是改革全面落地的重要前提。浙江"最多跑一次"改革紧紧围绕破解"办事难、办事慢、办事繁"的问题，设定群众和企业到政府办事"最多跑一次"这一量化度高、群众感受直观的目标，倒逼政府部门自我革新，接受群众监督，推进政府数字化转型。同时，"最多跑一次"改革在实施过程中突出强化整体政府的思维方式，特别注重改革的系统性、整体性、协同性。既考虑前台管理服务的转型升级，又考虑后台政策法规的制定和修订，以及业务流程的重组和再造。通过打破信息孤岛，实现政府部门之间的信息共享和业务协同，构建整体政府，实现"让百姓少跑腿、信息多跑路"。

（5）持续加强对改革的有效制度供给。

改革重"破"，法治重"立"。浙江在实施"最多跑一次"改革过程中，注重为改革提供法治保障，破立并举。一方面，围绕既有政务服务模式的痼疾与短板，瞄准企业和群众对高效、便捷审批服务的需求，制定了《加快推进"最多跑一次"改革实施方案》《浙江省深化"最多跑一次"改革推进政府数字化转型工作总体方案》等一系列政策文件，积极开展创新实践，持续取得改革突破。另一方面，注重把科学立法作为处理改革和法治关系的重要环节。在研究改革方案和改革措施时，同步考虑改革所涉及的法律法规问题，配套提出立法需求和立法建议，出台了全国"放管服"改革领域第一部地方性法规——《浙江省保障"最多跑一次"改革规定》，从法制和制度层面固化改革成果，推动改革红利惠及长远。

"最多跑一次"改革是我国"放管服"改革的浙江样本，推动了浙江服务型政府、透明政府、效能政府、法治政府、责任政府以及整体政府、智慧政府、开放政府等现代政府的建设。在全国 31 个省、自治区、直辖市中，有 29 个省市学习借鉴浙江"最多跑一次"改革经验。

四、"互联网＋政务服务"发展对策

以"互联网＋"优化公共服务，是在互联网时代建设服务型政府的必然要求。今后，有关政府部门要做好如下三方面的工作：

（1）以"制度＋技术"推进政务信息跨部门、跨地区互联互通和共享，构建整体政府。以前公共服务效率难以提高，在很大程度上是由于政府部门各自为政而造成的"行政碎片化"和"信息孤岛"。在全面依法治国的背景下，要在国家层面研究制定《政务信息共享条例》及其实施细则，明确政务信息共享的范围、内容、方式、程序和责任等，使政务信息的共享有法可依，改变目前主要靠领导协调的局面。对于国家部委，要加快业务信息全国联网，实现行政事项"异地办理"，方便外出工作人员。对于地方政府，要加快建立政务信息共享目录和交换体系，整合政务信息资源，建设电子证照库，开通"网上办事大厅"，并实现前后台无缝衔接。以社会信用代码为唯一标识，为企事业单位提供一站式的、从"注册"到"注销"的全生命周期服务。以身份号码为唯一标识，为城乡居民提供一站式的、从"摇篮"到"坟墓"的全生命周期服务。

（2）以用户为中心，推进公共服务多渠道融合发展。行政服务中心、热线电话、自助服务终端、网站、微博、微信和 App 各有优缺点，要取长补短，融合发展。例如，推进行政服务中心和网上办事大厅一体化建设，实现公共服务线上线下（O2O）互动。行政服务中心要同时开通网站、微博、微信和 App，在办事大厅部署自助服务终端，让人民群众自助申报，打印办理结果。政府网站要同时开通手机版网站、微博、微信和 App，以顺应手机网民占 90%以上这一现实。整合热线电话，建立政府呼叫中心；政府呼叫中心要同时开通网站、微博、微信和 App，让人民群众及时知道受理进度和受理结果。

（3）采取有效措施深化各个公共服务渠道的应用，弥补他们的短板。对于行政服务中心，要加快信息化建设，结合"一个印章管审批"改革，实现"一进一出"，即"一个窗口统一受理，一个窗口统一取结果"；对于政府热线电话，要整合成紧急号和非紧急号两个号码，并与城市网格化管理和服务平台对接或融合，对居民求助、投诉、举报等事项进行全程管理和督办；对于自助服务终端，要采取 PPP 模式，走"政府购买服务"之路；对于政府网站，要及时更新，回应社会关切，提供场景式服务；对于政务微博，要及时发布信息，回应社会关切；对于微信，要加强政企合作，推广微信城市服务；对于 App，要整合政府 App 资源，建立政府 App 网站、子网站或栏目，按部门、按用户等进行分类，方便用户查找、下载。

今后，要把"互联网＋政务服务"从服务百姓拓展到服务企业。从构建"整体政府"的高度推进"互联网＋政务服务"。以客户为中心，为企业和社会公众提供全生命周期服务。

第十一章 智慧经济

在我国，经济发展是第一要务。只有推动经济持续健康发展，才能筑牢国家繁荣富强、人民幸福安康、社会和谐稳定的物质基础。大力发展数字经济、智慧产业，构建智慧企业，提高产品智商，有利于构建现代化经济体系，突破资源能源和环境对经济发展的制约。因此，大力发展智慧经济，是中国城市加快转变经济发展方式、推动高质量发展的战略举措。

第一节 数字经济

党的十九大报告指出，我国经济已由高速增长阶段转向高质量发展阶段，正处在转变发展方式、优化经济结构、转换增长动力的攻关期，建设现代化经济体系是跨越关口的迫切要求和我国发展的战略目标。实践表明，大力发展数字经济，是加快新旧动能转换、建设现代化经济体系、推动高质量发展的有效途径。

一、内涵和意义

1. 数字经济的内涵

1994年，美国学者唐·泰普斯科特（Don Tapscott）在《数字经济：网络智能时代的希望与危机》(The Digital Economy: Promise and Peril in the Age of Networked Intelligence) 中正式提出了"数字经济"（Digital Economy）这一概念。

数字经济是以数据、信息、知识作为关键生产要素，以现代信息网络作为重要载体，以信息通信技术应用作为效率提升和结构优化重要推动力的一系列经济活动。数字经济是典型的新经济。

数字经济是继农业经济、工业经济之后的主要经济形态，将促进人类社会生产方式的变革、生产关系的再造、经济结构的重组、生活方式的巨变。数字经济与工业经济的区别如表11-1所示。

表11-1 数字经济与工业经济的区别

	工业经济	数字经济
生产要素	劳动力、土地、资本	技术、数据、信息、知识
劳动工具	普通机器	数字化设备、计算机、互联网

续表

	工业经济	数字经济
劳动者	工人	工人、工业机器人
生产方式	机器加工，以产定销	3D打印，以销定产
生产资料所有制	独享	共享
雇佣关系	1—1	1—N
产品形式	标准化	大规模定制
企业资产	厂房、设备、资金	厂房、设备、资金、数据
消费形态	有形（实物）	无形（数据、信息、知识）

大力发展数字经济，是全球各国共识，是中央战略部署。发展数字经济，领导干部要消除以下误区：

（1）误以为发展数字经济就是发展以阿里巴巴、腾讯等为代表的互联网企业。随着新一代信息技术的颠覆式创新与融合式发展，当前发展数字经济的重点已经转变为推动互联网、大数据、人工智能与实体经济深度融合，数字经济绝不是特指少数互联网领军企业，而是要大力推进全产业、全主体、全要素、全业务、全渠道的数字化转型。

（2）误以为发展数字经济就是发展互联网、大数据、人工智能等新一代信息技术。实际上，以新一代信息技术与传统产业广泛渗透融合形成的融合部分，才是数字经济的发展主体。

（3）误认为发展数字经济就是推进信息化和工业化深度融合。实际上，数字经济融合部分涵盖全部一二三产业，且行业渗透率呈现出三产高于二产、二产高于一产的特征。发展数字经济，不只是推进信息化和工业化深度融合，还要推进农业农村信息化，推进商贸流通、金融保险、文化旅游、卫生健康等服务业信息化。

（4）误认为发展数字经济只是北京、上海、深圳、杭州等大城市的事情，中小城市没有必要发展数字经济。数字经济包括数字产业化和产业数字化两大方面。对于中小城市来说，推进数字产业化有一定的难度，但推进产业数字化则完全有基础。通过应用数字化技术，可以促进传统产业转型升级。

（5）误认为数字经济包含数字化治理。数字化治理属于数字政府范畴，不属于数字经济范畴。数字中国包括数字基建、数字党建、数字政府、数字经济和数字社会。数字中国包含数字化治理，即数字政府。

2. 发展数字经济的意义

数字经济正在成为全球新一轮产业变革的核心力量，世界各国对发展数字经济已经达成广泛共识。发展数字经济的重大意义突出体现在以下方面：

（1）数字经济是人类社会经济发展新的历史阶段。随着人类从农业社会、工业社会步入信息社会，数字经济已经成为引领科技革命和产业变革的核心力量，世界经济发展正在进入以数字化生产力为主要标志的新阶段。数字经济不仅在生产力层面推动劳动工具数字化、劳动对象服务化、劳动机会大众化，而且在生产关系层面促进资源共享化、组织平台化等。

（2）数字经济是全球经济一体化的重大机遇。随着世界经济结构经历深刻调整，许多国家都在寻找新的经济增长点，以期在未来发展中继续保持竞争优势，更有效地提高资源利用效率和劳动生产率。在全球范围内，跨越发展新路径正逐步形成，新的产业和经济格局正在孕育，数字贸易成为国际贸易新方向，数字经济对全球经济增长的引领作用不断显现。发展数字经济已在国际社会凝聚了广泛共识，为促进加深世界各国合作，构建以合作共赢为核心的新型国际关系提供了重大机遇。

（3）数字经济是推动高质量发展的重要支撑。数字经济以数据、信息、知识作为关键生产要素，将有效驱动劳动力、资本、土地、技术、管理等要素网络化共享、集约化整合、协作化开发和高效化利用。同时，促进新一代信息技术加速与经济社会各领域深度融合，孕育了新技术、新产业、新业态、新模式，成为驱动生产方式变革的新动力。发展数字经济将进一步减少信息流动障碍，提升经济运行效率和全要素生产率，提高供需匹配效率，有效推动高质量发展。

二、发展对策

（1）大力推进数字产业化。

大力发展电子信息制造业、软件和信息服务业，积极培育物联网、云计算、移动互联网、大数据、人工智能、3D打印、区块链、虚拟现实等新一代信息技术产业，加快发展数字内容和数字创意产业，积极发展平台经济和共享经济。

（2）大力推进产业数字化。

围绕当地主导产业和特色优势产业，实施"互联网＋"行动计划。大力发展智能制造、网络化协同制造、大规模定制、服务型制造、云制造、共享制造等先进制造业，推动工业数字化转型。把推动农业农村数字化转型作为实施乡村振兴战略的重要内容，发展新型农业、乡村旅游和农村电商，建设数字乡村，推动农业数字化转型。大力发展电子商务、"互联网＋物流"、智慧旅游、智慧医疗、智慧养老等，推动服务业数字化转型。

（3）优化数字经济发展环境。

成立数字经济发展领导小组及其办公室。从财税、金融、科技、土地、人才、用电等方面加大对数字经济的政策扶持力度。完善适应数字经济发展的投融资体系。结合人才计划，引进一批数字经济领域的领军人才和急需紧缺人才。建立数字经济重大项目库,形成"谋划一批、开工一批、在建一批、投产一批"项目滚动发展机制。探索建立数字经济统计指标体系,编制数字经济发展年度报告。把数字经济发展列入重点督查和督导内容,对发现的问题及时督促整改。加大对数字经济的宣传力度,提高社会各界对数字经济的认识。

第二节 智能制造

中国是"制造大国""世界工厂"。目前中国制造业面临土地、劳动力、原材料、资源能源等诸多因素的制约,亟待向智能制造、智慧制造转型发展。

一、国外智能制造战略

1. 德国工业 4.0 战略

德国制造业长期在全球处于领先地位,这在很大程度上源于德国注重创新工业技术,采用先进的工业管理工具。

2013 年 4 月,德国政府在汉诺威工业博览会上正式提出了"工业 4.0"战略。通过大力发展智能制造,构建网络物理系统(Cyber-Physical System,CPS),进一步提高德国制造业的竞争力,在新一轮工业革命中占领先机。网络物理系统是一个综合计算机、互联网和工业设备的复杂系统,是典型的工业互联网。通过综合采用计算机、通信和控制技术,实现工业系统的实时感知、动态控制和信息服务[95]。

2014 年 10 月,中国和德国联合发布了《中德合作行动纲要:共塑创新》,提出中德双方在"工业 4.0"方面开展合作。从工业 1.0 到工业 4.0 如图 11-1 所示。

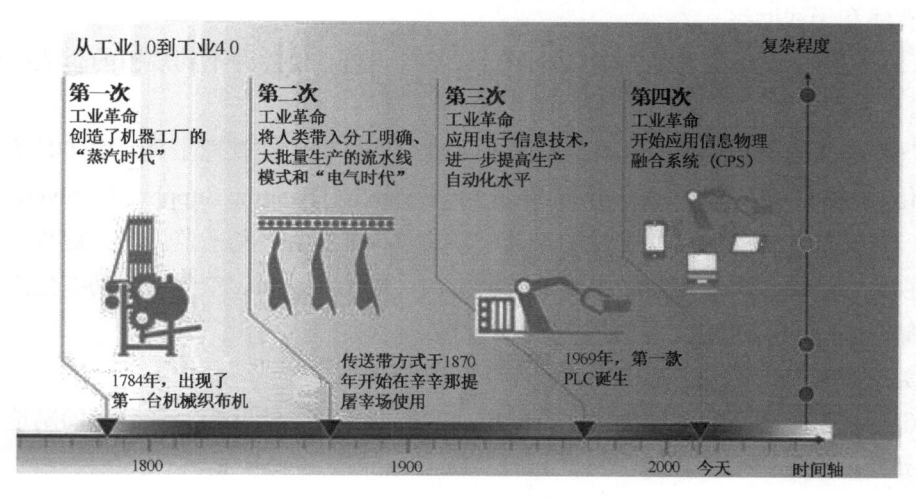

图 11-1 从工业 1.0 到工业 4.0

2. 美国智慧制造战略

2011年6月，美国智慧制造领导者联合会（Smart Manufacturing Leadership Coalition，SMLC）发布了一份题为"实现21世纪智慧制造（Implementing 21st Century Smart Manufacturing）"的工作组总结报告。

美国智慧制造领导者联合会认为，激烈的全球竞争，能源成本和供应中的不确定性以及信息技术的指数式增长，正在把工业转向敏捷、即时过程、高性能制造、新产品的加速引进。商业绩效与可持续发展、环境、健康和安全（EHS）问题越来越相关。企业可以使用智慧制造来帮助达到与这些问题有关的目标，并改善整体经济、安全和竞争力。

从工程的角度来看，智慧制造是指通过密集地应用高级智能系统，快速制造新产品，动态响应产品需求，实时优化制造生产和供应链网络。智慧制造覆盖制造的各个方面，从摄入原材料到成品交付给市场。它创建了一个知识丰富的包含一系列产品、运营、业务系统的环境，跨越工厂、配送中心、企业和整个供应链。

美国智慧制造领导者联合会提出了如下发展目标：

（1）在核心制造过程中运用先进的数据分析、建模和仿真技术来降低成本。

（2）降低竞争前（Pre-Competitive）基础设施的成本，包括数据和信息网络，互操作的硬件和软件，共享的业务数据。

（3）建立一个行业共享的社区资源平台，让用户可以访问可定制的开放软件，作为一个App或"应用商店"以及信息交流中心（Clearinghouse），并促进创新。

（4）为企业应用制造智能创建并提供宽带访问下一代传感技术和数字化基础设施（如一次性传感器、数据融合）以及为实现更高的测量精度和智能而集成不同来源数据的有线和无线网络。

（5）建立国家级的智能制造试验平台或基础设施，使各种不同规模的企业都可以使用。

（6）建立虚拟工厂，为物料追踪和产品溯源开发供应链管理工具，如实时仿真和可视化、虚拟测试床、动态风险分析、供应商动态参与（Dynamic Supplier Involvement）。

（7）在整个企业应用仪表性能工具（如关键性能指标、动态监测，关键数据的动态可视化，就像汽车仪表盘）来管理必要资源（如能源、水、空气）的动态生产、使用和储存，建立EHS机制，实现可持续发展。

美国智慧制造领导者联合会提出了如下发展愿景：

（1）技术创新和经济的健康：高度集成的智慧系统，能够为有竞争力的制造物料和产品提供途径。

（2）敏捷（Agile）：在高度优化的制造工厂和供应网络的敏捷过程，能够对客户需求变化作出快速响应。

（3）资源利用效率：随时访问制造智能，使工厂更有效地运行，并最大限度地减少资源的使用。

（4）安全和信心：通过跟踪可持续的生产和物料的实时处理，确保产品和流程的安全性和可靠性。

（5）下一代劳动力（Next Generation Workforce）：制造业劳动力具有先进的技能和天赋，使制造智能的效益最大化。

（6）可持续发展：在制造过程中最大限度地减小对环境的影响，提高能源部、国防部、国土安全部等关键部门的可持续发展能力。

美国智慧制造领导者联合会确定了四方面的优先行动计划：

（1）在为智能制造搭建工业建模与仿真平台方面，为虚拟工厂企业创建社区平台（包括网络、软件），为生产决策开发下一代软件和计算架构工具箱，在工厂优化软件和用户界面中融入人类因素和决定，为多个行业和不同技能水平扩展能源决策工具的可用性，如能源仪表板、自动数据反馈系统、移动设备的能源应用程序。

（2）在可负担的工业数据采集和管理系统方面，为所有行业建立一致、有效的数据模型，如数据协议和接口、通信标准等。开发稳定的（Robust）数据采集框架，如传感器或数据融合、机器和用户接口、数据记录和检索工具。

（3）在业务系统、制造工厂和供应商企业级集成方面，通过仪表板报表、度量（Metrics）、常用的数据架构和语言等常用报告和评级方法优化供应链绩效。开发开放的平台软件和硬件以传输和集成中小企业和原始设备制造商（OEM）之间的数据，如数据共享系统和标准，常用参考架构。集成产品和制造过程模型，如软件、网络、虚拟化和实时仿真、数据传输系统。

（4）在智慧制造的教育和培训方面，通过开发培训模块、培训课程、设计标准和学习者接口，加强教育和培训，不断壮大智慧制造专业人才队伍。

二、中国智能制造发展对策

智能制造是指制造业企业广泛采用数字化、网络化、可视化、自动化、智能化的信息系统并实现集成应用，以便快速、灵活地对市场作出响应。智能制造是制造业信息化发展的高级阶段，也是生产方式变革的重要方向。

《中国制造2025》提出，把智能制造作为两化深度融合的主攻方向。着力发展智能装备和智能产品，推进生产过程智能化，培育新型生产方式，全面提升企业研发、生产、管理和服务的智能化水平。

发展智能制造，要做好如下三方面的工作：

（1）推进企业关键环节的智能化。企业关键环节的智能化包括研发设计智能化、生产制造智能化、经营管理智能化和市场营销智能化。

在研发设计方面，鼓励软件企业开发智能化的研发工具软件和工业设计软件，采用"共建共享"机制建设科技情报信息库、专利文献数据库、工业设计素材库等，推广计算机辅助工程（CAE）、工业仿真（如图 11-2 所示）、3D 打印等技术，提高研发设计过程的自动化、智能化水平，进一步缩短研发设计周期。

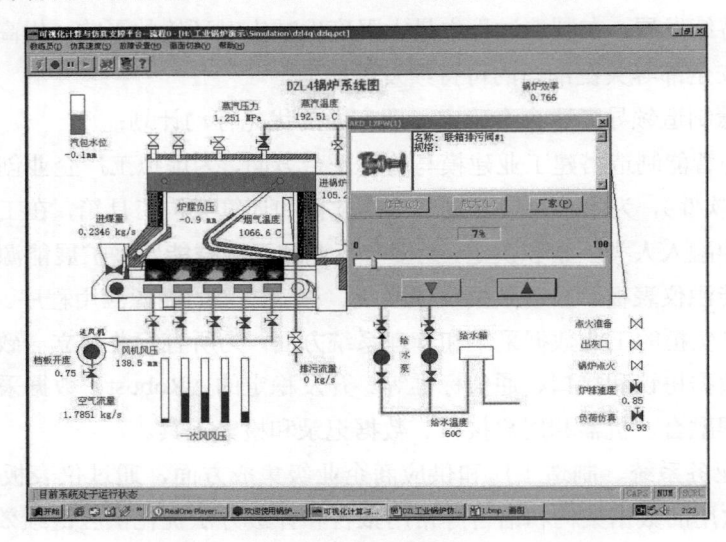

图 11-2 某工业锅炉仿真软件用户界面

在生产加工方面，鼓励软件企业开发智能化的工业控制软件、数控系统，推广智能控制、工业机器人、快速成型、计算机辅助制造（CAM）、网络协同制造、制造执行系统（MES）等技术，提高生产设备和生产线的智能化水平，利用物联网技术实现进料设备、加工设备、包装设备等的联网协作，打造"无人工厂"（如图 11-3 所示）。

图 11-3 无人化智能工厂

在企业管理方面，鼓励软件企业开发智能化的管理软件。鼓励工业企业开展 ERP 和 MES 集成应用，将物联网技术应用于车间管理，实现生产管理的智能化。推广商业智能（BI）系统，鼓励企业建立知识库和知识管理系统，发展辅助决策的"仪表盘"系统（如图 11-4 所示），通过对企业经营过程中的各种数据进行统计分析、联机处理和数据挖掘，实现管理决策的智能化。

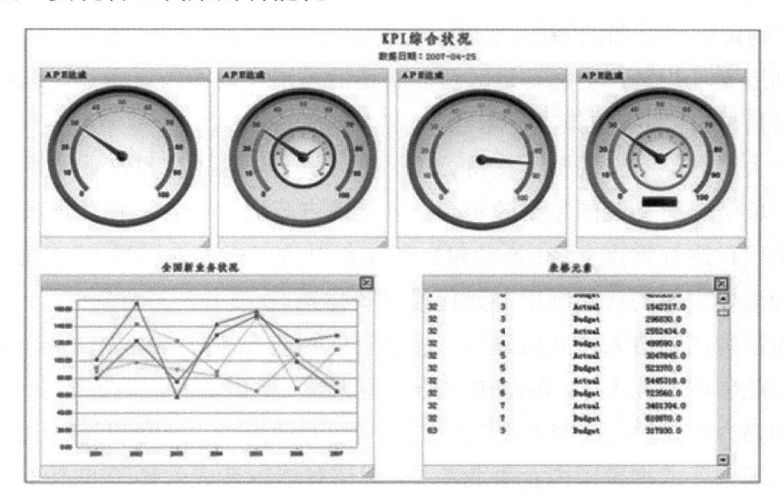

图 11-4 某企业经营管理"仪表盘"系统用户界面

（2）促进企业信息化集成应用和融合创新，通过相关信息系统的综合集成应用而产生企业智能。例如，通过研发设计与生产的集成，生产与管理的集成，市场营销与研发设计的集成等，实现产供销一体化、业务与财务一体化以及集团管控一体化。

在企业内部信息化集成应用方面，以信息化推进研发设计与生产制造集成、生产与管理的集成、生产与销售的集成、业务与财务的集成、总部与分支机构的集成，以实现产销衔接、管控一体，提高企业生产经营效率，减低成本，控制风险。在企业之间信息化集成应用方面，以信息化推进产业链协同，鼓励行业龙头企业与配套企业之间进行信息系统对接，相互共享设计、库存、物流等信息，以提高协同效率，降低总成本，实现即时生产。

（3）提高产品的智能化水平。推进产品的智能化，即在产品中嵌入电子信息技术，增强产品的功能和性能，提高产品的档次和附加值。重点发展智能化的汽车、船舶、机械装备、家居等。对于汽车工业，发展智能汽车和车联网，实现对汽车的远程控制和自动驾驶，提高安全性和便捷性。对于船舶工业，发展智能船舶、船联网、船舶识别系统（AIS）和船舶交管系统（VTS）等，保障船舶航行的安全性，提高海事管理水平。对于机械装备行业，发展高端智能制造装备，包括高档数控机床、智能工业机器人、自动化成套生产线等，发展智能仪器仪表、智能工程机械等。在家居行业，发展智能家电、智能家具、智慧家庭成套产品等。

为了更好地推进中国制造业的智能化，促进工业由大变强，需要做好如下三方面的工作：

（1）改善智能制造发展的软环境。

一是加强对智能制造的政策引导。把发展智能制造作为工业转型升级工作的重要内容，研究制定国家层面的智能制造指导意见；各地工业和信息化主管部门可以组织编制智能制造专项规划，明确本地区智能制造的发展方向和发展重点。组织制定《智能制造指导目录》，明确政策支持重点。

二是加大对智能制造的资金支持力度。技改资金、电子信息产业发展基金、中小企业发展专项资金等相关国家财政资金，以及地方政府现有各类相关财政资金，要对智能制造类项目进行重点支持；推动建立和完善以政府投入为引导，企业投入为主体，社会投入为重要来源的智能制造多元化投融资体系。

三是加强智能制造人才队伍建设。建立智能制造人才分类指导目录，多形式、多渠道引进智能制造专业人才；鼓励国内研究型大学、科研院所与地方政府、工业企业、软件企业加强合作，联合培养多层次的智能制造专业人才。鼓励智能制造领域的海外高端人才回国创业或加盟国内企事业单位；邀请智能制造成效显著的企业的负责人作为主讲人，采用现身说法，对其他企业负责人进行培训。

（2）完善智能制造公共服务体系。

发展智能制造装备，夯实智能制造基础。着力突破智能测控等一批核心关键技术，促进相关技术产业化。结合技术改造工作，在工业企业逐步推广智能制造设备。建设一批面向智能制造的机械装备制造业基地、智能制造装备技术和工程研究中心，形成发展智能制造装备的有效载体。

通过整合智能制造相关产学研资源，组建智能制造产业联盟。建设一批市场化运作的智能制造服务平台，或对现有两化融合服务平台进行升级，集聚一批高水平的智能制造专家，为工业企业提供智能制造共性技术研发、方案设计、系统实施、专业培训、咨询诊断等服务。

通过举办智能制造方面的会议、展览，为智能制造领域的产品或服务提供商与工业企业对接创造条件。优先支持产品或服务提供商与工业企业联合申报智能制造类项目，促进智能制造供需对接。

（3）开展智能制造试点示范工作。

开展区域智能制造试点示范工作。选择一批制造业基础好、两化融合推进工作扎实、新一代信息技术产业快速发展的地区，作为智能制造示范区，为其他地区发展智能制造提供先进经验和技术输出；鼓励地方工业和信息化主管部门开展智能制造试验区创建工作和智能制造试点示范工程建设工作。

开展行业智能制造试点示范工作。选择机械装备、汽车、船舶、家电等重点行业，围绕产品智能化开展智能制造试点示范工作；选择节能环保、新一代信息技术、生物、高端装备制造、新能源、新材料、新能源汽车等战略性新兴产业，围绕研发设计智能化开展智能制造试点示范工作。

开展企业智能制造试点示范工作。研究制定智能制造评价指标体系，遴选一批智能制造示范企业；实施智能制造试点示范工程，组织企业申报智能制造试点示范项目。

2014年4月，波士顿咨询公司发布了一份研究报告，指出中国对美国的制造业成本优势已经由2004年的14%下降到4%，到2020年左右中国制造业成本优势将不复存在。美国政府实施再制造战略之后，一批美国制造业企业已撤离中国。目前，中国制造业劳动生产率不足美国的10%。在高端制造领域，美国劳动生产率是中国的20倍以上。为此，中国必须通过大力发展智能制造、推进"机器换人"来降低制造业成本，增强中国制造业的国际竞争力。

第三节 工业互联网

2012年底，美国通用（GE）公司提出了"工业互联网"（Industrial Internet）的概念。工业互联网是指具有互联的传感器和软件的复杂物理机器。工业互联网综合集成了机器学习、大数据、物联网和机器之间（M2M）通信等技术，可以消化来自机器的数据，分析这些数据（往往是实时数据），并以此改进操作。

通用公司全球董事长兼首席执行官杰夫·伊梅尔特将"工业互联网"定义为：智慧的机器加上分析的功能和移动性。工业互联网能带来两个直接好处：一是降低设备故障发生的概率和减少故障时间；二是实现资产管理的优化，让设备能够在能耗最低、性能最佳的状态下工作。通用公司认为，通过智能机器间的连接并最终将人、机连接，结合软件和大数据分析，工业互联网最终将重构全球工业。

工业互联网主要包括生产、产品和商务三个层面，需要结合中国工业发展实际情况，有针对性、有重点地发展工业互联网。

（1）夯实工业互联网的基础。俗话说，"基础不牢，地动山摇"。要发展好工业互联网，必须下大力气打好基础。工业互联网的基础包括工业传感器、工业数据实时分析软件和以工业机器人为代表的智能制造装备等。要进一步提高工业传感器的精确性、稳定性和可靠性，发展实时数据库以及相应的大数据分析软件，推进传统机械装备、数控机床等向智能化的工业机器人转型，发展具有3C（计算机、控制和通信）功能的智能制造装备。东南沿海地区面临招工难、招工贵的情况，正是推行"机器换人"的大好时机。

（2）发展生产层面的工业互联网，构建"智慧工厂"。引导有条件的工业企业利用物联网技术对各类生产设备进行联网，对设备运行情况进行在线监控，建设"智慧工厂"。按生产工序把焊接机器人、冲压机器人、搬运机器人等类型的工业机器人联网，发展群体工业机器人。利用大数据分析技术对生产数据进行实时处理，以改进工艺流程。

（3）发展产品层面的工业互联网，打造"智慧产品"。提高产品智能化水平，可以提高产品附加值，推进产品高端化。推进传统工业产品数字化、网络化和智能化，使产品远程可测、可控。重点发展具有互联网接入和数据通信功能的智能汽车、智能家电、智能机械、智能可穿戴设备等产品。

（4）发展商务层面的工业互联网。组织针对工业企业负责人的培训活动，让他们树立"互联网思维"，促进工业企业的商业模式创新。发展电子商务订单驱动型制造业，实现前台网络接单和后台生产系统的有机结合。

建议地方政府积极发展工业互联网，促进工业转型升级。推动移动互联网、云计算、大数据、物联网等新一代信息技术与现代制造业的融合，大力发展智能制造。引导企业在工业设计、工业仿真等方面应用云计算技术，支持云计算服务商构建面向中小制造业企业的云服务平台。引导工业企业建设商业智能（BI）系统，对生产经营数据进行大数据分析。在生产制造、经营管理、产品信息化、节能减排和安全生产等领域推广应用物联网技术，发展工业物联网，促进制造业服务化转型。引导工业企业对各类生产设备进行联网，发展群体工业机器人，建设"无人工厂"。推进工业产品数字化、网络化和智能化，使产品远程可测、可控，为用户提供远程故障诊断和运维服务。

> 要深入实施工业互联网创新发展战略，系统推进工业互联网基础设施和数据资源管理体系建设，发挥数据的基础资源作用和创新引擎作用，加快形成以创新为主要引领和支撑的数字经济。
>
> ——2017年12月习近平总书记在主持中共中央政治局第二次集体学习时的讲话

第四节　3D打印技术

3D打印是一种以计算机数字化模型为基础，运用粉末状金属或塑料等可黏合材料，通过逐层打印的方式来构造物体的技术，是增材制造（Additive Manufacturing）的主要实现形式。

与传统的"去除型"制造不同,增材制造不需要原胚和模具,能直接根据计算机图形数据,通过增加材料的方法制造出任何形状的物体,简化产品的制造程序和工艺,缩短产品的研制和生产周期,提高生产效率,降低生产成本。

英国《经济学人》杂志在《第三次工业革命》一文中,将 3D 打印技术作为第三次工业革命的重要标志之一。

一、3D 打印类型

目前主要有 6 种 3D 打印技术:

(1)3DP 技术——通过将液态连接体铺放在粉末薄层上,以打印横截面数据的方式逐层创建各部件,创建三维实体模型。

(2)FDM 熔融层积成型技术——将丝状的热熔性材料加热融化,同时三维喷头在计算机的控制下,根据截面轮廓信息,将材料选择性地涂敷在工作台上,快速冷却后形成一层截面。一层成型完成后,机器工作台下降一个高度再成型下一层,直至形成整个实体造型。成型件强度、精度较高,适用于小塑料件。

(3)SLA 立体平版印刷技术——以光敏树脂为原料,通过计算机控制激光按零件的各分层截面信息在液态的光敏树脂表面进行逐点扫描,被扫描区域的树脂薄层产生光聚合反应而固化,形成零件的一个薄层。一层固化完成后,工作台下移一个层厚的距离,然后在原先固化好的树脂表面再敷上一层新的液态树脂,直至得到三维实体模型。该方法成型速度快,自动化程度高,主要应用于复杂、高精度的精细工件快速成型。

(4)SLS 选区激光烧结技术——通过预先在工作台上铺一层粉末材料,然后让激光在计算机控制下按照界面轮廓信息对实心部分粉末进行烧结,层层堆积成型。该方法制造工艺简单,材料选择范围广,成本较低,成型速度快,主要应用于铸造业直接制作快速模具。

(5)DLP 激光成型技术——使用高分辨率的数字光处理器(DLP)投影仪来固化液态光聚合物,逐层地进行光固化。该方法成型精度高,在材料属性、细节和表面光洁度方面可匹敌注塑成型的耐用塑料部件。

(6)UV 紫外线成型技术——利用 UV 紫外线照射液态光敏树脂,一层一层由下而上堆栈成型,通常应用于精度要求高的珠宝和手机外壳等行业。

二、3D 打印应用领域

目前,3D 打印技术在汽车、医疗卫生、服装鞋帽、建筑、食品、航空航天、军工等行业都得到了应用。

1. 汽车制造业

传统的汽车制造是生产出各部分然后再组装到一起，而 3D 打印机能打印出单个的、一体式的汽车车身，再将其他部件填充进去。2010 年 11 月，世界上第一辆 3D 打印的汽车 Urbee 问世。在为期 6 天的 2014 年国际制造技术展览会上，美国 Local Motors 公司采用 3D 打印技术制造了一辆名为 Strati 的汽车，打印零部件和组装共花费了 44 小时，最低售价 1.1 万英镑。Strati 只有 40 个零部件，而传统汽车零部件一般超过 2 万个。Strati 的最高时速可达 56 千米，电池可支持 Strati 跑 193～243 千米。底盘和车身都使用巨型打印机打造的部件，但轮胎、座椅、方向盘、电池、电线、悬架、电动马达以及屏蔽窗等仍然采用常规方式制造。

2. 医疗卫生行业

可以采用 3D 打印技术制造人造器官、人造骨骼、假牙、假肢等。2012 年 11 月，苏格兰科学家利用人体细胞打印出了人造肝脏组织。2014 年 8 月，北京大学研究团队成功地为一名 12 岁男孩植入了 3D 打印脊椎。

3. 服装鞋帽行业

可以采用 3D 打印技术生产比基尼、时装、鞋子、帽子、裙子等。2011 年 6 月，世界上第一款 3D 打印的比基尼问世。2013 年的巴黎时装周上，多款 3D 打印机制作的服饰吸引了很多人的眼球，如图 11-5 所示。一些服装设计工作室，如澳大利亚的 XYZ Workshop，已经提供 3D 服装设计作品下载服务。这就意味着，只要用户有一台 3D 打印机，就可以定制和创造自己的服饰。

图 11-5　2013 年巴黎时装周上展示的 3D 打印的时装和鞋

4. 建筑行业

3D 打印技术正在建筑业掀起一场革命。2014 年 8 月，10 幢 3D 打印建筑在上海张江高新青浦园区内交付使用，作为当地动迁工程的办公用房。墙体是用建筑垃圾制成的特殊"油墨"，按照电脑设计的图纸和方案，经一台大型 3D 打印机层层叠加喷绘而成。10 幢小屋的建筑过程仅花费了 24 小时。

5. 食品加工行业

3D 打印技术可以用来制作个性化的食品。2011 年 7 月，世界上第一台 3D 巧克力打印机问世。这款桌面级 3D 巧克力打印机构造简单，但极富创造性。它为那些热衷于体验新技术的用户提供了很新鲜的趣味体验。

6. 航空航天领域

3D 打印技术可以用来制造无人机、天文望远镜等。2011 年 8 月，英国南安普敦大学的工程师设计并放飞了世界上第一架打印出来的飞机。这是一款名为"SULSA"的无人机。整个结构均采用 3D 打印方式，包括机翼、整体控制面和舱门。整架飞机可在几分钟内完成组装并且无须采用任何工具。这款电动飞机翼展 2 米，最高时速接近 160 千米，巡航时几乎不发出任何声响。2014 年 9 月底，美国国家航空航天局（NASA）通过 3D 打印技术制造了一台天文望远镜。

7. 国防军事领域

3D 打印技术可以用来制造无人机、手枪、军舰等武器装备。2013 年 11 月，世界上第一把 3D 打印的金属手枪问世。2014 年 7 月，美国海军试验了利用 3D 打印技术快速制造舰艇零部件，希望借此提升执行任务速度并降低成本。

对于地方政府，可以发展 3D 打印机等 3D 打印装备制造业、3D 建模等软件和信息服务业，在纺织服装、卫生健康、食品加工、文化创意等领域推广应用 3D 打印技术。支持校企合作建立 3D 打印实训基地，培养一批 3D 打印领域的实用型人才。

第五节　智慧产业和智慧企业

2018 年 10 月 31 日，习近平总书记在主持中共中央政治局第九次集体学习时强调，要培育具有重大引领带动作用的人工智能企业和产业，构建数据驱动、人机协同、跨界融合、共创分享的智能经济形态。智慧产业和智慧企业是智能经济的核心内容。

一、智慧产业

智慧产业是指数字化、网络化、信息化、自动化、智能化程度较高的产业。智慧产业是智力密集型产业和技术密集型产业，而不是劳动密集型产业。与传统产业相比，智慧产业更强调智能化，包括研发设计的智能化、生产制造的智能化、经营管理的智能化、市场营销的智能化。

智慧产业的一个典型特征是物联网、云计算、大数据、人工智能、5G、区块链等新一代信息技术在产业领域的广泛应用。大力发展智慧产业,是推动信息化与工业化深度融合的重要举措,是推进中国产业转型升级的重要途径。

与智慧产业相关的概念是"知识经济"。知识经济是以知识为基础的经济形态。在知识经济时代,知识成为一个独立的生产要素,并且是在生产过程中最重要的生产要素。智慧产业是知识经济时代的主导产业。

目前,物联网、云计算、大数据、人工智能、5G、区块链等新一代信息技术已在一些产业领域得到应用。例如,物联网技术在产品信息化领域应用,出现了物联网家电等新产品。无锡第一棉纺织厂利用物联网技术对产量、质量、机械状态等 9 类 168 个参数进行监测,并通过与企业 ERP 系统对接,实现了管控一体化和质量溯源,提升了生产管理水平和产品质量档次。北京市计算中心建成了每秒浮点运算能力达到 100 万亿次的工业云计算平台,提供 Ansys、Fluent、Abaqus、BLAST、Gromacs 等 20 余种工业软件,已成功应用于北京长城华冠汽车公司的汽车碰撞仿真、中国京冶工程技术有限公司的钢结构虚拟装配仿真、北京生命科学研究所的生物计算研究等项目。5G 技术在企业移动办公、移动视频监控等领域得到应用。

发展智慧产业,要做好如下四方面的工作:

(1) 推广物联网、云计算等新一代信息技术。

一是推进物联网技术在工业领域的应用。在汽车、船舶、机械装备、家电等行业推广物联网技术,推动智慧汽车、智能家电、车联网、船联网等的发展。通过进料设备、生产设备、包装设备等的联网,提高企业产能和生产效率。在供应链管理、车间管理等领域推广物联网技术。利用物联网技术对企业能耗、污染物排放情况进行实时监测,对能耗、COD(化学需氧量)、SO_2 等数据进行分析,以便优化工艺流程,采取必要的措施。

二是推进云计算技术在工业领域的应用。鼓励企业在工业设计、工业仿真等方面应用云计算技术,以提高研发设计效率,降低研发设计成本。鼓励第三方 SaaS 平台运营商向云服务平台运营商转型,支持一批优秀的管理软件提供商建设云服务平台。鼓励中央企业、大型民营企业集团对数据中心进行升级改造,为企业信息化规模扩展和应用深化提供支撑。

(2) 推进产品智能化。

一是把电子信息技术"嵌入"到产品中,提高产品的技术含量,使产品数字化、网络化、智能化,增强产品的性能和功能,提高产品的附加值。例如,在汽车、船舶、机械装备、家电、家具等产品中集成由电子元器件、集成电路、嵌入式软件等构成的信息系统。

二是从产品设计到产品使用整个产品生命周期采用信息化手段。在产品设计阶段，采用三维数字化设计软件、工业设计素材库、计算机仿真等手段。在产品制造阶段，采用数控机床、制造执行系统（MES）、工业机器人等手段。在产品管理方面，采用产品数据管理（PDM）系统、产品生命周期管理（PLM）系统、产品质量管理系统等。在产品使用阶段，利用物联网技术对产品运行情况进行远程监测，对故障进行远程诊断，并将产品缺陷信息反馈到设计和制造部门，以便不断改进产品的质量和性能。

（3）推进节能减排和安全生产领域的智能化。

一是推进双高行业节能减排的智能化。对于钢铁、有色金属、石化、建材等高能耗、高污染行业，重点发展绿色智能制造，推广变频节能技术，建立智能化的能源管理中心，实现生产工艺流程优化的智能化，促进本行业的节能减排。

二是推进高危行业安全生产的智能化。对于煤炭、铁路、民用爆炸物、船舶、航空、核电等，重点发展智能化的在线监测和预警系统，实现对设备的运行参数以及温度、压力、浓度等运行环境参数的在线自动监测，当超过设定阈值时系统能够自动报警，并自动采取相应的安全措施。

（4）分类指导，推进各行业智能化。

对于食品、医药、化工等流程型行业，重点发展全自动生产线、工业机器人、在线检测等技术，实现生产控制、产品检测的智能化。对于机械装备、汽车、船舶等离散型行业，重点推广高级排产系统（APS）、MES 系统等，建设智能化的供应链管理系统，实现生产计划管理、供应链管理的智能化。

二、智慧企业

智慧企业是指生产经营智能化水平较高的企业，是企业信息化发展的高级阶段。随着物联网、云计算、大数据等新一代信息技术的快速发展，智慧企业逐步兴起。与传统企业相比，智慧企业具有学习和自适应能力，能够灵敏地感知到企业内外环境变化并快速作出反应。

智慧企业是智慧产业的主体。只有一个产业的大部分企业发展到智慧企业阶段，这个产业才可以算作智慧产业。因此，构建智慧企业，对于推动信息化与工业化深度融合、促进工业转型升级具有重要的意义。

在知识经济时代，企业竞争力在很大程度上取决于企业的知识积累、管理和运用[54]。知识一般通过学习获得。智慧企业是典型的学习型企业。在智慧企业中，每个领导和员工都可以通过网络进行电子学习（e-Learning）。通过建立企业知识库和知识管理系统，每个领导和员工都可以获得与自身岗位相关的知识。

人类有视觉、触觉、听觉、嗅觉等，能够看见、触摸、听到、闻到周边的环境。类似地，通过应用互联网、物联网等信息采集技术以及企业竞争情报系统，智慧企业能够灵敏地感知到外部和内部环境的变化。例如，采集到原材料市场价格数据，就可以分析出原材料市场价格波动情况和走势，进而知道企业自身原材料成本的变化。又如，利用RFID等物联网技术，可以获取企业仓库进出货数据，进而知道企业库存的变化情况。

目前，市场经济正从"大鱼吃小鱼"时代步入"快鱼吃慢鱼"时代。对市场的反应速度关乎企业的生存和发展。就像人类看见障碍物会绕开一样，当智慧企业了解到市场变化情况后，能够快速地作出反应。利用信息化手段，企业可以对市场经营风险进行预警，及时调整经营管理策略，提高企业市场竞争力。例如，通过数据挖掘等手段，当发现原材料市场价格出现上涨势头时，就根据生产需要提前多采购一些储备起来；当根据销售数据发现某种款式的衣服销量大，销售速度快时，就多生产这种款式的衣服。

智慧企业发展的初级阶段主要表现在研发设计、生产制造、经营管理、市场营销等各个关键环节单项应用的智能化程度较高。智慧企业发展的高级阶段则表现在信息化综合集成应用的智能化程度较高，企业拥有"数字神经系统"，能够快速感知市场变化并作出有效反应。

智慧企业是企业信息化发展的重要趋势。在知识经济时代，构建智慧企业是提高企业综合竞争力、推动商业模式变革的重要方法。有关政府部门应把"构建智慧企业、发展智能制造"作为推动信息化与工业化融合、促进工业转型升级的重要内容。

要建设智慧企业，关键是通过信息化手段提高企业的感知能力、反应速度和管理决策智能化水平。

一是加强企业信息化集成应用。建立企业竞争情报系统，广泛收集政策、市场需求、竞争对手情况等方面的信息。要促进部门之间、集团总部和分支机构之间、产业链上下游企业之间的信息共享，减少信息不对称现象。加强对销售数据、客户数据的挖掘，及时调整市场营销策略。

延伸阅读：ZARA通过信息化实现对市场的快速反应

西班牙知名服装企业ZARA以快速反应著称于流行服饰业界。ZARA公司通过信息化建设，其服装从开始设计到在专卖店上架，不超过3周的时间。ZARA公司每年设计出12 000多款新衣服，从设计到生产只需10~15天，而Gap公司和H&M公司则需要花费3~5个月的时间。ZARA公司每周两次从专卖店反馈回服装销售信息，使ZARA公司的库存大大降低，存货周转率高达每年11次。

二是推广应用新一代信息技术。在研发设计、生产制造、经营管理、市场营销等企业关键环节推广应用物联网、云计算等新一代信息技术，发展智能制造，缩短产品研发设计周期，提高劳动生产率，提高上下游企业协作效率。

三是提升企业管理决策的智能化水平。鼓励企业实施商业智能（BI）系统，发展辅助决策的、图形化的"仪表盘"系统，通过对企业经营过程中的各种数据进行统计分析、联机处理和数据挖掘，实现管理决策的智能化。

四是提高领导干部和员工的综合素质。鼓励企业开展 e-Learning，根据岗位职责设置建立知识库，实施知识管理系统，使企业知识不断积淀，领导干部和员工可以在更高的基础上进行工作，开展技术创新、产品创新和管理创新。

三、深化新一代信息技术在小微企业的应用

近年来，物联网、云计算、移动互联网、大数据等新一代信息技术飞速发展，改变了小微企业信息化建设模式，促进了小微企业信息化创新应用。

中小企业信息化推进工程自 2006 年实施以来，取得了令人瞩目的成就，有力地促进了中国中小微企业健康成长。建议深入实施中小企业信息化推进工程，推动"互联网＋小微企业"发展，具体如下：

（1）开展新一代信息技术应用推广活动。针对小微企业，组织开展新一代信息技术应用培训。通过培训，使小微企业负责人了解新一代信息技术的商业价值；使小微企业信息化部门了解如何把物联网、云计算、移动互联网、大数据、3D 打印等新一代信息技术应用到企业生产经营过程中，构建智慧企业。聚合市场化的中小企业信息化服务机构，组织举办新一代信息技术应用方面的展览会、推介会、研讨会等，促进新一代信息技术产品和服务的供需对接。

（2）发展小微企业云服务。支持传统企业应用软件提供商建立市场化运作的、基于云计算的小微企业信息化服务平台，为小微企业提供进销存管理、产品数字化设计、专利检索分析等服务，并创新商业模式。支持专业的云计算公司、大型互联网企业为小微企业提供云计算、云存储、云网站、云安全等服务。支持事业单位性质的中小企业服务机构（如各地的中小企业服务中心）依托云计算平台为小微企业提供服务。对符合条件、应用效果明显的小微企业云服务平台，优先纳入国家级中小企业公共服务平台。

（3）发展面向小微企业的移动互联网应用。与传统互联网相比，移动互联网更适合小微企业。应大力发展移动电子商务、微博营销、微信营销、App 等基于移动互联网的商业应用。支持电信运营商、管理软件公司、培训机构等各类中小企业服务机构开发为小微企业提供服务的 App。鼓励小微企业委托专业软件公司开发自己的 App，

以弥补传统企业网站的不足。小微企业市场是一片"蓝海"，电信运营商应抓住机遇，推出实用、便捷的移动互联网产品。利用工商登记部门掌握的数据，建立全国小微企业名录数据库，整合各类扶持小微企业发展的政策信息，组织开发小微企业"政策通"App，让小微企业负责人第一时间知道政府部门最新出台的小微企业扶持政策。

（4）发展面向小微企业的大数据服务。随着社交媒体、电子商务等的兴起，互联网用户产生了大量数据，这些数据对小微企业生产经营来说是很有价值的。仅对企业内部数据进行分析已不能满足需求，小微企业必须打破数据边界，借助大数据分析来了解更为广阔的企业运营全景图。

从调研情况来看，在精准营销、流程优化、工艺改进等方面，小微企业对大数据服务的需求很大。为此，应在保护个人隐私的前提下，支持专业的大数据服务提供商、大型互联网企业为小微企业提供大数据服务，提供便捷、实用的大数据分析工具软件，帮助小微企业发现商业机会、分析客户购物行为。

（5）建立小微企业信用信息系统。在全国小微企业名录数据库的基础上，建立小微企业信用档案，归集小微企业信用记录，建立全国小微企业信用数据库、全国小微企业信用信息平台、全国小微企业信用信息网，实现小微企业信用信息全国联网。以社会信用代码为唯一标识，把纳税、用工、产品销售、服务提供等方面的信用信息"串"起来，建立小微企业从"注册"到"注销"的全生命周期信用管理制度，开展针对小微企业的信用联合激励和联合惩戒，促进小微企业诚信经营，构建诚信企业。

第六节　智能产品

产品技术含量低是中国制造业发展的短板，也是造成我国资源短缺和环境污染问题的原因之一。创造同一数量的社会财富，如果产品技术含量低，就要消耗更多的资源，同时造成的污染也更大。因此，提升产品的信息化和智能化水平，加快产品升级换代，使产品从中低端市场走向高端市场，是中国制造业转型升级的重要途径。

一、内涵分析

产品信息化是信息化与工业化在产品层面的深度融合。目前，对产品信息化有两种理解。狭义的"产品信息化"是指产品自身的信息化，也就是把电子信息技术"嵌入"到产品中，提高产品的技术含量，使产品数字化、网络化和智能化，增强产品的性能和功能，提高产品附加值。例如，在汽车、船舶、机械装备、家电、家具等产品中集成由电子元器件、集成电路、嵌入式软件等构成的信息系统。广义的"产品信息化"除了产品自身的信息化，还包括从产品设计到产品使用整个产品生命周期采用信息化手段。

2008 年，余鲲首次提出了"产品信息化指数"。他把产品信息化指数作为衡量产品信息化、智能化水平的工具，用于衡量产品中信息通信技术应用的水平，以及由此而带来的改进产品使用效能的水平。2010 年，余鲲为产品信息化指数起了一个别名——"产品智商"，这是一种从顾客角度对产品信息化水平的测度。他还提出了与"性价比"相对应的概念——"智价比"，即产品智商与价格之比。人们可以把"产品智商""智价比"作为采购物品决策的重要依据之一。"产品智商""智价比"的提出有利于引导信息消费。

二、发展现状

1．产品本身的信息化情况

目前，已经有很多产品实现了信息化，而且逐渐从数字化、网络化向自动化、智能化方向发展，如汽车、船舶、机床、工程机械、家电等。

从历史上看，30 年来每一次汽车技术的进步，都离不开汽车电子技术的应用。在一些豪华轿车上，使用单片微型计算机的数量已超过 50 个，电子产品占到整车成本的 70%以上。防抱死系统（ABS）、弯道制动力控制（CBC）、刹车辅助系统（EBA）、急速防滑系统（ASR）、电子稳定程序（ESP）等汽车电子控制装置，提高了汽车驾驶的安全性。车载导航系统、音响及电视娱乐系统、车载通信系统等车载电子装置提高了汽车驾驶的舒适性和便利性。

船用电子产品是船舶中技术含量和附加值比较高的部件，如通信导航设备、船舶测量控制设备。为了提高船舶航行的安全性，许多船舶还配备了驾驶台航行值班报警系统、电子海图显示与信息系统、船舶自动识别系统、全球海上遇险和安全系统、船舶保安报警系统等，如图 11-6 所示。

图 11-6　数字化的船舶驾驶舱

机械产品应用嵌入式软件后，就成为数控机械。与传统机械产品相比，数控机械的价格高20%～40%。作为机电一体化装备，数控机床集高效、柔性、精密、复合、集成等诸多优点于一身，已成为当前装备制造业的主力加工设备和机床市场的主流产品。

我国大型工程机械企业普遍应用物联网、嵌入式软件、GPS等技术来提高工程机械产品的信息化水平，基本实现了对工程机械产品的远程监控、检测和诊断，为工程机械行业向服务型制造业转型奠定了基础。

智能家电就是微处理器和计算机技术引入家电设备后形成的家电产品，具有自动监测自身故障、自动测量、自动控制以及自动调节与远方控制中心的通信等功能。随着物联网、3G、三网融合等一系列技术的成熟，家电的个体化智能将向整体化智能转变。

2002年，美国iRobot公司推出了吸尘器机器人Roomba（如图11-7所示），它能避开障碍，自动设计行进路线，还能在电量不足时自动驶向充电座。

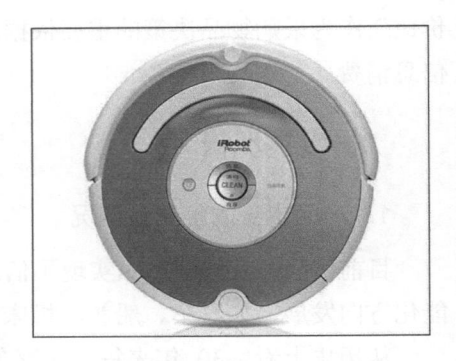

图11-7　吸尘器机器人Roomba

延伸阅读：可穿戴设备

可穿戴设备是指可以直接穿在身上或是整合到衣服或配件的一种便携式电子设备。可穿戴设备的涌现，极大地改变了人们的生活方式。

（1）智能手表：苹果iWatch在2010年5月上市，它具有中文输入、通话记录、短信、彩信、免提通话、情景模式、日历、闹钟、计算器、单位换算、音乐播放、游戏等功能。

（2）智能眼镜：谷歌眼镜采用了增强虚拟现实技术，拥有智能手机的所有功能，镜片上装有一个微型显示屏，用户无须动手便可上网，可以用自己的声音控制拍照、摄像、电话、搜索、定位。谷歌眼镜为盲人出行带来了福音，通过提示周边的路况，使盲人在一定程度上可以"看见"周围的世界。

（3）智能衣服：在2013年巴黎时装周上，展示了一款织入LED颗粒的时装，非常绚丽。2014年5月，英特尔发布了一款智能体恤。这款体恤植入了许多传感器，这些传感器可以监测用户的心率等指标。体恤可以通过蓝牙技术自动把监测数据传到用户智能手机中的专用App，使用户可在手机上了解身体指标的变化；也可以把用户身体监测数据传给医生，使医生可以远程判断用户的身体状况。这款体恤还可以监测到用户当前的情绪。

（4）智能鞋：2013 年 3 月，在 SXSW 大会上，谷歌推出一款智能鞋，如图 11-8 所示。该产品是谷歌"艺术、复制和代码"（Art, Copy & Code）项目的研发成果之一。这款智能鞋由谷歌和创意设计机构 YesYesNo 以及 Studio 5050 合作完成。鞋子内部装配了加速器、陀螺仪等装置，通过蓝牙与智能手机进行连接，可以监测鞋子的使用情况。鞋子还配有一个扬声器，可以把传感器收到的鞋子信息以俏皮的语音评论方式播放出来。

图 11-8　智能鞋

2. 产品全生命周期信息化情况

产品数据管理（PDM）系统是一种用来管理产品规格、型号等相关信息的信息系统。PDM 系统确保跟踪设计、制造所需的大量数据和信息，并由此支持和维护产品。目前，国内许多制造业企业实施了 PDM 系统。

产品生命周期管理（PLM）系统是一种用来管理产品全生命周期相关信息的信息系统。PLM 包含 PDM 的全部内容，但 PLM 又强调了对产品生命周期内跨越供应链的所有信息进行管理和利用。国外许多制造业企业都实施了 PLM 系统，并取得了显著成效。例如，摩托罗拉公司通过应用 PLM 系统实现了在全企业内数据存取的简便性，减少了 50%～75% 的创建和维护 BOM 的时间，CAD 的 BOM 实现 100% 准确，降低了 38% 的工程更改、评估和批准的平均时间。

总的来看，目前我国产品信息化存在的主要问题是：工业电子、工业软件产业不发达；缺乏核心技术，高端产品依赖进口；产品的电子信息技术含量不高，产品智能化程度有待提高。

三、发展对策

1. 加强政策引导

建议有关政府部门制定针对产品信息化的财政投入、税收优惠、信贷支持、政府采购等方面的激励政策。编制《产品信息化发展指南》，引导企业研发电子信息技术含量高的新产品。鼓励企业利用信息化手段建立产品全生命周期管理体系，记录产品设计、加工、检验、销售、使用、维修保养、报废等方面的信息，实现产品的可溯源性。

2. 开展评测认证

鼓励第三方专业机构在工业和信息化主管部门的指导下，联合中国汽车工业协会、中国船舶工业协会、中国工程机械工业协会、中国家用电器协会等有关行业协会开展信息化产品认证工作，发布产品的数字化、网络化、智能化测评结果，为消费者选购有关商品提供参考。

3. 培育服务市场

大力培育和发展支撑产品信息化的服务市场。鼓励电子信息制造类企业研制嵌入产品的传感器、控制器、电子显示屏等电子元器件和硬件设备。鼓励软件企业研制嵌入产品的微型操作系统、嵌入式软件、PDM 系统、PLM 系统等。鼓励企业研制产品信息化整体解决方案，提供针对产品信息化的系统集成、培训、咨询等专业服务。鼓励工业企业和 IT 企业联合申报产品信息化项目，共同研发信息化程度较高的新产品。

实践证明，中国制造的产品要从中低端市场走向高端市场，就必须推进产品信息化，提高产品的"智商"水平。提高产品信息化水平，可以在消耗同样资源和能源的前提下，实现产值翻番。也就是说，产品信息化可以促进工业经济的集约化发展。因此，推进产品信息化，是转变经济发展方式的有效途径。

第七节　共享经济与平台经济

一、共享经济

共享经济是指个人通过互联网平台把闲置的资源提供给需要这种资源的人并获取相应的报酬，让闲置资源创造新的价值。共享经济通过互联网把个人零散的闲置资源有序地组织起来，促进了闲置资源的开发利用，实现了"人尽其才、物尽其用"。

在共享经济中，人们可用来交易的闲置资源有财产、技能、劳务、时间等，其中个人财产包括资金、房子、汽车、衣服等，技能包括教育、培训、修理、医疗等，劳务包括物流配送、家政服务等。例如，人们可以把闲置的资金放到 P2P 网络借贷平台、进行互联网众筹，把闲置的房子或房间出租，用私家车运送乘客，把闲置的礼服出租，利用空闲时间教他人学习音乐、美术等，帮别人修理家电、自行车等，帮别人送货、清理房间，利用空闲时间陪别人聊天、旅游甚至充当临时男朋友或女朋友。

近年来，全球共享经济快速发展，出现了许多闲置资源网络交易平台。在国外，有用私家车运送乘客的 Uber、出租房子或房间的 Airbnb、帮别人送货的 Instacart、出租衣服的 Rent the Runway、在线预订的保洁员 Handybook 等。根据英国商务部公布的数据，大约 1/4 的英国成年人有过网上分享闲置资源的经历。在国内，有用私家车运送乘客或提供租车服务的"滴滴出行"、易到用车、天天用车、AA 租车、PP 租车等，提供度假公寓在线预订服务的途家网、小猪短租，帮别人送快递的人人快递，提供文案设计、软件开发、专利代理等服务在线交易的猪八戒网等。

共享经济之所以发展迅速，主要有三个方面的原因：一是互联网（特别是移动互联网）的发展，其平台可以消除资源供需双方信息的不对称，资源提供者发布信息、资源需求者获取信息都非常方便；二是随着人们生活水平的提高，许多人都有房子、汽车等，人们手头闲置资源越来越多，许多人都有才艺和空闲时间；三是随着个性解放，人们的工作、就业观念都在转变，许多年轻人不喜欢成为朝九晚五的"上班族"，而喜欢成为自由职业者，自由地支配自己的时间，做自己喜欢做的事情。

共享经济与传统经济有很大的不同。在传统经济中，人们拥有并独占某种资源，不与他人分享这种资源；而在共享经济中，人们拥有对资源的所有权，但把资源部分使用权出让给他人，以获得经济利益。一个人独自占有超过他实际需求的财物是一种浪费，而共享经济减少了这种浪费。

共享经济改变了传统商品交换模式，改变了个人财产属性，改变了工作、就业方式。以前人们是购买企业的商品或服务，而现在是购买个人的物品或服务（例如，以前人们乘坐出租车公司的出租车并付费，现在是乘坐私家车并付费）；以前个人财产归个人使用，而现在个人财产也可以用来商业化经营（例如，私人住宅也可以成为旅店）；以前人们一般有固定的工作单位，而现在人们可以没有固定的工作单位而成为自由职业者。随着共享经济的兴起，许多概念需要重新定义，许多商业规则需要重新制定。

发展共享经济有许多好处。对政府来说，发展共享经济可以促进社会就业和节能减排，改善交通，培育新的经济增长点。例如：共享经济领域的互联网企业提供了许多就业岗位，人们可以依托互联网平台成为自由职业者；专车、拼车服务可以减轻道路拥堵，减少汽车尾气排放。对一些企业来说，可以通过"互联网众包"方式招聘短期雇用人员，减少长期聘用工作人员数量，降低劳动力成本。对个人来说，闲置资源提供者可以提高资源利用率，增加收入；需求者可以用比以往更低廉的价格获得更好的服务，降低成本。

从经济角度看，发展共享经济有利于盘活存量资源，促进要素流动，推进"大众创业、万众创新"。从社会角度看，发展共享经济有利于促进就业，保障和改善民生。目前我国就业形势依然严峻，发展共享经济可以为一些失业者用闲置资源换取收入，改善生活；为一些低收入者提供兼职就业渠道，增加个人和家庭收入。

发展共享经济要趋利避害，放管结合，转变政府职能：

"放"，就是要破除制度性障碍，为共享经济发展开"绿灯"。要及时研究制定新的法律法规，修订妨碍共享经济发展的法律法规。共享经济是个新生事物，出现了许多法律法规空白。例如，如何界定闲置资源提供方和需求方在交易中的权利和义务？如果出现经济纠纷和安全事故，应该追究提供方的责任还是追究互联网平台运营者的责任？原有的许多法律法规适用于独享经济时代，与共享经济发展不相适应。例如，按照现行法律法规，私家车不允许作为出租车，私人住宅不允许作为旅店，导游必须有导游证。因此，要发展共享经济，必须修改出租车行业、旅馆业、旅游业等行业的行业性管理法律法规，在市场准入方面充分考虑共享经济这种新业态。

"管"，就是要创新政府管理模式，促进共享经济规范健康发展。在共享经济领域推行简政放权，减少事前审批，运用信用积分、大众点评等方式加强事中事后监管，走政府部门、互联网平台运营商、用户等多方协同治理的道路。政府部门应要求共享经济互联网平台运营商对用户进行实名制认证，建立信用档案；允许顾客在接受服务之后对服务提供者进行在线评价，对评价过低者进行惩戒乃至踢出平台；强制平台运营商为其用户购买保险，对安全事故进行先行赔付。加强对平台运营商的监管，一旦出现安全事故，平台运营商应负连带责任。严厉打击共享经济领域的违法犯罪活动。

二、平台经济

平台经济是利用互联网、物联网、大数据等现代信息技术，围绕集聚资源、便利交易、提升效率，构建平台产业生态，推动商品生产、流通及配套服务高效融合、创新发展的新经济形态。

2019年8月印发的《国务院办公厅关于促进平台经济规范健康发展的指导意见》提出：优化完善市场准入条件，降低企业合规成本；创新监管理念和方式，实行包容审慎监管；鼓励发展平台经济新业态，加快培育新的增长点；优化平台经济发展环境，夯实新业态成长基础；切实保护平台经济参与者合法权益，强化平台经济发展法治保障。

一些地方政府也出台了平台经济方面的政策。例如，2019年3月底，福建省政府印发了《关于加快平台经济发展的实施意见》，提出打造工业互联网平台，做大做强电子商务平台,融合发展物流专业服务平台,提升传统市场交易网络服务平台,培育多样化细分领域服务平台,健全平台经济发展支撑体系。

对于地方政府,要强化平台思维,善于找平台、建平台、用平台,在更高层次、更大空间整合行业资源和发展要素。培育一批云计算平台、工业互联网平台、供应链协同平台、专利信息服务平台、**B2B** 电商平台和无车承运平台等生产性服务平台,发展一批国内领先的信息消费、家政服务、医养健康、心理咨询等生活性服务平台。结合当地重点产业,建立产业互联网平台,打通产业链上下游,提高供应链协同水平。支持大中型企业剥离信息化部门,建立面向行业的公共信息技术服务平台。

第十二章 智慧社会

加强社会建设是社会和谐稳定的重要保证。推进教育信息化、医疗卫生信息化、社区信息化、家庭信息化、旅游信息化等社会事业信息化从数字化、信息化阶段向智能化阶段迈进，构建智慧社会，有利于更好地满足人们日益增长的物质、文化生活需求，保障和改善民生，使城市的广大居民过上更加幸福安康的生活。

第一节 智慧教育

教育是民族振兴和社会进步的基石。以教育信息化带动教育现代化，破解制约我国教育发展的难题，促进教育的创新与变革，是加快从教育大国向教育强国转变的必然要求。随着物联网、云计算、移动互联网等新一代信息技术的飞速发展，教育信息化开始步入智慧教育时代。智慧教育是指通过应用新一代信息技术，促进优质教育信息资源共享，提高教育质量和教育水平。简单地说，智慧教育就是指教育行业的智能化，是教育信息化发展的高级阶段。

一、主要特征

与传统教育信息化相比，智慧教育具有以下一些特点：集成化、自由化和体验化。

1. 集成化

老师在课堂教学过程中，可以集成多种信息资源，使用多种课件和教学软件，使课堂教学更加生动有趣。例如，在数学教学过程中，当讲到某个定理时，可以即时显示发现该定理的数学家的一些情况；在物理教学过程中，可以用一些物理教学软件模拟物理实验过程；在化学教学过程中，可以用一些化学教学软件模拟化学反应过程；在地理教学过程中，可以用 Google Earth 查找我国钓鱼岛，查看钓鱼岛的地形地貌、实景照片等；在历史教学过程中，讲到某个历史事件，就可以播放该历史事件的相关视频资料，显示历史人物的基本情况。

2. 自由化

在智慧教育时代，学生和普通大众通过移动互联网，可以利用移动智能终端随时随地、随心所欲地学习。课本不再是纸质的，而是电子书。学生背负的沉重书包将被电子书包代替。学习场所不再局限于课堂，学习内容不再受老师讲授内容的限制。这样，终身教育体系才能真正实现。此外，通过采用智能化技术，使 e-Learning 转变为 i-Learning。i-Learning 系统可以根据学生的学习兴趣、学习能力、学习时间等不同制定不同的学习计划，生成个性化的学习资料。

3．体验化

随着虚拟现实技术和 3D 技术的发展，可用计算机生成一个虚拟现实的学习环境，使学生更直观地理解教学内容。例如，当讲授到北京故宫时，可以让学生通过北京故宫虚拟旅游软件进行一次虚拟的旅行，增加学生对北京故宫的直观感受，如图 12-1 所示；当讲授到某物理或化学定理时，可以让学生做模拟试验，既可以避免有些试验的危险性，又可以减少试验成本；当讲授天文知识时，可以让学生进行一次虚拟的星空旅行，观察一些宇宙现象。

图 12-1　北京故宫虚拟旅游软件界面

二、体系框架

教育行业涉及教育主管部门、学校、老师、学生等。相应地，智慧教育包括智慧政府、智慧学校、智慧师生三大部分。

1．智慧政府

在智慧教育中，智慧政府是指智慧的教育主管部门，如教育部、教育厅、教育局等。教育主管部门通过实施智慧教育工程，提高教育管理和公共服务的智能化水平，支撑教育管理改革。例如，建设智能化的办公自动化（OA）系统、智能化的教育管理和服务系统，为学校办理各项业务提供一站式服务。建立国家教育云服务平台，可实现优质数字教育资源的共建共享。

2. 智慧学校

智慧学校是指在校园管理和服务师生方面提高自动化、智能化水平，包括"无线校园""智慧教室""智慧图书馆""智慧实验室"等方面的内容。例如，通过建立"无线校园"，使教职工和学生可以随时随地上网。利用物联网建立校园周界安防系统、一键式报警柱（如图12-2所示），提高校园安全管理水平。提高学校各类管理信息系统的智能化水平，对教师和学生进行从入校到离校的全生命周期管理，减少重复输入，提供一站式、个性化服务。

通过建设"智慧教室"，在电子黑板上实现文字、图片、视频、音频、软件等各种类型教学资料的集成展示，提高教学的生动性，避免以前擦黑板的麻烦，如图12-3所示。通过建设"智慧图书馆"，根据师生的阅读兴趣、研究方向等提供个性化服务，方便师生检索、阅读各类图书和文献资料。通过建设"智慧实验室"，实现相关设备的联网应用，对实验室环境和仪器设备的运行情况进行在线监测。

图 12-2　校园报警柱　　　　　图 12-3　电子黑板

3. 智慧师生

智慧教育是增强教师教学能力和学生学习能力的重要手段。在智慧教育中，智慧师生是指信息化装备精良的教师和学生。利用智能手机、平板电脑等智能移动终端，学生可以存储大量电子化的学习资料，包括教学视频、音频、图片、PPT课件、电子书、论文等。可以根据需要随时随地下载电子化的学习资料，灵活安排时间学习。教师和学生可以在线互动，为导师制提供技术支撑。

三、新一代信息技术在智慧教育中的应用

1. 物联网技术

在智慧教育中，物联网技术在电化教育、校园一卡通、校园安防等方面有着广阔

的应用前景。例如，在电化教室，可以将老师自带电脑、手机中的资料通过无线网络传到教学主机上进行显示。采用 RFID 技术的校园卡，学生可以很方便地刷卡进入图书馆，或者通过刷卡在食堂吃饭、进行学籍注册等。建设采用基于物联网的校园周界安防系统，可以更好地保障校园的安全。

2．云计算技术

在智慧教育中，对于大学来说，云计算技术可以用于科研计算，发展"e-Science"，提升科研能力和科研水平。例如，用于天文观测、生物工程、高分子化学、高能物理、地球科学等领域的海量数据处理。对于中小学校来说，建设教育云服务平台，可实现优质教学资源的共建共享。云计算技术的应用使得欠发达地区、偏远地区无须像以前那样购买大量软硬件，就可以享受教育云服务平台里的优质教学资源，从而促进教育的区域平衡发展。

> **日本教育云和未来学校**
>
> 日本计划在 2020 年前实现小学生人手一台信息终端并导入数字化教科书的目标。2010 年，日本总务省启动了"未来学校推进项目"，委托内田洋行公司在日本进行实验。为此，内田洋行公司建立了教育云服务平台，为 200 个地区提供服务。从 2012 年 1 月份开始提供授课和校务支持系统，导入数字化教科书。大阪已经有 20 多所学校建立了"未来教室"，通过智能设备打造电子黑板，放置可以自由移动的桌椅，将单向授课方式变成双向授课，形成学生主导的学习模式。

3．移动互联网技术

在智慧教育中，移动互联网技术可以使学生随时随地进行学习，掌握学习的主动权。例如，浏览电子书，查看教学视频，收听教学音频等。通过移动互联网，学生可以随时随地与老师进行互动交流。开发教学 App（如掌中英语 App，见图 12-4），供学生下载使用，可以丰富教学手段。随着移动智能终端存储能力的快速提高，可以存储的学习资料越来越多，人类将从"电子学习"（e-Learning）时代进入"移动学习"（m-Learning）时代。

4．大数据技术

随着教育信息化的深入，教育部门和学校的数据量快速增长。在智慧教育中，采用大数据技术，对学校、老师、学生方面的数据进行挖掘、分析，发现隐藏在其中的教育、教学规律，可以使教育行政部门更好地服务于学校，学校行政部门更好地服务于师生。例如，通过分析学生的阅读偏好，可以发现学生的兴趣所在，并适当加以引导。

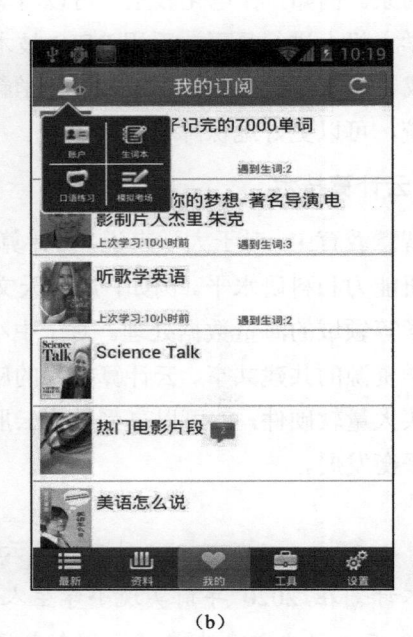

图 12-4 掌中英语 App

四、发展对策

根据信息化发展趋势以及对教育信息化的调查研究和思考，可以把以下几方面作为发展智慧教育的着力点：

（1）加快教育网络宽带化进程。

目前，我国一些中小学带宽明显不足，而且网络设备老化现象比较严重。例如，某市平均每所学校互联网出口带宽不足 2 Mbps，绝大多数学校的接入带宽为 10 Mbps，只能应对带宽要求较低的一般应用，远不能满足区域内开展的教学视频点播、视频会议等涉及大量多媒体的应用要求。经济发达地区尚且如此，其他地区可想而知。多媒体教学的普及、云服务模式的推行，都需要较高带宽。因此，应结合中国宽带计划，提高教育网络带宽水平，推进无线校园建设，为发展智慧教育奠定坚实的基础。

（2）推行教育资源云服务。

作为一种新兴的计算模式，云计算技术将对教育信息化建设产生深远的影响。各地中小学应顺应云服务模式的发展，改变传统中小学机房分散建设的局面，以区县或地市为单位推进中小学机房大集中和数据大集中。基于教育云服务平台，推进优质教育信息资源共享，推进教育管理信息系统互联互通，实现教育信息共享和教育部门的业务协同。

(3) 建设智慧校园，构建智能化的教学、学习环境。

利用物联网建立校园周界安防系统、一键报警系统，提高校园的安全管理水平。开发智能化的业务应用系统，提高学生管理和教师管理的智能化水平，对学生进行从入学到离校的全生命周期管理和服务，对教职工进行从入职到离职的全生命周期管理和服务，减少数据重复输入，为老师、学生提供一站式、个性化服务；大力建设"智慧教室""智慧图书馆""智慧实验室"，提升教学效果，方便师生阅读，提高科研效率。

(4) 大力发展 m-Learning 和 i-Learning。

随着 3G、Web2.0 等移动互联网技术的发展以及移动智能终端的普及，e-Learning 正向 m-Learning 发展，学生可以随时随地学习，掌握学习的主动权。例如，浏览电子书，查看教学视频，收听教学音频，与老师进行互动交流。此外，通过采用智能化技术，使 e-Learning 转变为 i-Learning。i-Learning 系统可以根据学生学习兴趣、学习能力、学习时间等的不同来制定不同的学习计划，生成个性化的学习资料。

第二节　智慧医疗

智慧医疗是指通过应用物联网、云计算、移动互联网、大数据等新一代信息技术来提高医疗卫生管理和服务的智能化水平。

一、主要特征

与传统医疗卫生行业信息化相比，智慧医疗具有以下一些特点：

(1) 以患者为中心。在以前，医疗卫生行业信息化建设是以部门为中心的，即以各级卫生主管部门、各类医院为中心。患者的医疗信息分散在不同的医院，没有进行有效的整合，无法提供个性化的医疗卫生服务。而在智慧医疗中，医疗卫生行业信息化建设是以患者为中心的。通过电子病历建立患者医疗健康档案，不同医院之间可以共享患者信息。

(2) 远程化。在以前，无论疾病类型、症状轻重程度，患者都必须亲自到医院就诊。而在智慧医疗时代，有些患者不必到医院就诊，而是采用电子设备（如电子血压计，如图 12-5 所示）探测血压、心率等，并发送到健康服务中心，再由专业医生进行分析，把诊断结果和治疗方案反馈给患者；患者付费后由物流企业把药品

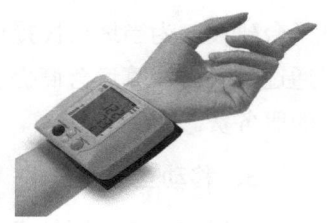

图 12-5　电子血压计

配送给患者。对于医疗卫生条件落后的偏远地区，通过远程医疗系统，也可以享受到大城市的一流医疗服务。

（3）自动化和智能化。在以前，化验、诊断等许多工作都需要医生来完成。在智慧医疗时代，随着医疗分析仪器设备的发展，化验、诊断等工作可以自动完成，医疗分析仪器设备会自动生成并打印出化验报告、诊断报告，如图 12-6 所示。植入患者体内的芯片会监测患者生理机能的各项参数，当参数超过一定阈值就自动给予安全警示。

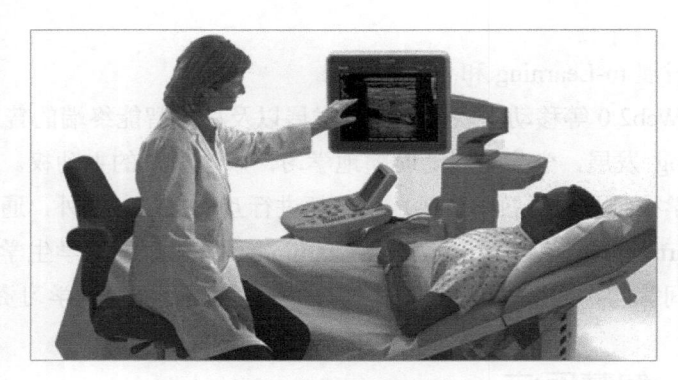

图 12-6　智能化的医疗设备

二、新一代信息技术在智慧医疗中的应用

1．物联网技术

物联网技术在远程医疗、远程护理（Telecare）等方面有广阔的应用前景。例如，在患者体内植入生物芯片，芯片通过物联网把患者生理机能的各项参数发送到医院健康服务中心，由医生进行远程诊断。当患者生理参数出现异常时，即可通知患者来医院就医；当患者出现生命危险的情况时，即可通知急救中心派出急救车。

2．云计算技术

经过前些年的信息化建设，国家卫健委拥有多个信息系统。这些系统可以移植到云计算平台，以方便互联互通和运行维护。云计算技术可以应用于区域医疗卫生信息平台建设，为当地居民提供综合的医疗卫生信息服务。对于中小医疗卫生机构来说，通过购买云计算运营商提供的云服务，就无须自行购买或开发软件，而只需支付一定的服务费。

3．移动互联网技术

利用移动互联网技术，可以使医疗卫生行业信息化从电子卫生（E-Health）发展移动卫生（M-Health），使人们可以随时随地获取医疗卫生、健康养生、疾病预防等方面的信息和知识，从而提高国民的卫生素养。患者可以通过手机进行预约挂号，减少排队等候时间。目前，北京儿童医院、协和医院等都推出了具有预约挂号功能的 App。卫生主管部门可以把疫情预警信息通过手机发给当地居民，以便及时做好防范准备。

2015 年 1 月，杭州市卫计委组织开发的"杭州智慧医疗"App 正式上线，如图 12-7 所示。该 App 具有智能导诊、预约挂号、检查单查询、排队叫号、门诊排班、就诊评价、健康宣教、电子健康档案、在线互动等功能，用户可以在手机上查询检查化验报告单，对医生服务态度等情况进行满意度评价。

有一款名为 iHealth 的 App，它可以测血压、心率；用户可以利用它查看历史记录，以图表化方式管理血压，显示测量平均值，并根据世界卫生组织血压判定标准用不同颜色显示血压是否正常。

图 12-7 杭州智慧医疗 App

今后，要鼓励医疗机构采用移动互联网技术，发展移动卫生（M-Health）。鼓励医疗机构开发 App，供患者免费下载、使用。医疗机构 App 应具备信息发布、预约挂号、在线支付、检验结果推送、远程诊断等功能，让患者及时了解医疗机构的基本情况和最新工作动态；通过智能手机、平板电脑等移动终端预约挂号，减少排队等候时间；应支持手机支付，减少患者来回跑和等候时间；患者可以通过移动终端第一时间知道医学检验或检查结果；让患者可以通过在线咨询平台向医生咨询病情，使离优质医疗资源较远的患者也可以享受优质医疗资源提供的诊断服务。

4．大数据技术

经过前些年的信息化建设，卫生部门和医院积累了大量数据。采用大数据技术，对这些数据进行挖掘，发现其中一些规律和问题，可以改进卫生部门的政策措施，提高医院的医疗服务水平。例如，美国西雅图儿童医院使用 Tableau 数据可视化软件帮助医护人员减少医疗事故，为医院节省了 300 万美元。2011 年，北京天坛医院在各个挂号窗口也都安装了人脸识别设备。如果人脸识别系统监控到某人在一周内多次反复挂号，那么医院就会把他列入黑名单。

2016 年 6 月出台的《国务院办公厅关于促进和规范健康医疗大数据应用发展的指导意见》提出，夯实健康医疗大数据应用基础，全面深化健康医疗大数据应用，规范和推动"互联网+健康医疗"服务,加强健康医疗大数据保障体系建设。

三、智慧医院

智慧医院是指在医院管理和服务患者方面提高自动化、智能化水平。例如,布设无线网络,建立"无线医院",方便医生和患者上网。利用物联网建立医院周界安防系统,提高医院安全管理水平。提高医院各类管理信息系统的智能化水平,对患者进行从第一次就医到最后一次就医的全生命周期管理,减少重复输入,提供一站式、个性化服务,提高患者的满意度。建设"智慧门诊室""智慧病房""智慧手术室",提高诊断、治疗、护理、手术等过程的自动化和智能化水平。

在智慧医疗中,还应推进各级医疗主管部门的智慧化建设。卫生主管部门通过实施智慧卫生工程,提高卫生管理和公共服务的智能化水平,支撑卫生管理创新。例如,建设智能化的办公自动化(OA)系统、智能化的医疗卫生管理和服务系统,为用户提供一站式服务。建立国家卫生云服务平台,实现优质数字医疗卫生资源的共建共享。

信息化对医疗卫生工作具有重要的支撑和保障作用,而深化医改为医疗卫生信息化发展提供了难得的机遇。医改方案明确提出把加强信息化建设作为深化医改的重要技术支撑,特别是当前医改已进入"深水区",一些制约医疗卫生事业发展的体制机制问题和结构性问题日益凸显,所涉及的利益群体更加复杂。为此,我国卫生主管部门应加强政策引导,积极推进智慧医疗的发展,破解医改难题。

第三节 智慧社区

社区就是在一定地域内发生社会活动和社会关系,有特定的生活方式并具有成员归属感的人群所组成的相对独立的社会生活共同体。在我国,典型的社区就是城市的小区和农村地区的村庄。下面以城市小区为例阐述智慧社区。

一、内涵和特点

社区是城市的细胞。智慧社区是智慧城市的重要组成部分。智慧社区是指管理和服务智能化水平较高的社区。与传统社区相比,智慧社区具有如下特点:

(1)自动化。在智慧社区中,各类设施的自动化程度较高。例如,采用 RFID 技术的社区一卡通,在居民进出小区、单元门时,能够自动感应并开启大门;楼道灯具有红外感应功能,居民晚上上下楼时自动开启。

(2)集成化。在智慧社区中,相关设施之间可以相互通信,进行联动。例如,当传感器感知有人翻墙时,立即启动报警系统。与此同时,调转视频监控探头,视频监控探头具有人脸识别功能，自动将捕获的人脸图像发送到公安部门。

（3）智能化。在智慧社区中，信息系统的智能化程度较高。例如，在社区安防领域，社区门禁系统、视频监控系统可以识别人脸；在社区居民服务方面，可以根据某个居民的个人情况推送信息，提醒其办理特定事情。

智慧社区包括智慧社区基础设施、智慧社区管理、智慧社区服务、智慧社区发展环境四部分。其中，智慧社区基础设施包括小区宽带网络（10 Mbps 以上入户）、三网融合以及智能化的小区设施；智慧社区管理包括计划生育、出租房管理、社会保障、民政等社区管理事务的智能化；智慧社区服务包括保洁、维修、购物、娱乐等各类为社区居民服务的智能化；智慧社区发展环境包括与智慧社区相关的政策法规、标准规范、人才培养等。

发展智慧社区，有利于提高社区管理水平，创新社会管理方式；有利于提高为社区居民服务的水平，使社区更宜居；有利于丰富社区居民的生活，创建和谐社区。

二、新一代信息技术在智慧社区中的应用

1. 物联网技术

在智慧社区中，物联网技术可以应用于小区安防、自动抄表、环境监测等领域。对高档社区而言，单一的视频监控已经无法满足业主对安全防护的需求。采用物联网技术建立小区周界安防系统，通过振动传感器进行目标分类探测，并结合多种传感器组成协同感知的网络，实现全新的多点融合和协同感知，可对入侵目标和入侵行为进行有效分类和高精度区域定位。采用智能化的水表、电表、燃气表，可以根据需要自动将读数发送到供水企业、供电企业和燃气供应企业，减少人工抄表所需的人员、时间等。通过在社区放置一系列的传感器，可以实时感知社区的大气污染物（如 PM2.5）、温度、湿度、有害气体等，为社区居民提供警示信息。

2. 云计算技术

在智慧社区中，云计算技术可以应用于社区电子政务、居民娱乐等领域。随着电子政务建设的深入，电子政务系统逐步向基层延伸。社区电子政务是典型的基层电子政务，是提高社区管理和居民服务水平的重要手段。社区事务是"上面千条线，下面一根针"。采用云计算技术，在每个城市建设一个社区云平台，是推进社区电子政务建设集中化的重要方式。所有与社区有关的信息系统都可以运行在社区云平台上，提高管理效率和服务质量。电信或广电运营商可以通过"云电视"为居民提供视频、音频、网络游戏等的按需点播服务，丰富社区居民的文化生活。

3. 移动互联网技术

在智慧社区中，移动互联网可以应用于社区信息服务、电子支付等领域。利用移动智能终端，社区居民可以通过移动互联网查询社区相关信息，在网上办理有关事务，寻找家政服务。利用手机的移动支付功能，可以交纳物业费、水费、电费、燃气费等。图 12-8 所示的 SeeClickFix 就是移动互联网在智慧社区中应用的一个例子。

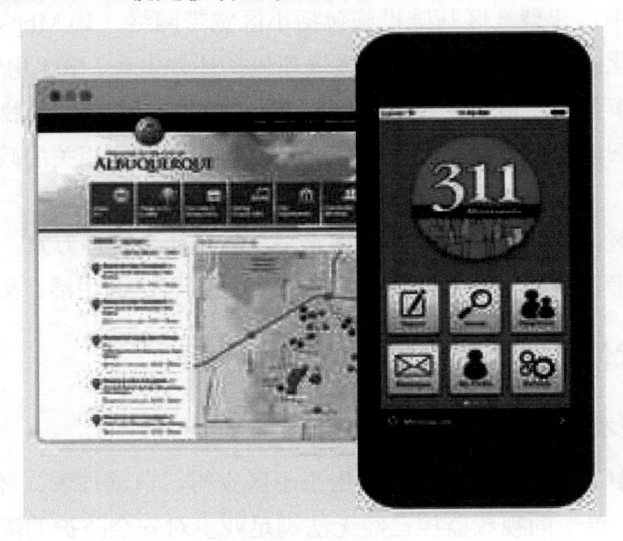

图 12-8　SeeClickFix

SeeClickFix 是一个手机应用程序，社区居民能够通过智能手机报告他们发现的问题，如发现公园里的长椅破损了、道路存在坑洞、乱倒垃圾等。所有的投诉对社区居民都是可见的，而社区的其他居民可以投票赞同，表示确实存在这一问题。华盛顿和旧金山已把 SeeClickFix 合并为他们的 311 个信息服务程序中。SeeClickFix 可以自动生成问题报告，并将这些报告以电子邮件的形式发送给当地政府相关部门。SeeClickFix 有助于让地方政府有关部门关注一些自身可能难以发现或注意到的问题，让本地居民参与社会治理。

三、发展现状

近年来，北京、上海、广州、深圳、南京、宁波等大城市都在兴建智慧社区，并把建设智慧社区作为保障和改善民生的具体举措。

2011 年 5 月，北京市西城区广渠门内街道建成了社区一站式服务系统。这是一个集城市管理、公共服务、社会服务、居民自治和互助服务于一体的智能化综合信息服务管理平台。以前，办理第一个子女生育服务证、开具房屋租金减免证明、失业人员回社区备案等事情要填写各种表格，跑好几个部门，等好几天；现在依托"社区一站式服务系统"，居民只需出示身份证，便能即时办结 51 项业务。系统会自动提醒最近应该为居民办理的事项：哪位居民即将满 60 周岁需要办理老年证、哪位居民将满 65 周岁可以享受优待卡；80 岁老人的养老券、90 岁老人的高龄津贴等，系统将会自动生成表格。居委会工作人员通过电话、短信、通知等形式发出相关提示，让居民前来办理或工作人员上门服务。

2011 年 5 月，南京市鼓楼区建立了"智慧社区 感恩养老"服务平台。该系统具有虚拟养老、视频监控、人员定位、短信发布等一系列功能，可以提供医疗急救、医疗咨询、家政服务、亲情呼叫、手机定位、远程监控、信息化管理等多种服务。例如，通过"平安机"的卫星定位功能，老人可以用手机上的"SOS"一键求助与报警，实时与服务机构取得联系，以便获得救助。同时，亲属也可以在第一时间收到系统发送的老人紧急求救信息，包括老人当前所在的地理位置信息等。老人可以通过电话、网络等方式寻求家政、家电维修、法律咨询等服务。老人家属可以通过社区网络服务平台，查看老人的实时位置信息以及养老院的视频图像。

2012 年 8 月，上海市闵行区政府与上海电信共同制定了智慧社区评价指标体系，该指标体系涵盖了基础设施、平台运营、服务保障、智慧应用四大方面，包括小区光纤接入、社区多媒体公共服务设施、用信息化手段处理政府基层业务、通过物联网技术实现各类管理等 30 项指标。

2017 年 6 月，中共中央、国务院印发了《关于加强和完善城乡社区治理的意见》，提出务实推进智慧社区信息系统建设，积极开发智慧社区移动客户端，实现服务项目、资源和信息的多平台交互和多终端同步。

四、发展对策

（1）加快完善智慧社区建设的标准规范。1999 年，建设部发布了《全国住宅小区智能化系统示范工程建设要点与技术导则》（试行稿）。2014 年 5 月，住房和城乡建设部办公厅印发了《智慧社区建设指南（试行）》。但由于这么多年过去了，一方面，随着物联网、云计算、移动互联网等新一代信息技术的出现，社区信息化的技术环境发生了很大的变化；另一方面，与多年前相比，社区居民的实际需求也有了很大的变化。

（2）把社区电子政务作为推进基层电子政务建设的重要内容。众所周知，基层既是国家政权的基础，也是公共服务的落脚点。基层电子政务建设的好坏，直接影响到我国电子政务的整体发展水平。为此，应整合各类社区管理信息系统，按照全生命周期管理的思想，对社区居民进行管理，提供一站式的公共服务。

（3）把智慧社区建设作为创新社会管理的重要内容。社会管理，说到底是对人的管理和服务。在中国城市，绝大多数市民都居住在小区里面。利用信息化、智能化手段创新社区管理方式，是创新社会管理的重要内容，特别是在小区安防、出租屋管理、残疾人服务、老年人服务、家政服务等方面。

第四节　智慧家庭

所谓智慧家庭，就是指通过智能化程度较高的家电、家具等家居环境，过上高度数字化生活的家庭。智慧家庭是未来家庭的发展方向，是满足广大人民不断提高的物质、文化生活需要的必然要求。

从应用领域来看，智慧家庭包括智慧客厅、智慧卧室、智慧厨房、智慧卫生间、智慧健身房、智慧书房等，如图 12-9 所示。

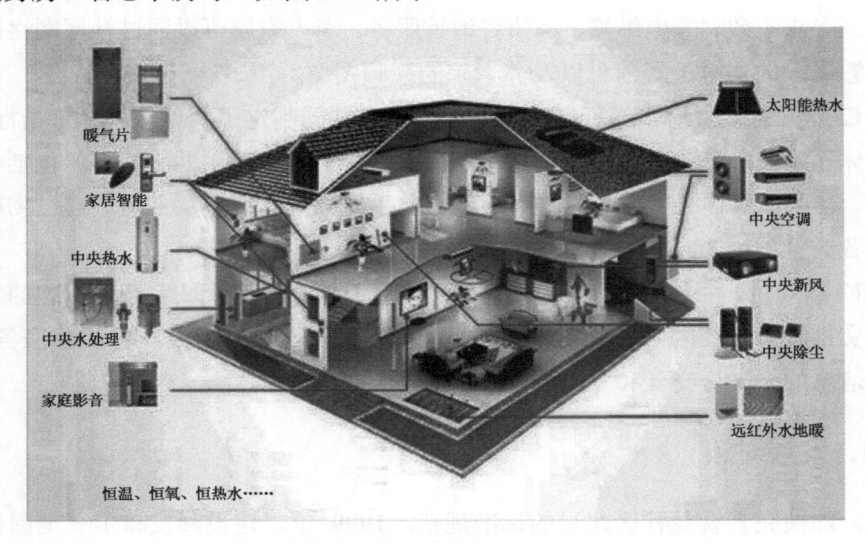

图 12-9　智慧家庭示意图

物联网技术是智慧家庭的核心技术。利用物联网技术，智慧家庭系统可以感知主人的需求，并自动为主人服务。例如，主人进门后一按智能手机的中央控制器"在家模式"，如果是白天，窗帘就会自动打开；如果是晚上，电灯自动开启；如果在夏天，空调就会自动开启。而在以前，需要主人自己逐个去摁开关。

智慧家庭生活情景

在智慧客厅，客厅茶几是个信息终端，可以收发文件，对智能家电进行遥控。相框是数字相框，相框中的图片可以根据主人的爱好而变化。在智慧卧室，可以根据需要对灯光亮度进行调解，播放背景音乐；床是电控的，具有改变姿态、按摩等功能。

> 在智慧厨房，可以根据需要编排菜谱，指导主人做菜。在智慧卫生间，主人摁一下"洗浴"指令，浴缸就自动放水；在晚上，主人一走进卫生间，卫生间的灯会自动亮起。在智慧健身房，主人骑上自行车，可以根据骑车路线来变换屏幕场景，边健身边进行"虚拟旅行"，增加健身的乐趣。在智慧书房，书桌也是一个信息终端，可以连接数字图书馆、数字博物馆，阅读电子书，参加视频会议等。

从物理环境来看，智慧家庭由一系列智能家居产品和中央控制器构成。其中智能家居产品包括智能冰箱、智能空调、智能洗衣机、高清互动电视、体感游戏设备、智能家具等。

一、智能家电

智能家电就是微处理器和计算机技术引入家电设备后形成的家电产品，是具有自动监测自身故障、自动测量、自动控制以及自动调节与远方控制中心通信等功能的家电设备。

家电的进步，关键在于采用了先进控制技术，从而使家电从一种机械式的用具变成一种具有智能的设备。例如，加入了"模糊运算"功能的电饭煲，能自动根据米饭量、软硬度要求调节运行时间和运行功率，1人和3人的米饭量，工作时间不相同，而米饭和粥的工作效率也不一样。又如随身感空调，通过在室内机上增加一个红外线感应装置，可根据家人数量的多少以及人所处的位置，调节空调风量和送风角度。此外，还有加装"儿童锁"的电视（通过设置好电视的开关时间，避免儿童长时间看电视而影响视力），根据衣物多少自动添加洗衣粉的洗衣机，自动扫描存储食物保持周期从而提前发出预警的冰箱，等等。

> **未来智能家电的三个发展方向：多种智能化、自适应进化、网络化**
> 多种智能化是家电尽可能在其特有的工作功能中模拟多种人的智能思维或智能活动的功能。自适应进化是家电根据自身状态和外界环境自动优化工作方式和过程的能力，这种能力使得家电在其生命周期中都能处于最有效、最节能和最好品质的状态。网络化的家电可以由用户实现远程控制，在家电之间也可以实现互操作。物联网家电是指能够与互联网连接，并且通过互联网可对其进行控制、管理的家电产品。

智能家电的智能程度不同，同一类产品的智能程度也有很大差别，一般可分成单项智能和多项智能。单项智能家电只有一种模拟人类智能的功能。例如，在模糊电饭煲中，检测饭量并进行对应控制是一种模拟人的智能的过程。在电饭煲中，检测饭量不可能用重量传感器，这是环境过热所不允许的。采用"饭量多则吸热时间长"这种人的思维过程就可以实现饭量的检测，并且根据饭量的不同采取不同的控制过程。这种电饭煲是一种具有单项智能的电饭煲，它采用模糊推理进行饭量的检测，同时用模糊控制推理进行整个过程的控制。在多项智能的家电中，有多种模拟人类智能的功能。例如，多功能模糊电饭煲就有多种模拟人类智能的功能。

互动化是智能家电发展的一个重要趋势，如高清互动电视、体感游戏设备。高清互动电视是通过有线数字电视双向网络，基于高清互动机顶盒，为用户提供高清晰度数字节目的视频内容和综合信息服务平台，能实现互动点播（VOD）、精彩回放、电视银行、电视教育、互动游戏等多种交互业务。高清节目采用 1920×1080i 的格式播出，图像的幅型比为 16：9，达到胶片级电影的效果，部分电影和音乐会具有 5.1 环绕立体声效果，让人们体会身临其境的视听震撼。

体感游戏是一种通过肢体动作变化来进行操作的新型电子游戏。具有代表性的体感游戏平台包括 Xbox360、Wii、PlayStation Move 等。体感游戏突破了以前手柄、键盘、鼠标等输入的操作方式，通过人体动作来操控游戏，可以在玩游戏的同时锻炼身体，例如打保龄球（如图 12-10 所示）。

图 12-10　打保龄球的体感游戏

二、智能家具

智能家具是指采用现代信息技术，将各种不同类型的信号进行实时采集，由控制器对所采集的信号按预定程序进行记录、逻辑判断、反馈等处理，并将处理信息及时上报至信息管理平台，可对使用者的需求作出自动反应的家具。

智能家具是传统家具与信息技术相结合的产物。智能家具的新颖之处在于运用高新技术进行功能改进,如通过置入机械传动、传感器、控制电路、单片机和嵌入式电子计算机等器件,使家具具备一定的智能。与传统家具相比,智能家具更加人性化,是家具行业的一个发展趋势。

爱尔兰的 Lancaster 大学与德国、瑞典及芬兰的大学合作开发的一系列智能家具,包括可以开启电视机、会说欢迎词的沙发,在负荷过重时能自动提示的智能书架,在药物过期时可发出警告提示的智能药品柜等,充分体现了高技术与艺术的完美结合。

顾家工艺所开发的智能沙发,把热感应技术运用到沙发中。当隐藏在沙发扶手中的感应开关接触到人体的体温触感后,便可利用电动功能在 10 秒钟内自动将沙发靠背调整至人体最舒适的位置。

第五节　智慧旅游

一、内涵与特征

随着物联网、云计算、移动互联网等新一代信息技术的飞速发展,我国旅游业逐渐步入"智慧旅游"时代。智慧旅游是运用新一代信息网络技术和装备,充分准确及时感知和使用各类旅游信息,从而实现旅游服务、旅游管理、旅游营销、旅游体验的智能化,促进旅游业态向综合性和融合型转型提升。智慧旅游是游客市场需求与现代信息技术驱动旅游业创新发展的新动力和新趋势,是全面提升旅游业发展水平、促进旅游业转型升级、提高旅游满意度的重要抓手。与传统旅游相比,智慧旅游具有以下特点:

1. 以游客为中心

在旅游过程中,游客需要关心的问题包括旅游线路、景点、交通、住宿、餐饮、购物、娱乐、天气等方面。其中交通问题又涉及航班、火车、轮船、客运汽车、出租车等交通工具有关信息。在传统旅游信息化中,信息不是以游客为中心来组织的,而以部门为中心来组织。举例来说,旅游主管部门发布旅游景点信息,航空公司发布航班信息,气象部门发布天气预报信息,宾馆酒店发布住宿信息。这些部门按旅游涉及的相关领域建设一个个孤立的信息系统,这些信息系统之间没有实现互联互通和信息共享。当游客需要查找信息时,需要登录一个个网站查找不同的信息,既费时又费力。在智慧旅游系统中,信息是以游客为中心进行组织的。通过采用位置服务(LBS)技术,游客走到哪里,相关的吃、住、行、玩等方面的信息都会立刻呈现在游客面前。

2. 旅游信息服务自动化

在传统旅游信息化中，游客获取旅游信息服务是被动的，往往需要自行查找分散在各部门的信息。在智慧旅游系统中，游客获取旅游信息服务是主动的。智慧旅游系统可以根据游客输入的身份特征、兴趣爱好、地理位置等自动编排有关信息。例如，根据游客的出发地和目的地，是年轻的情侣还是退休的老年人，喜欢自然风光还是名胜古迹，等等，自动编排不同类型、不同内容的信息，提供个性化的旅游信息服务。此外，游客可以在自动售票机上购买门票，也可以通过手机购票（手机二维码门票）。门票带有感应磁条或 RFID 电子标签，游客可以刷卡或扫描手机二维码进入景区大门。游客可以刷卡租用自行车，乘坐电瓶车，购买景区纪念品。通过便携式电子导游机，游客走到哪里，就自动介绍所在位置的景点。

3. 旅游信息服务智能化

旅游信息系统的智能化程度是智慧旅游与传统旅游信息化之间最大的区别。一方面，绝大多数游客都是非专业游客。他们的旅游经验不丰富，对旅行过程及目的地情况缺乏了解；另一方面，不同游客在年龄、经济条件、爱好、行程天数等实际情况千差万别。因此，必须提高旅游信息服务的智能化水平。例如，建立提供场景式服务的旅游信息网站，游客输入出发日期、出发地、目的地、返回日期，根据不同情况为游客设计一条经过优化的旅游线路。然后让游客根据自身实际情况按条件检索，选择不同的出行路线、交通工具，选择不同价位、不同星级的宾馆，选择不同的景点并预订门票，等等，把旅游全程涉及的各个方面安排妥当。在游客作每一步选择时，智慧旅游系统可以根据推荐度（或好评度）、价位等对选项进行排序，供游客参考。

智慧旅游是旅游业信息化发展的高级阶段，是我国旅游业转型升级的重要途径。对于以旅游业为支柱产业的城市来说，智慧旅游是智慧城市建设的重点领域。

二、体系框架

旅游业涉及旅游主管部门、景区（景点）、旅行社等旅游企业及游客等。相应地，智慧旅游包括智慧政府、智慧景区、智慧企业、智慧游客四大部分。

1. 智慧政府

在智慧旅游中，智慧政府是指智慧的旅游主管部门，如旅游局、旅游委等。旅游主管部门通过智慧旅游项目建设，提高旅游市场监管和公共服务的智能化水平。例如，按照"大旅游"的理念，与交通、公安、工商、卫生等相关部门加强信息共享和业务协同，对旅行社进行全生命周期管理，为旅行社提供业务办理"一站式"服务。旅游主管部门领导可以根据需要查看本地区游客数量、旅游业务收入、游客投诉等情况。

2．智慧景区

智慧景区是指在景区管理和服务游客方面提高自动化、智能化水平。例如，利用物联网建立景区周界安防系统、电子导游自动触发系统、景区移动视频监控系统等，加强景区管理的精细化程度，提高游客的满意度。

3．智慧企业

在智慧旅游中，智慧企业是指经营管理和服务游客智能化水平高的旅行社、酒店、车辆租赁等旅游服务企业。实践表明，通过实施企业资源规划（ERP）系统、客户关系管理（CRM）系统、商业智能（BI）系统等先进信息系统，可以显著提高大中型旅游企业的经营管理水平，提高对游客需求的响应能力。对于国旅、中青旅这样的大型旅行社，利用信息化、智能化手段可以把全集团的财务决算周期从一个月、几周缩短到几天甚至 24 小时内，实现日清日解。构建智慧企业，对于推动信息化与旅游业深度融合、促进旅游业转型升级具有重要的意义。

4．智慧游客

智慧游客是指信息化装备精良的游客。随着微博、社交网络等 Web2.0 技术的发展，手持 iPhone 等智能终端的游客可以将随时拍到的照片、录制的视频等与家人、朋友分享。利用智能终端查阅旅游信息、订酒店、订机票、订门票、查询当前地理位置，进行汇率换算、语言翻译等。

三、关键技术

与智慧旅游密切相关的关键技术是物联网、云计算、移动互联网、大数据等新一代信息技术。

1．物联网技术

在智慧旅游中，物联网技术在旅游景区门禁、景区安防、自助导游、景区环境监控等方面有广阔的应用前景。例如，利用带 RFID 的门票，游客可以自行通过门口闸机进入景区，管理部门可以对进入景区的游客人数进行自动统计。对于限制客流量的景区，人数满员后可以自动锁定闸机。游客来到某景点，带 RFID 的门票可以触发景点解说器，为游客讲解。对于山地景区，在潜在滑坡体安装传感器网，可以监测山体形变，及时对滑坡灾害进行预警。

2．云计算技术

在智慧旅游中，云计算技术可以用于区域旅游信息平台、大型商业旅游网站、大型旅行社数据中心等。对于区域旅游信息平台，利用云计算技术可以提高平台的性能，促进当地旅游信息资源的整合。对于大型商业旅游网站，云计算可以根据访问量调节计算资源，降低运营成本。对于中国国际旅行社等网点遍布全国的大型旅行社，建立基于云计算的数据中心，可以实现业务财务一体化，提高集团管控能力。对于中小旅行社，利用基于云计算的旅游信息服务平台，就无须购买软硬件，降低他们的信息化门槛。

3. 移动互联网技术

在智慧旅游中，移动互联网技术可以使游客随时随地获取旅游信息资源。例如，在出国旅游过程中，游客通过下载并安装相关 App，就可以在智能手机上查询旅游景点信息、交通出行信息、天气信息、国际时间，订酒店、订机票、订门票，进行汇率自动换算、语言自动翻译（如图 12-11 所示），确定当前地理位置和方位等，而无须随身带纸质地图、手表、指南针、计算器、电子词典等，省去很多麻烦，使旅游更加轻松自在。

图 12-11 蚂蜂窝推出的旅游翻译官 App

4. 大数据技术

在智慧旅游中，随着旅游业的发展，游客数量越来越多，各类旅游信息服务平台提供的信息越来越丰富，旅行社采集的数据也快速增长，而且许多数据都是非结构化数据。为此，需要采用大数据技术，对各类旅游数据进行分析、挖掘，更好地为游客服务。大数据可以应用于游客客源分析、游客行为分析、景点踩踏预警、旅游市场监管、旅游景区规划、旅游景区评价等方面。

四、发展现状

在欧美发达国家，旅游信息化往往以游客为中心，游客走到哪里，都可以很方便地获取与旅游有关的信息。在欧美城市，Wi-Fi 很普及，利用智能手机终端，就可以随时随地查阅与旅游有关的信息。LBS 系统建得很好，相关的交通、语言、汇率等方面的信息服务也做得很好，游客进入完全陌生的旅游目的地也可以按图索骥找到景点，吃住行没有障碍。

国家旅游局开展了全国智慧旅游试点工作，其中第一批包括北京、武汉、成都、南京、福州、大连、厦门、苏州、黄山、温州、烟台、洛阳、无锡、常州、南通、扬州、镇江、武夷山等 18 个城市，第二批包括天津、广州、杭州、青岛、长春、郑州、太原、昆明、贵阳、宁波、秦皇岛、湘潭、牡丹江、铜仁等 15 个城市。

2011 年 4 月，南京启动了智慧旅游建设，并率先编制完成总体规划，制定了具体的三年行动计划并实施建设。目前，南京游客助手、智慧旅游互动式体验终端、乡村旅游营销平台、智慧景区试点、旅游执法 e 通和智慧旅游中央管理平台等一期重点建设项目已初步完成。

2011 年 7 月，国家旅游局正式批准在镇江建设"国家智慧旅游服务中心"，支持开展智慧旅游装备、软件及相关应用模式的研发、示范和推广工作。

此外，一些城市在智慧城市规划、建设过程中，也把智慧旅游作为一个重要组成部分。

五、相关政策

2015 年 1 月，国家旅游局出台了《关于促进智慧旅游发展的指导意见》，提出了如下 10 项主要任务。

（1）夯实智慧旅游发展信息化基础：加快旅游集散地、机场、车站、景区、宾馆饭店、乡村旅游扶贫村等重点涉旅场所的无线上网环境建设，提升旅游城市公共信息服务能力。

（2）建立完善旅游信息基础数据平台：规范数据采集及交换方式，逐步实现统一规则采集旅游信息，统一标准存储旅游信息，统一技术规范交换旅游信息，实现旅游信息数据向各级旅游部门、旅游企业、电子商务平台开放，保证旅游信息数据的准确性、及时性和开放性。

（3）建立游客信息服务体系：充分发挥国家智慧旅游公共服务平台和 12301 旅游咨询服务热线的作用，建设统一受理、分级处理的旅游投诉平台。建立健全信息查询、旅游投诉和旅游救援等方面信息化服务体系。大力开发运用基于移动通信终端的旅游应用软件，提供无缝化、即时化、精确化、互动化的旅游信息服务。积极培育集合旅游相关服务产品的电子商务平台，切实提高服务效率和用户体验。积极鼓励多元化投资渠道参与投融资，参与旅游公共信息服务平台建设。

（4）建立智慧旅游管理体系：建立健全国家、省、市旅游应急指挥平台，提升旅游应急服务水平。完善在线行政审批系统、产业统计分析系统、旅游安全监管系统、旅游投诉管理系统，建立使用规范、协调顺畅、公开透明、运行高效的旅游行政管理机制。

（5）构建智慧旅游营销体系：依据旅游大数据挖掘，建立智慧旅游营销系统，拓展新的旅游营销方式，开展针对性强的旅游营销。逐步建立广播、电视、短信、多媒体等传统渠道和移动互联网、微博、微信等新媒体渠道相结合的全媒体信息传播机制。结合乡村旅游特点，大力发展智慧乡村游，鼓励有条件的地区建设乡村旅游公共营销平台。

（6）推动智慧旅游产业发展：建立智慧旅游示范项目数据库，鼓励旅游企业利用终端数据进行创业，支持智慧城市解决方案提供商以及云计算、物联网、移动互联网应用项目进入旅游业，鼓励有条件的地区建设智慧旅游产业园区。

（7）加强示范标准建设：支持国家智慧旅游试点城市、智慧景区和智慧企业建设，鼓励标准统一、网络互连、数据共享的发展模式。鼓励有条件的地方及企业先行编制相关标准并择优加以推广应用。逐步将智慧旅游景区、饭店等企业建设水平纳入各类评级评星的评定标准。

（8）加快创新融合发展：各地旅游部门要加强与通信运营商、电子商务机构、专业服务商、高校和科研机构开展合作，引导相关部门和企业通过技术输出、资金投入、服务外包、资源共享等方式参与智慧旅游建设。探索建立政产学研金相结合的智慧旅游产业化推进模式。

（9）建立景区门票预约制度：鼓励博物馆、科技馆、旅游景区运用智慧旅游手段，建立门票预约制度、景区拥挤程度预测机制和旅游舒适度的评价机制，建立游客实时评价的旅游景区动态评价机制。

（10）推进数据开放共享：加快改变旅游信息数据逐级上报的传统模式，推动旅游部门和企业间的数据实时共享。各级旅游部门要开放有关旅游行业发展数据，建立开放平台，定期发布相关数据，并接受游客、企业和有关方面对于旅游服务质量的信息反馈。鼓励互联网企业、OTA 企业与政府部门之间采取数据互换的方式进行数据共享。鼓励旅游企业、航空公司、相关企业的数据实现实时共享，鼓励景区将视频监控数据与国家智慧旅游公共服务平台实现共享。

六、发展对策

结合旅游业特点，根据对旅游信息化的调查研究，以及对智慧旅游的深入思考，建议从以下 3 个方面发展智慧旅游：

（1）在旅游行业推广新一代信息技术。

鼓励景区管理部门在景区门禁、电子导游、景区环境和灾害监测预警等方面采用物联网技术。鼓励地方旅游信息中心建设基于云计算的区域旅游信息服务平台，为游客提供一站式、个性化的服务。鼓励电信运营商等搭建旅游云服务平台等公有云，降低中小旅游企业信息化门槛。鼓励大型旅行社开展私有云、大数据技术应用。鼓励软件企业开发在 iPhone、iPad 等移动智能终端上运行的旅游小软件（如 LBS、实时更新的航班时刻表），以应用程序商店（App Store）的商业模式供游客下载使用。鼓励电信运营商开展 3G 移动旅游信息服务。

（2）以游客为中心整合旅游信息资源。

建议各地旅游主管部门牵头建设旅游企业全生命周期管理和服务系统，整合工商、税务、交通、气象、公安、卫生等部门的相关信息资源。同时，支持市场化运作的机构建设基于 LBS 的游客全程信息服务系统，整合当地景点、交通、住宿、餐饮、购物、娱乐、天气、语言、汇率等与旅游相关的信息资源，为游客提供从出发到返程的全程信息服务。

（3）提升旅游服务的自动化和智能化水平。

鼓励景区管理部门对旅游设施进行改造，提高旅游设施的自动化、智能化水平，为游客提供更人性化的服务。鼓励大型旅游信息服务运营商对现有旅游网站进行改版，根据游客身份特征、经济条件、兴趣爱好、地理位置等自动编排和推送有关信息，提供定制化的旅游信息服务。通过提供场景式服务，提高游客的满意度。

对于旅游主管部门，要运用大数据提高旅游市场监管水平，以"互联网＋"推进旅游市场治理现代化，以"互联网＋政务服务"提高公共服务水平，开放旅游公共数据资源，发展全域旅游大数据，开展智慧旅游试点示范工作。

对于旅游景区管理部门，要改善景区网络基础设施条件，建设无线景区；积极运用物联网、云计算、移动互联网、大数据等新一代信息技术，构建智慧景区；运用大数据开展旅游目的地精准营销；运用大数据优化景区规划建设；运用大数据提高景区管理水平，提升游客服务水平。

对于旅游信息化服务机构，要分析旅游行业痛点（如黄牛、黑导、欺客宰客等），提供信息化解决之道。通过 App 为游客提供全程的、基于位置的、一体化的信息服务。以"互联网＋"发展旅游行业的共享经济，发展"互联网＋全域旅游"。注重细节，提升用户体验，让用户省钱、省力、省心，提高用户满意度。

第十三章　智慧城市发展环境

智慧城市建设需要良好的发展环境。PEST 模型是一种宏观环境分析模型。PEST 模型认为，宏观环境分析需要考虑 4 个方面的因素，即政治因素（Political Factor）、经济因素（Economic Factor）、社会因素（Social Factor）和技术因素（Technological Factor）。"PEST"就是这 4 个因素的英文首字母组合。本章用 PEST 模型分析我国的智慧城市发展环境。

第一节　政策环境

一、习近平总书记关于智慧城市的重要论述

党的十八大以来，习近平总书记对智慧城市作了一系列重要论述，为我国智慧城市建设指明了方向。

2015 年 12 月，习近平总书记在中央城市工作会议上指出：城市发展需要依靠改革、科技、文化三轮驱动，增强城市持续发展能力。要提升管理水平，着力打造智慧城市。

2016 年 4 月，习近平总书记在网络安全和信息化工作座谈会上指出，要以信息化推进国家治理体系和治理能力现代化，统筹发展电子政务，构建一体化在线服务平台，分级分类推进新型智慧城市建设，打通信息壁垒，构建全国信息资源共享体系，更好用信息化手段感知社会态势、畅通沟通渠道、辅助科学决策。

2016 年 10 月，习近平总书记在主持中共中央政治局第三十六次集体学习时指出，我们要深刻认识互联网在国家管理和社会治理中的作用，以推行电子政务、建设新型智慧城市等为抓手，以数据集中和共享为途径，建设全国一体化的国家大数据中心，推进技术融合、业务融合、数据融合，实现跨层级、跨地域、跨系统、跨部门、跨业务的协同管理和服务。

2017 年 12 月，习近平总书记在主持中共中央政治局第二次集体学习时强调，要以推行电子政务、建设智慧城市等为抓手，以数据集中和共享为途径，推动技术融合、业务融合、数据融合，打通信息壁垒，形成覆盖全国、统筹利用、统一接入的数据共享大平台，构建全国信息资源共享体系，实现跨层级、跨地域、跨系统、跨部门、跨业务的协同管理和服务。

2018 年 10 月底，习近平总书记在主持中共中央政治局第九次集体学习时指出，要加强人工智能同社会治理的结合，开发适用于政府服务和决策的人工智能系统，加强政务信息资源整合和公共需求精准预测，推进智慧城市建设，促进人工智能在公共安全领域的深度应用，加强生态领域人工智能运用，运用人工智能提高公共服务和社会治理水平。

2019 年 10 月，习近平总书记在主持中共中央政治局第十八次集体学习时指出，要推动区块链底层技术服务和新型智慧城市建设相结合，探索在信息基础设施、智慧交通、能源电力等领域的推广应用，提升城市管理的智能化、精准化水平。

2020 年 3 月 31 日，习近平总书记在杭州考察时指出，通过大数据、云计算、人工智能等手段推进城市治理现代化，大城市也可以变得更"聪明"。从信息化到智能化再到智慧化，是建设智慧城市的必由之路，前景广阔。

二、智慧城市相关国家政策

2012 年以来，党中央、国务院在智慧城市方面出台了一系列相关政策，我国智慧城市建设的政策环境明显改善。

2012 年 11 月，住房和城乡建设部办公厅印发了《住房城乡建设部办公厅关于开展国家智慧城市试点工作的通知》，制定了《国家智慧城市试点暂行管理办法》。2013—2014 年，住房和城乡建设部公布了三批共 290 个国家智慧城市试点名单。

2012 年 12 月，国家测绘地理信息局印发了《关于开展智慧城市时空信息云平台建设试点工作的通知》。

2014 年 3 月，中共中央、国务院印发了《国家新型城镇化规划（2014—2020 年）》，提出推进智慧城市建设。

2014 年 8 月，国家发展改革委、工业和信息化部、科学技术部、公安部、财政部、国土资源部、住房和城乡建设部、交通运输部联合印发了《关于促进智慧城市健康发展的指导意见》，提出：科学制定智慧城市建设顶层设计，切实加大信息资源开发共享力度，积极运用新技术新业态，着力加强网络信息安全管理和能力建设，完善组织管理和制度建设。

2015 年 11 月，国家标准委、中央网信办和国家发展改革委联合印发了《关于开展智慧城市标准体系和评价指标体系建设及应用实施的指导意见》，初步提出了智慧城市标准体系框架，包括总体、支撑技术与平台、基础设施、建设与宜居、管理与服务、产业与经济、安全与保障等 7 个大类。

2016 年 2 月，中共中央、国务院印发了《中共中央 国务院关于进一步加强城市规划建设管理工作的若干意见》，提出推进城市智慧管理。

2016年9月，国务院出台了《国务院关于加快推进"互联网+政务服务"工作的指导意见》，提出加快新型智慧城市建设。

2016年11月，国家发展改革委办公厅、中央网信办秘书局、国家标准委办公室联合印发了《关于组织开展新型智慧城市评价工作务实推动新型智慧城市健康快速发展的通知》。新型智慧城市评价指标（2016年）包括客观指标、主观指标和自选指标三类。其中客观指标重点对城市发展现状、发展空间、发展特色进行评价，包括惠民服务、精准治理、生态宜居、智能设施、信息资源、网络安全和改革创新等7个一级指标。

第二节 经济环境

一、数字经济发展情况

近年来，我国数字经济快速发展。目前，数字经济融入国民经济的各个领域，为我国经济发展提供了新动能，在调整经济结构、转变发展方式、促进产业转型升级等方面的作用日益凸显。

（1）数字经济规模不断扩大。根据中国信息通信研究院发布的《中国数字经济发展白皮书（2021）》，2020年我国数字经济总量达39.2万亿元，占当年GDP总量的38.6%。

（2）数字产业化快速推进。2020年我国数字产业化规模达7.5万亿元，占数字经济总量的19.1%，占GDP的7.3%。规模以上电子信息制造业增加值同比增长7.7%。规模以上互联网和相关服务企业完成业务收入12 838亿元，同比增长12.5%。全年软件和信息技术服务业完成软件业务收入81 616亿元，比上年增长13.3%。

（3）产业数字化深入发展。2020年我国产业数字化规模达31.7万亿元，占数字经济总量的80.9%，占GDP的1.2%。农业、工业、服务业数字经济渗透率分别为8.9%、21%和40.7%。全年实物商品网上零售额97 590亿元，比上年增长14.8%，占社会消费品零售总额的24.9%。

（4）吸纳就业能力显著提升。2018年，我国数字经济领域提供就业岗位为1.91亿个，占当年总就业人数的24.6%。2020年7月，中国信息通信研究院与数字中国产业发展联盟等联合发布了《中国数字经济就业发展研究报告》。通过选取数字经济就业关键词，对国内数十家主流招聘平台进行检索，共收集数字经济招聘信息超过168万条，招聘近5 200万人次，显示当前我国数字经济岗位招聘人数众多，就业需求旺盛。

（5）某些领域走在世界前列。中国电子商务交易额、网购消费者人数均排名全球第一，中国移动支付交易额是美国的十多倍。在全球260多家估值超过10亿美元的

"独角兽"企业中,中国企业数量约占 1/3。中国在虚拟现实、无人驾驶汽车、3D 打印、工业机器人、无人机、人工智能等多个领域的风险投资规模均位列全球前三名。

根据《2020 年国民经济和社会发展统计公报》,2020 年我国计算机、通信和其他电子设备制造业增长 7.7%。集成电路产量 2 614.7 亿块,增长 29.6%。全年网上零售额 117 601 亿元,按可比口径计算,比上年增长 10.9%。全年完成电信业务总量 136 758 亿元,比上年增长 28.1%。全年软件和信息技术服务业完成软件业务收入 81 616 亿元,按可比口径计算,比上年增长 13.3%。全年实物商品网上零售额 97 590 亿元,按可比口径计算,比上年增长 14.8%,占社会消费品零售总额的 24.9%,比上年提高 4 个百分点。

二、信息通信技术产业发展情况

根据工业和信息化部运行监测协调局发布的数据,2020 年,规模以上电子信息制造业增加值同比增长 7.7%,增速比上年回落 1.6 个百分点。规模以上电子信息制造业实现营业收入同比增长 8.3%,增速同比提高 3.8 个百分点;利润总额同比增长 17.2%,增速同比提高 14.1 个百分点。营业收入利润率为 4.89%,营业成本同比增长 8.1%。

根据工业和信息化部运行监测协调局发布的《2020 年中国软件和信息技术服务业综合发展指数报告》,2019 年全国软件业综合发展指数为 138.4,比上一年上升 9.5。

2020 年,我国规模以上互联网和相关服务企业完成业务收入 12 838 亿元,同比增长 12.5%。规模以上互联网企业实现营业利润 1 187 亿元,同比增长 13.2%。规模以上互联网企业投入研发费用 788 亿元,同比增长 6%。互联网企业共完成信息服务收入 7 068 亿元,同比增长 11.5%。互联网平台服务企业实现业务收入 4 289 亿元,同比增长 14.8%。互联网企业完成互联网接入及相关服务收入 447.5 亿元,同比增长 11.5%。互联网数据服务(包括云服务、大数据服务等)收入 199.8 亿元,同比增长 29.5%。

第三节 社会环境

一、互联网普及率快速提高

根据中国互联网络信息中心发布的《第 47 次中国互联网络发展状况统计报告》。截至 2020 年 12 月,中国 IPv4 地址数量为 3.89 亿个,拥有 IPv6 地址 57 634 块/32。中国域名总数为 4 198 万个,其中".cn"域名总数为 1 897 万个,在中国域名总数中占比达 45.2%。中国网站总数为 443 万个,其中".cn"下网站数为 259 万个。国际出口带宽为 11 241.6Gbps。中国网民规模达 9.8899 亿人，互联网普及率为 70.4%，如图 13-1 所示。中国手机网民规模达 9.86 亿人，网民中使用手机上网的人群占比达 99.7%。

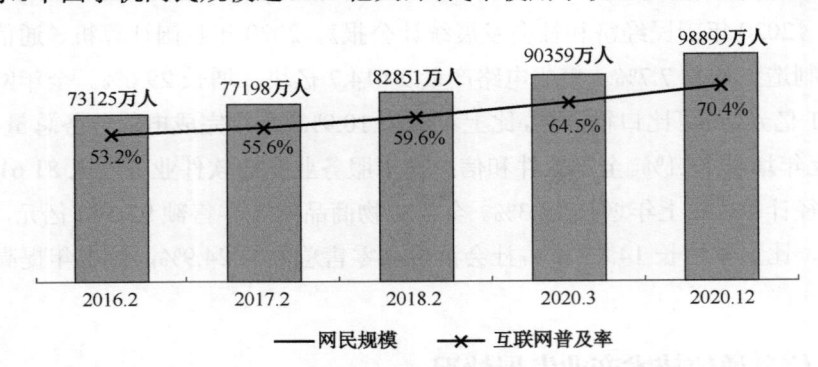

图 13-1　2016—2020 年中国网民规模和互联网普及率

二、信息化在改善民生方面成效显著

近年来，教育、医疗卫生、社会保障等社会事业信息化深入发展，信息化在改善民生方面成效显著。

在教育方面，随着在线教育的发展，部分乡村地区视频会议室、直播录像室、多媒体教室等硬件设施不断完善，名校名师课堂下乡、家长课堂等形式逐渐普及，为乡村教育发展提供了新的解决方案。通过互联网手段弥补乡村教育短板，为偏远地区青少年通过教育改变命运提供了可能，为我国各地区教育均衡发展提供了条件。截至 2020 年 12 月，我国在线教育用户规模达 3.42 亿户，占网民整体的 34.6%。

在医疗卫生方面，以医院管理和临床医疗服务为重点的医院信息化建设取得重要进展，以提高公共卫生服务能力和卫生应急管理水平为主要目标的信息化建设取得长足进步，以居民电子健康档案和中西医电子病历为基础的区域卫生信息化建设获得有益经验，信息化为群众服务、为管理和决策服务的效果逐步显现。

在社会保障方面，"金保工程"建设推动了人力资源和社会保障工作向精细化、一体化、科学化、规范化转变。地级以上人力资源社会保障部门普遍建立了数据中心，多数地区实现了业务数据在市级的集中统一管理。部、省、市三级网络进一步贯通，基本覆盖了各类公共就业服务机构和社会保险经办机构，并延伸到大部分街道、社区、乡镇、定点医疗机构和零售药店，初步形成了人力资源社会保障信息网络框架。信息系统安全基础设施进一步巩固，防护能力普遍加强。全国统一的核心业务应用软件已在绝大部分统筹地区部署实施，对提高经办效率和服务能力的支撑力度显著加强。开辟了联网监测数据采集渠道，探索了现场监督与非现场监督相结合的基金监督模式，启动了基于信息网络的跨地区业务协作。信息化建设还丰富了为社会公众提供信息服务的手段，政府网站、12333 电话咨询服务系统、基层信息服务平台使人民群众可以就近享受便捷的人力资源社会保障服务，受到了人民群众的普遍欢迎。

第四节　技术环境

一、新一代信息技术快速发展

自 2008 年以来，物联网、云计算、大数据等新一代信息技术快速发展，相关产品和解决方案不断成熟。

1．物联网

近年来，我国物联网技术创新能力明显提升，产业规模不断扩大，特别是传感器产业发展取得了长足进步。

（1）创新能力明显提升。许多高校开设了物联网相关专业，成立了物联网实验室、研究院、研究中心等创新载体。许多科研究所积极开展物联网技术攻关，在传感器、智能终端、应用系统等领域取得了丰硕的研究成果。其中光纤传感器、红外传感器等技术达到国际先进水平，超高频智能卡、微波无源无线 RFID、北斗芯片等技术水平大幅提高，MEMS 传感器实现批量生产，中间件平台、智能终端研发取得重大突破。

（2）产业体系初步形成。2019 年，我国物联网产业规模突破 1.5 万亿元，形成了包括软件、硬件设备、芯片、电子元器件、系统集成、运维、咨询服务等在内的比较完整的产业链条，出现了京津冀、长三角、珠三角、成渝经济区四大物联网产业聚集地，涌现出一批物联网领军企业，建成了一批物联网产业公共服务平台，成立了一批物联网产业联盟。物联网标准体系不断完善。

（3）政策环境不断完善。国务院印发了《国务院关于推进物联网有序健康发展的指导意见》，成立了物联网发展部际联席会议和专家咨询委员会。国家发展改革委等 14 个部委联合制定了《物联网发展专项行动计划》，工信部发布了《信息通信行业发展规划物联网分册（2016—2020 年）》，中央财政安排了物联网发展专项资金，物联网被纳入高新技术企业认定和支持范围。

2．云计算

近年来，我国云计算产业快速发展，产业规模不断扩大，市场竞争激烈，技术水平不断提升。

（1）产业规模快速增长。根据中国信息通信研究院发布的《云计算发展白皮书（2020 年）》，2019 年我国云计算产业规模达到 1 334 亿元。目前，云计算服务提供商众多，主要有中国移动、中国电信、中国联通等基础电信运营商，BAT等大型互联网企业，以及浪潮、曙光等专业云计算服务提供商，市场竞争较为激烈。

（2）技术创新能力明显增强。云计算平台大规模资源管理与调度、运行监控与安全保障等关键技术研发取得突破，云计算相关软硬件产品研发及产业化水平明显提升。

（3）云计算应用深入推进。许多政府部门建立了"政务云"，许多大中型企业建立了私有云，成为信息化应用的重要支撑。许多地方政府提出实施"企业上云"计划，由云平台为当地中小企业提供云计算服务，降低了中小企业信息化门槛。

3. 大数据

在软硬件方面，国内骨干软硬件企业陆续推出自主研发的大数据基础平台产品，一批信息服务企业面向特定领域研发数据分析工具，提供创新型数据服务。在平台建设方面，互联网龙头企业服务器单集群规模达到上万台，具备建设和运维超大规模大数据平台的技术实力；在智能分析方面，部分企业积极布局深度学习等人工智能前沿技术，在语音识别、图像理解、文本挖掘等方面抢占技术制高点；在开源技术方面，我国对国际大数据开源软件社区的贡献不断增大。

大数据在互联网服务中得到广泛应用，大幅度提升了网络社交、电商、广告、搜索等服务的个性化和智能化水平，催生了共享经济等数据驱动的新兴业态。大数据加速向传统产业渗透，驱动生产方式和管理模式变革，推动制造业向网络化、数字化和智能化方向发展。电信、金融、交通等行业利用已积累的丰富数据资源，积极探索客户细分、风险防控、信用评价等应用，加快服务优化、业务创新和产业升级的步伐。

在大数据资源建设、大数据技术、大数据应用领域涌现出一批新模式和新业态，龙头企业引领、上下游企业互动的产业格局初步形成。基于大数据的创新创业日趋活跃，大数据技术、产业与服务成为社会资本投入的热点；一批大数据技术研发实验室、工程中心、企业技术中心、产业创新平台、产业联盟、投资基金等形式的产业支撑平台相继建成。

二、信息系统国产化程度不断提高

目前，无论在硬件设备制造领域还是在软件开发和信息服务领域，无论在公安、交通、国土、环保等政府行业还是在金融、电信、制造、零售、物流等商业行业，都涌现出一批具有自主知识产权、自主品牌的IT企业，如华为、中兴、方正、联想、浪潮、达梦、神舟通用、人大金仓、中软、用友、金碟等。在智慧城市建设过程中，在相近情况下，应优先采购国产软硬件和服务。

随着国产软硬件厂商的崛起，中国各级政府部门、各类企事业单位的信息系统的国产化程度不断提高。以国产数据库为例，不仅国产数据库软件已在政府、军队、电信、电力、金融、教育、医疗等多个领域得到成功应用，而且国产数据库软件企业已在政府、电信、电力等局部领域击败国外竞争对手。

第十四章 强化城市治理的信息化思维

无论是贯彻落实"五位一体"总体布局、"四个全面"战略布局，还是贯彻落实五大发展理念，市领导都要强化互联网思维、大数据思维等信息化思维，提升数字领导力，从信息化角度去思考、解决城市发展所面临的问题，推进城市治理体系和治理能力现代化，推动城市高质量发展。

第一节 树立信息化思维

我国已经进入信息社会、互联网时代，信息化已经渗透到全国各行各业，互联网已经深刻影响全国人民的生产和生活。在这样的时代背景下，作为城市的行政首脑，市长们应充分认识信息化对城市经济社会发展的重要作用，树立信息化思维，推进城市治理体系和治理能力现代化。

党中央、国务院高度重视信息化建设。习近平总书记亲自担任中央网络安全和信息化领导小组组长，并在中央网络安全和信息化领导小组第一次会议上作出了"没有信息化就没有现代化"的重要论断。党的十八届五中全会提出实施网络强国战略，实施"互联网＋"行动计划，发展分享经济，实施国家大数据战略。国务院出台了《国务院关于大力发展电子商务加快培育经济新动力的意见》《国务院办公厅关于运用大数据加强对市场主体服务和监管的若干意见》《国务院关于积极推进"互联网＋"行动的指导意见》《促进大数据发展行动纲要》等一系列政策文件。

信息是行政管理的核心要素。政府部门的日常工作就是收集、处理、发布各种各样的信息。意见、决定、通知、公告、通报、通告、函等各类公文就是典型的行政信息。公务员在履职过程中必须依赖行政信息。在某种意义上，行政管理就是行政信息采集、处理和发布的过程。

"信息化思维"是指党政领导干部从信息化角度对经济调节、市场监管、社会管理、公共服务、环境保护等政府职能进行重新审视的思考方式。在信息社会，对于政府部门来说，信息化不只是一种技术手段，更是一种工作方式。通过信息化可以做到以前没法做到的事情，可以实现传统行政方式无法实现的效果。例如：通过大数据分析，可以掌握本市经济运行情况；通过数据比对，可以堵住市场监管漏洞，如避免出现开业了不交税、老人去世后家属仍在冒领养老金等现象；通过数据比对，可以提升社会治理水平，如通过婚姻信息全国联网杜绝重婚；通过建立政务数据交换平台和网上办事大厅，让数据多跑腿人少跑腿，提高办事效率和人民群众满意度；通过环境违法举报 App，让人们随时随地举报环境违法行为，促进环境保护公众参与。

一、领导决策的信息化思维

决策是市长的重要职责，许多事情需要市长拍板决定。传统经验式的决策方式，往往不太靠谱，容易出现"三拍"局面，即拍脑袋决策、拍胸脯承诺、拍屁股走人。2013 年 12 月，中组部印发了《关于改进地方党政领导班子和领导干部政绩考核工作的通知》，规定："对拍脑袋决策、拍胸脯蛮干，给国家利益造成重大损失的，损害群众利益造成恶劣影响的，造成资源严重浪费的，造成生态严重破坏的，盲目举债留下一摊子烂账的，要记录在案，视情节轻重，给予组织处理或党纪政纪处分，已经离任的也要追究责任。"

决策的科学化、民主化必须依靠信息化。科学决策的重要前提是充分掌握信息、了解情况，用数据说话。许多市长上任之后，要花费大量的时间搞调研，熟悉当地情况。如果建立城市大数据平台，可以使城市经济社会等各方面的情况一目了然。通过应用可视化的城市大数据平台，市长就可以像驾驶汽车一样驾驭城市，提高决策科学化水平。如果政策出台以前没有充分听取企事业单位、社会公众等相关利益者的意见，容易出现政策的负面作用。在政策正式出台以前，通过互联网向社会各界广泛征求意见，可以提高决策民主化水平。

二、城市安全的信息化思维

如何保障城市安全，在管辖区域内不出事，是市长们非常关心的问题。一旦发生重大人员伤亡或群体性事件，市长轻则挨处分或批评，重则被免职或降级。许多城市地下管网密布，地质情况复杂，而建设如火如荼，非常容易发生管线爆裂、爆炸和塌方等事故；一些城市只顾发展经济，疏于对企业的监管，安全生产事故、食品安全案件等屡见报端；由于利益关系复杂、社会矛盾突出，容易引发群体性事件；不少城市在海边、江/河边、地震带、山脚，时常受到台风、洪水、地震、滑坡等自然灾害的困扰。提高应急管理水平当然很重要，但更重要的是提高风险管理水平，防患于未然。

要保障城市安全，首先要掌握哪些方面、哪些地方还存在安全隐患，以便及时采取有效措施；掌握有哪些应急救援资源可以调配，而不至于临时抱佛脚、仓促应战。为此，要建立和完善城市安全信息平台，采集城市安全相关数据并建立数据库。利用地理信息系统（GIS）、大数据等技术，从灾害或事故的危险性/可能性、易损性、防范和应对能力三个方面开展城市安全风险评估，划分不同风险等级，采取有针对性措施。建立和完善城市应急指挥系统，打通应急指挥数据链，形成相关部门紧密分工协作、快速应对处置的局面。

三、经济发展的信息化思维

目前，全国不少城市经济增长乏力，"稳增长"成为当务之急。在新形势下，要以信息化来推动高质量发展。一方面，要推动互联网、大数据、人工智能和实体经济深度融合，运用信息化手段改造提升传统产业，促进农业现代化、工业转型升级、服务业高端化，挖掘存量。另一方面，要通过培育和发展物联网产业、云计算产业、大数据产业、人工智能产业、5G产业、3D打印产业、区块链产业等新一代信息技术产业，加快发展数字内容和数字创意产业，积极发展平台经济和共享经济，培育增量。

四、政府履职的信息化思维

1. 市场监管

在简政放权的情况下，如何加强事中事后监管，是许多具有市场监管职能的政府部门所面临的共同问题。传统的人海战术、运动式执法已经难以适应市场监管新形势。要有效开展市场监管，首要前提是了解监管对象，搞清楚它们都是谁，在哪里，在干什么，以及以前干过什么。要加快市场监管领域的社会信用体系建设，建立信用信息平台，归集监管对象（即市场主体）的基本信息和信用记录，以信用代码为统一标识，关联市场主体的信用信息，实现对市场主体的全生命周期信用监管。

2. 社会治理

在转型发展的中国，社会矛盾和社会问题比较突出。要想治理好社会，面对社会矛盾，要"疏导"而不是"堵塞"；面对社会问题，要依靠人民群众而不是政府部门"孤军奋战"。在互联网时代，互联网为政府和社会提供了"连接器"。例如，社会各界可以不受时间、地点和人员数量的限制向政府表达各自的利益诉求，而政府可以通过互联网及时公开政府信息，回应社会关切，破除谣言，消除误解。政府和社会各界之间通过互联网进行充分沟通，可以有效化解社会矛盾。目前，手机上网用户占比已超过99.7%，人们普遍拥有智能手机。通过建立网上投诉举报系统及其App，让人民群众可随时随地举报社会治安、食品安全等方面的社会问题，实现社会共治。

3. 公共服务

传统公共服务模式是企事业单位和社会公众围着政府转，"门难进、脸难看、事难办"的现象比较普遍。人们要挨个部门跑，一遍遍地填表格、交材料，其中不少表格和材料的内容是重复的。建立政务数据交换平台，推行"互联网＋政务服务"，利用人口和法人单位基础信息库，通过社会信用代码和身份证号对申办事项、表格和材料进行关联，相同的内容和材料只需提交一遍即可。人们可以通过微信城市服务功能、App 等了解办事进度，查询办理结果。通过对办事人员的服务态度和业务能力等进行在线评价，如打分、评定星级、留言，使监督部门了解业务部门的行政效能，督促有关办事人员。

第二节　信息化与"五位一体"总体布局

党的十九大报告明确中国特色社会主义事业总体布局是"五位一体"，即统筹推进经济建设、政治建设、文化建设、社会建设和生态文明建设。无论是在经济建设、政治建设、文化建设中，还是在社会建设和生态文明建设中，信息化都可以发挥重要作用。

一、信息化与经济建设

信息化对城市经济发展的促进作用，一方面体现在信息要素对城市其他生产要素的替代作用，提升区域经济的发展质量；另一方面体现在信息化对城市工业、服务业、信息产业等的带动作用，增强产业经济的竞争力。

1. 信息要素对城市其他生产要素的替代作用

生产要素是指进行社会生产经营活动时所需的各种社会资源，包括土地、资本、劳动力、技术、资源和能源、信息等内容，而且这些内容随着时代的发展也在不断发展变化。在农业社会，土地是最主要的生产要素；在工业社会，资本是最主要的生产要素；而在信息社会，信息是最主要的生产要素。

（1）信息要素对土地要素的替代作用。

土地是城市经济发展的重要载体，特别是工业经济的发展。由于经济粗放式发展的情况没有明显改观，同时不能突破 18 亿亩耕地红线，加上这些年快速增长的房地产开发，我国许多城市面临工业用地紧张的局面。例如，在珠三角地区，土地开发强度超过 40%，高于国际上 30% 的警戒线。为了缓解用地紧张局面，一些城市只好采取使用农村用地、购买用地指标（如图 14-1 所示）、填海造地、填湖造地、开发地下空间等措施，甚至出现了"迁坟腾地"的现象。

信息化是经济集约化发展和土地集约利用的必然要求。实践表明，推动信息化与工业化深度融合，可以提高产业的技术密集度，提高产品的技术含量和附加值，进而提高城市单位土地面积的产出（即地均 GDP），使城市在建设用地减少的情况下仍能实现经济稳步增长。对于低端制造业，简单地扩大再生产，并不能增加多少产值；但如果利用信息化手段，促进制造业由低端向高端升级，则会在不增加工业用地的情况，使工业产值快速增长。

图 14-1　发达县市向贫困县购买用地指标

（2）信息要素对资本要素的替代作用。

中小企业数量往往占一个城市企业数量的 99% 以上。中小企业在促进城市经济发展、增加社会就业、推动自主创新、构建和谐社会等方面发挥着不可替代的作用。促进中小企业健康发展，是保持城市经济平稳较快发展的重要基础。对于广大中小企业来说，近年来，随着原材料和劳动力成本的不断上升，企业普遍感到资金紧张。一些中小企业难以从银行获得贷款，而不得不靠民间高息贷款（如图 14-2 所示）。如何降低生产经营成本，提高流动资金周转率，是中小企业普遍关心的问题，而信息化是其中一种解决之道。

图 14-2　一些中小企业难以从银行贷款而依靠民间高息贷款

一些企业通过实施 ERP 系统，减少了库存占用资金，降低了采购和制造成本，提高了应收账款回款率。例如，深圳市英威腾电气股份有限公司通过信息化建设，资金周转次数（次/年）提高了 35%，财务决算速度是原来的 2.5 倍，库存资金占用下降了 24%。

(3) 信息要素对劳动力要素的替代作用。

近年来，东南沿海地区劳动力短缺的情况越来越普遍。在我国，劳务输出大省主要集中在江西、安徽、河南、四川、贵州等中西部地区。随着中西部地区劳动密集型产业的发展，以及东南沿海地区生活成本的增长快于劳动报酬的增长，广东、浙江等东南沿海地区出现了"用工荒"，春节后许多企业争抢农民工（如图 14-3 所示），而信息化是破解东南沿海地区"用工荒"的有效途径之一。

图 14-3　"用工荒"使企业争抢工人

通过信息化，可以实现企业生产的自动化，对车间工人的需求明显减小。信息化可以提高生产效率，在减少人力资源投入的情况下也可以提高产能。例如，宁波继明电器有限公司通过信息化建设，节省劳动力 100 人以上，而制造周期则从原来的 45 天缩短为 25 天。

此外，信息化还可以促进管理扁平化，减少中间管理层次，降低对企业管理人员的需求。黑龙江黑宝药业股份有限公司通过信息化建设，公司各级管理人员精减了 35%，管理人员的比例由全员的 14.2%降低到全员的 6.4%。

(4) 信息要素对资源能源要素的替代作用。

尽管我国节能减排工作取得了显著成效，但能源、资源和环境问题依然是经济发展的制约因素。

实践证明，信息化可以减少企业原材料损耗，促进节能减排。例如，黑龙江省蓝艺地毯集团通过采用地上衡和电子秤接入系统，原材料损耗就从 $0.2\ kg/m^2$ 降低到现在的 $0.03\ kg/m^2$，每年节省原材料消耗 170 t；山东莱芜钢铁集团通过运用信息化手段，钢综合耗水由 21 m^3/t 下降到 5 m^3/t，每吨钢消耗的标准煤由 1.2 t 下降到 0.7 t；新明珠陶瓷集团通过采用电脑自动化恒温控制的辊道窑，单位产品能耗比以前下降了 20%～30%，而且产品烧成质量更好，报废率更低。

2. 信息化对城市产业发展的带动作用

信息化对城市工业、现代服务业、信息产业、战略性新兴产业发展都具有明显的带动作用。

（1）信息化对城市工业发展的带动作用。

利用信息化手段对城市传统工业进行升级改造，是促进城市经济发展的重要途径。发达国家经验表明，虽然以信息化推动工业化将增加30%的投资，但可以提高产品档次和质量、改善生产环境、降低能源和原材料消耗，从而增加85%的经济效益。德国政府通过信息化等手段对鲁尔工业区进行改造，取得了成功，使北威州老工业基地在德国经济中仍发挥着重要作用。

（2）信息化对城市现代服务业发展的带动作用。

服务业的发展水平是衡量现代社会经济发达程度的重要标志。党的十九大报告提出加快发展服务业。信息技术在餐饮、酒店、商贸零售业等传统服务业中得到越来越普遍的应用，如电子点菜单、网上预订酒店、网上购物等。信息技术在金融、物流、会展、咨询、文化创意等现代服务业中也得到越来越普遍的应用，如电子支付、货物网上追踪、在线展览、专利信息检索、数字化设计等。此外，信息化不仅对服务业有改造、提升的作用，而且还催生出信息化服务业，包括电子商务服务业、物流信息服务业、信息化基础设施服务业、基于移动互联网的信息增值服务业、信息化咨询服务业等。信息化服务内容包括信息化规划、信息系统设计、系统集成、项目监理等。

（3）信息化对城市信息产业发展的带动作用。

信息化建设和信息产业发展是相互促进的。实证研究和统计数据表明，城市信息化水平和信息产业发达程度呈现明显的正相关，即：城市信息化排名靠前的往往都是信息产业较为发达的城市。城市信息化建设为信息产业提供了巨大的市场需求空间，可以带动城市电子信息制造业、软件业和信息化服务业的发展。而城市信息产业的发展是城市信息化建设的重要支撑。以软件产业为例，制造有形产品的整个环节包括研发、生产、营销、售后服务等。从规模经济的角度看，当企业扩大到一定规模后，企业将进入规模化经济的状态。而软件产品属于无形产品，其研发成果就是开发出一套产品，生产过程实际上是简单的复制过程，边际成本递减而非递增。

（4）信息化对城市战略性新兴产业发展的带动作用。

战略性新兴产业是以重大技术突破和重大发展需求为基础，对经济社会全局和长远发展具有重大引领带动作用，知识技术密集、物质资源消耗少、成长潜力大、综合效益好的产业。《"十三五"国家战略性新兴产业发展规划》提出，"加快发展壮大新一代信息技术、高端装备、新材料、生物、新能源汽车、新能源、节能环保、数字创意等战略性新兴产业"。

通过推进研发设计信息化，可以增强我国战略性新兴产的自主创新能力。利用信息化手段，研发设计人员可以在虚拟环境中进行协同设计、优化分析、性能测试、过程仿真和虚拟装配等，把计算机运算的快速性、准确性同研发设计人员的创新思维、综合分析能力有机地结合在一起，模拟和预测产品功能、性能及可加工性，缩短研发周期，降低试制成本，降低研发风险。

此外，智慧城市建设也会带动物联网、云计算等新一代信息技术产业的发展。智慧城市建设将使城市管理、城市经济、城市社会等各个领域对物联网、云计算等方面的产品和服务产生巨大需求。

由此可见，信息化是城市经济发展的助推器，是转变城市经济发展方式、保持城市经济平稳较快发展的重要举措。各市应因地制宜地推进城市信息化建设，努力构建智慧城市，并把信息化建设与城市经济发展紧密结合起来。

二、信息化与政治建设

1995 年，美国学者斯劳卡提出了"网络民主"的概念。目前，许多发达国家都在发展"电子民主"（E-democracy）。与传统民主方式相比，"电子民主"具有广泛性、便利性、低成本等特点。在互联网时代，人们可以通过网络表达民主诉求，强化知情权、参与权、表达权和监督权。

1. 互联网改变了人们参政议政的方式

在互联网时代，国家领导人可以与网民进行聊天，政府官员可以在网上接受访谈，解答网民提出的问题，倾听网民的意见。人们可以在网上评议政府部门的工作。对于开通了微博的政府机构，网民可以与之进行互动交流，实现微博问政。通过电子人大、电子政协建设，人大代表和政协委员可以通过网络递交提案，与网民进行交流。

近年来，互联网作为沟通民意的重要渠道，正受到国家领导人越来越多的重视。国务院网站（www.gov.cn）建立了"我向总理说句话"栏目，网友们可以向李克强总理反映情况，提出意见和建议。

2. 互联网改变了民主监督方式

在许多事件中，作为一种新媒体，互联网发挥着重要的舆论监督作用。2003 年 3 月，湖北青年孙志刚在广州被收容并在收容人员救治站被殴打致死。该事件首先被地方报纸媒体曝光后，中国各大网络媒体积极介入，引起社会广泛关注，促使有关部门侦破此案。2003 年 6 月 20 日，国务院发布《城市生活无着的流浪乞讨人员救助管理办法》并于同年 8 月 1 日起施行，同时废止 1982 年发布的《城市流浪乞讨人员收容遣送办法》。

近年来，网络舆论的社会影响力不断扩大，舆情监测成为政府机构了解民意的重要手段。"孙志刚事件"等一系列事件通过网络曝光后，引起了社会的广泛关注，促使有关部门采取措施回应社会关切。

此外，网上信访提高了信访效率，节省了信访成本。网络反腐成为反腐败的重要途径。网民为纪检部门提供了许多反腐败线索，对腐败分子形成了巨大的舆论压力。

3. 互联网改变了民主选举方式

目前，互联网已经成为一些国家总统竞选的重要阵地。总统候选人可以在网上进行辩论，阐述自己的施政设想。互联网在奥巴马竞选美国总统时发挥了重要作用，奥巴马被称为美国的第一个"网络总统"。在选举、表决等方面，许多发达国家已经采用了电子投票方式。

> **延伸阅读：爱沙尼亚网上选举实践**
>
> 爱沙尼亚是世界上第一个通过互联网举行议会选举的国家，也是第一个立法通过手机投票的国家。2007 年 3 月，爱沙尼亚举行议会选举，94 万名合格选民在网上投票。有人担心在家里或工作地点上网投票可能会使选民受到压力，不能按自己的意愿投票，从而影响选举的公正。为此，爱沙尼亚法律规定：已在网上投票的选民还有第二次投票的机会。如果选民对网上投票反悔，还可以在去投票站用纸质选票再投一次；如果一名选民投了两次票，那么他在网上投的票将作废。2007 年的实践证明，网上投票方式安全可靠，人们对黑客攻击、身份欺诈和投票操控等一系列担忧是多余的。2008 年 12 月，爱沙尼亚议会通过立法规定，允许居民通过手机进行投票。

随着互联网普及率的提高和智能终端的普及，直接民主选举成为可能。可以采取网上选举方式，让人们利用电脑上网或通过选举 App 对候选人进行投票。通过完善选举制度，采用有效的技术手段，可以避免在选举过程中出现电子操控现象，泄露选举人的个人隐私。

4. 互联网改变了民主决策方式

互联网可以促进决策科学化、民主化。例如，政府部门可以把起草的政策文件在网上征求企业和社会公众的意见，促进决策民主化。通过大数据分析，对决策的科学性、政策实施效果进行评估，促进决策科学化。

此外，互联网还有利于发展基层民主。例如，推进农村村务信息公开和城市街道办、居委会的政务信息公开，加强社会监督。在农村、居委会、企事业单位、社会组织等基层单位试行"电子投票"，使人民群众更加有效地行使选举权。通过互联网促进基层社会协同治理。

三、信息化与文化建设

"互联网＋文化"是指用互联网思维对文化工作重新思考，推动互联网与文化活动、文化产业的深度融合，通过互联网传播优秀文化，创新文化产品创造和文化服务模式，加强文化建设，推动文化改革发展。推动"互联网＋文化"发展，是建设社会主义文化强国的重要举措。

（1）深入推进历史文化优秀作品数字化、网络化和再开发，通过互联网提供文化服务，传播优秀文化。

我国历史悠久，中华民族拥有灿烂的文化，流传下来许多优秀的文化作品，包括书籍、字画、工艺品等，出土的文物非常丰富。这些作品对保存环境要求高，保存起来成本高，而且占地方，人们阅读、参观不方便。如果把这些作品扫描数字化，一张光盘、一块硬盘，就能存储很多作品，占地小，放到网上就可以让全国各地、世界各地的人们在线浏览，非常方便。采用网络超链接技术之后，可以把数字化之后作品与相关历史文献、白话文、后人的解读等关联起来，使人们更容易理解。现在懂古文的人不多，普通人对古文阅读起来很费劲，因此需要翻译成白话文。许多古籍表现形式单调，如果把核心思想、核心内容以动漫、说书等形式表现出来，就能做到通俗易懂，让人们喜闻乐见。

许多地方都建立了博物馆、美术馆等文化类展馆，拥有大量文物古迹，如遗址、故居等，收藏了大量文化作品。但往往需要人们去这些地方实地参观，而这些展馆每年接待人数有限。如果把这些藏品进行扫描数字化，建立网上展馆，图文并茂，就可以让全国各地、世界各地的人们足不出户进行欣赏，扩大受众，提升文化影响力。通过微博、微信等新媒体加快优秀文化作品的传播。

（2）以"互联网＋"推动传统文化产业升级改造，支持文化类互联网新媒体、O2O、互联网众筹、电子商务等新业态发展。

随着互联网的发展，新闻网站、网络音乐、网络文学、网络游戏、视频网站、电子图书、网络广播等逐渐兴起，使人们可以在网上看新闻、看书、听音乐、听广播、看电视、看电影，深刻地影响着新闻、出版、电影、娱乐等文化行业。阿里巴巴、腾讯、百度等互联网巨头已经进军文化行业。例如：阿里巴巴收购"文化中国"并更名为"阿里影业"；腾讯与"中国好声音"进行战略合作，实现电视直播和在线互动相结合，开辟了娱乐业"网台互动"新模式。互联网众筹成为我国影视行业年轻导演融资的新模式。2015年初，我国首部以互联网众筹方式融资成功的动画电影《十万个冷笑话》取得了不错的票房成绩。文化类电子商务快速发展，网上交易的文化商品越来越多，一些艺术家已在淘宝网等大型电子商务平台开设网店，在网上销售自己创作的艺术作品。在互联网浪潮的冲击下，许多实体书店、音像店、报刊亭相继倒闭关门。

"互联网+"颠覆着新闻、出版等文化行业，倒逼着文化企事业单位改革和创新，为文化体制改革带来了契机，创造了条件。深化文化体制改革的一项重要内容，就是要让文化事业单位适应互联网时代的发展要求。因此，广播电台、电视台、报社、出版社、文艺演出团体等要主动拥抱"互联网+"，与互联网企业合作，发展"互联网+文化"新业态。文化主管部门则要采取有效措施加强互联网作品的版权保护，为文化创意产业发展提供良好的市场环境。

（3）以"互联网+"构建现代公共文化服务体系，发展文化大数据，促进文化传承和研究。

2015年1月，中办、国办印发了《关于加快构建现代公共文化服务体系的意见》，提出"加快推进公共文化服务数字化建设，提升公共文化服务现代传播能力"。实施全国文化信息资源共享工程以及数字图书馆、数字博物馆、农村数字电影放映、数字农家书屋、城乡电子阅报屏等项目，综合运用固网、移动互联网、广播电视网、卫星等传输渠道以及广播、电视、手机等接收终端，构建网络化的公共文化服务体系，丰富人们的文化生活。以"互联网+"扩大优质公共文化资源的覆盖面，缩小城乡、地区之间的公共文化服务条件差距。

通过大数据分析人们对文化产品和服务的需求和偏好，提升文化营销水平，实现个性化、精准的文化服务。美国电视连续剧《纸牌屋》之所以火爆，与 Netflix 大数据分析努力有关。通过对用户的位置、收看渠道、搜索、评价、在社交媒体分享、添加书签等数据进行分析，使 Netflix 了解用户偏好，有针对性地采取措施来迎合观众。通过大数据分析，可以了解人们对哪些方面的文化作品感兴趣、人们的阅读习惯等，以便文化主管部门有针对性地采取措施，提升公共文化服务水平。

通过大数据分析促进文化研究。哈佛大学根据《史记》、二十四史、其他重要历史典籍等中国历史文献上的历史人物信息，建立了中国历史人物数据库，把中国每个重要历史人物与其他历史人物、历史事件关联起来，通过大数据分析来研究中国历史重大事件的发生发展规律。我国文化研究机构和人员也要善于利用大数据分析手段和工具，提升自己的文化研究水平。

值得指出的是，55个少数民族是中华民族大家庭成员，维吾尔族、藏族、回族、壮族、苗族、彝族等许多少数民族都有自己独特的文化。要推动少数民族地区的"互联网+文化"发展，通过互联网传承优秀的民族文化，以独特文化吸引网民游客，促进当地旅游业发展，进而实现脱贫致富和经济发展，提高少数民族的生活水平。

四、信息化与社会建设

充分运用信息化来创新社会治理，全面推进平安城市建设，确保人民安居乐业、社会安定有序。

（1）通过"互联网＋"改进社会治理方式。

社会治理和社会管理的根本区别，就在于社会治理强调企事业单位和社会公众与政府部门一道参与管理社会事务，形成政府部门和社会各界共同治理的局面。在"互联网＋"时代，互联网是企事业单位和社会公众参与管理社会事务的重要渠道，是实现系统治理、依法治理、综合治理和源头治理的重要途径。在"互联网＋"时代，企业、社会组织和人民群众可以不受时间、地点、人员数量的限制，向政府部门表达各自的利益诉求。而社会管理部门可以通过互联网及时回应社会关切，调节利益关系，化解社会矛盾。通过互联网向社会公众普及法律知识，推动全民守法，促使社会公众懂得用法律武器捍卫自己的权益，让法治成为人民群众的信仰。通过互联网曝光各类违法犯罪行为，形成威慑力，规范社会行为。建立基于互联网的网格化、可视化社会管理平台，明确责任范围，提高社会管理效率。建立基于互联网的"一站式"基层综合服务平台，提高公共服务水平，降低行政成本，减轻基层公务员劳动强度。

（2）通过"互联网＋"激发社会组织活力。

社会组织在社会治理中扮演重要的角色，当其遭遇信任危机时，需要及时通过互联网公开网民关注的信息、回应网民关切，重新获得网民的信任。需要及时地向社会公众及相关利益者公开资金来源及使用情况，提高社会组织运转的透明度。社会组织透明度越高，就越容易得到社会各界特别是相关利益者的支持，促进社会组织公平竞争，激发社会组织的活力。而互联网是提高社会组织透明度最便捷、最廉价的渠道。此外，还要充分发挥互联网在社会动员、救援等方面的作用，通过互联网集聚正能量，应对灾害、事故等突发性事件。

（3）通过"互联网＋"创新社会矛盾预防化解体制机制。

把互联网和群众路线相结合，借鉴新加坡设立民情联系组的成功经验，建立联系群众的互联网平台，形成"互联网＋群众路线"模式，引导人民群众充分、有序地表达诉求，反映问题，以便党政部门有针对性地调解、处理和化解社会矛盾，保障人民群众的合法权益。建立社会舆情监测系统，开展社会舆情大数据分析，做好重大决策社会稳定风险评估工作。进一步推动政府部门和公检法司部门通过互联网公开行政执法和司法信息，强化社会监督，及时纠正不作为、乱作为现象。推行网上信访，拓宽信访渠道，让访民及时表达诉求，反映问题。

（4）通过"互联网＋"健全和完善公共安全体系。

制定和实施"互联网＋公共安全"行动计划，把"互联网＋食品安全""互联网＋安全生产""互联网＋防灾减灾""互联网＋公安""互联网＋维稳"等纳入其中。在"互联网＋食品安全"方面，通过建立全国联网的食品安全举报信息平台、食品安全溯源信息平台、食品安全信用信息平台等互联网平台，消除食品安全监管部门、食品生产经营者、相关社会组织和消费者之间的"信息不对称"，对食品生产经营者进行全生命周期监管，形成食品安全"社会共治"的局面。在"互联网＋安全生产"方面，采用物联网、云计算、大数据、移动互联网等新一代信息技术，对特种设备运行情况、危险化学品及烟花爆竹存放情况、矿山作业情况、车辆行驶状况等进行实时监控，针对异常情况发布预警信息，以便有关部门和相关人员及时采取对策措施，遏制重特大安全事故的发生。在"互联网＋防灾减灾"方面，通过互联网建立"全民参与、群防群策"的防灾减灾机制：鼓励人们发现险情后及时把有关信息发到相关政府部门的防灾减灾平台，相关政府部门通过短信、微博、微信、App等向相关地区的人们及时发布灾害预警预报信息；针对台风、洪水、地震、山体滑坡、泥石流等不同灾害，组织开发防灾减灾类App，及时发布信息，及时采取应对措施。在"互联网＋公安"和"互联网＋维稳"方面，逐步把传统探头升级改造为具有对人脸、人体特征、车牌号等自动识别功能的智能探头，实现联网监控和自动报警，提高对嫌疑人员和嫌疑车辆的跟踪水平，快速抓捕犯罪嫌疑人、在逃犯和暴恐分子等。

随着互联网的快速发展，除了现实社会，还在互联网上形成了一个虚拟社会。互联网对提高现实社会治理水平作用巨大，而互联网本身也需要进行治理。为此，需要进一步提升互联网治理水平。严厉打击各类涉网违法犯罪活动，保障网民的合法权益。做好网络舆论引导工作，弘扬正能量，让网络空间清朗起来。

五、信息化与生态文明建设

在互联网时代，推动"互联网＋生态文明"发展，是加快推进生态文明建设、坚持绿色发展的重要举措。

（1）以"互联网＋"开展生态环境动态监测，在线发布实时生态环境信息和生态环境预警预报信息，让人民群众感知生态环境。

对生态环境进行动态监测，是开展生态环境保护和治理的前提。要利用遥感、地理信息系统、物联网等技术对全国大气、水、土壤、森林、草原、湿地、海洋等生态环境进行全天候、全天时的动态监测。

目前，我国环保、林业、国土资源、海洋、气象等部门都建立了各种各样的、固定的生态环境监测站点。传统固定的生态环境监测站点，其监测范围有限，站点位置不一定科学合理；如果提高生态环境监测站点的密度，则要增加大量资金投入。为此，可以借鉴美国海洋和大气管理局（NOAA）在长途汽车安装监测装置的做法，在长途汽车、轮船、火车以及无人机上安装生态环境监测装置，实时监测沿途的生态环境状况，并通过无线网络把监测信息传回到监测中心。这种移动站点的监测范围比固定站点的监测范围要大得多，而且资金投入比固定站点少。

> **延伸阅读：用无人机监测环境**
>
> 2014年APEC会议前期，环保部用无人机对京津冀地区进行巡查，共飞行11架次，发现疑似存在环境问题点位60余处。山东省计算中心研发的旋翼无人机远程烟气监测系统可对空气中的PM2.5、PM10、二氧化硫等的含量进行定量分析，并对雾霾天气发出预警。

某些污染企业不怕罚款，但怕被曝光。通过互联网公开环境污染信息，可以让人民群众知道是哪些企业在超量排污、制造污染，这些企业在哪里，哪些属于环保部门的管辖范围。2014年6月，由公益组织"公众环境研究中心"发布的手机客户端"污染地图"App上线。"污染地图"App公布了全国3000多家废气排放企业的排放数据，超标排放废气的企业被标注在电子地图上，用户可以随时分享到微博、微信等社交网络平台，让污染企业接受社会监督和舆论谴责，引发了一场"发现身边污染源"的讨论。

国家有关部委应联合建设生态环境动态监测信息平台和专门的网站、App，发布实时的生态环境信息和预警预报信息，让人民群众感知自己身边的生态环境状况，倒逼有关企业和主管部门采取切实有效的措施。

开放公共数据资源，有利于促进公共数据资源的开发利用，带动相关行业的发展。例如，美国海洋和大气管理局（NOAA）免费向社会开放气象数据，仅2008年就为发电厂节省1.66亿美元。2000年，美国天气风险管理行业的营业收入是欧洲的60倍、亚洲的146倍。这是因为：在欧洲虽然开放气象数据，但仍然需要支付一定的费用，而亚洲许多国家则不开放气象数据。《国务院关于积极推进"互联网+"行动的指导意见》提出"推动数据资源开放"，国务院印发的《促进大数据发展行动纲要》也提出"稳步推动公共数据资源开放"。有关部门开放生态环境领域的公共数据资源，有利于我国环保产业以及农业、林业、渔业、食品、旅游等其他相关行业的发展。

（2）以"互联网+"促进公众参与生态环境管理和保护，使生态环境管理走向生态环境协同治理。

《中共中央关于全面深化改革若干重大问题的决定》提出"全面深化改革的总目标是完善和发展中国特色社会主义制度，推进国家治理体系和治理能力现代化"。管理是指政府部门依靠自身力量对生态环境进行管理和保护；而治理则是指政府部门联合社会公众、社会组织、新闻媒体、专业机构等社会力量，共同对生态环境进行管理和保护。

环保部门的环境监察执法人员数量有限，执法人员的工作时间和工作精力也有限；而排污企业数量多、分布广，在深夜或周末偷偷排放废水、废气的情况非常普遍。单纯依靠环保部门的力量，已经难以对企业进行有效的监管，必须发动社会力量对企业进行监督。

在利用互联网促进公众参与方面，北京环保部门进行了探索。2015 年 7 月，北京微信城市服务平台正式开通，其环保举报界面如图 14-4 所示。通过北京微信城市服务平台，选取"环保举报"功能，点击"我要举报"，用户利用智能手机的无线通信、GPS 定位、拍摄、录像等功能，可以方便、快捷地完成环境污染问题的取证和举报，举报信息第一时间到达当地环保部门进行办理。举报办理情况可在"举报查询"中查看。

图 14-4 北京微信城市服务平台的环保举报界面

许多人都有可以安装 App、随手拍照的智能手机。生态环境主管部门可以在本部门 App 中增设生态环境举报功能，或组织开发专门的生态环境举报 App，发动人民群众对发生在身边的、破坏生态环境的行为进行随时随地举报。通过对生态环境事件进行大数据分析，可以发现一些规律，使生态环境主管部门科学、合理地配置执法力量，有针对性地采取防范措施。

（3）以"互联网+"完善废旧资源回收和处理体系，发展废旧资源电子商务，促进循环经济发展。

随着人民生活水平的提高，全国每天产生的废弃物（俗称"垃圾"）越来越多。"垃圾是放错位置的资源"。我国许多城市都建立了比较完善的生活垃圾回收和处理体系,但电子废弃物等其他废旧资源的回收和处理体系还不完善。随着家电、电脑、手机等电子产品的普及率越来越高,加上电子产品更新换代速度快,我国产生了大量电子废弃物。一些电子产品里面含有贵金属,如果任由小作坊、小商贩拆解,会造成严重的重金属污染,危害人民群众的身体健康。例如,汕头市贵屿镇是全国知名的电子废弃物之都,电子废弃物拆解使贵屿的癌症发病率和妇女流产率高于周边地区。目前,废旧资源多由流动商贩回收,很不规范。

"互联网+"是完善废旧资源回收和处理体系、发展循环经济的重要手段。例如,再生活信息技术有限公司提供标准化、规范化的上门回收废旧物资服务,包括旧手机、旧家电、塑料瓶、易拉罐、旧衣服、纸类等。用户可通过其"再生活"App定制上门服务周期,预约上门服务时间。该公司通过先进的信息系统和标准化的管理流程为用户建立可再生资源回收账户,记录用户的环保贡献与资金余额。用户可用销售废旧物资所得资金换购该公司手机便利店中的商品,订购商品由该公司工作人员送货上门。可以预见,O2O 式(线上线下结合)的电子商务将成为互联网时代废旧资源回收和处理的新趋势。

第三节 信息化与"四个全面"战略布局

2020 年 10 月,党的十九届五中全会对"四个全面"战略布局作出了新的表述,即协调推进全面建设社会主义现代化国家、全面深化改革、全面依法治国、全面从严治党的战略布局。

一、信息化与全面建设社会主义现代化国家

《中华人民共和国国民经济和社会发展第十四个五年规划和 2035 年远景目标纲要》提出,开启全面建设社会主义现代化国家新征程。实现"两个一百年"奋斗目标,把我国建设成为社会主义现代化强国,既是近代以来中华民族演进的历史趋势和中国特色社会主义发展的内在逻辑,也是新时代中国共产党的历史使命。从全面建成小康社会到基本实现现代化,再到全面建成社会主义现代化强国的"两步走"战略安排,既立足于当前中国发展的实际,也适应未来中国发展的新趋势,完整勾画了我国社会主义现代化强国建设的时间表、路线图。

2014 年 2 月,习近平总书记在中央网络安全和信息化领导小组第一次会议上指出,没有网络安全就没有国家安全,没有信息化就没有现代化。全面建设社会主义现代化强国,要求加快数字化发展,建设数字中国。

党的十九届五中全会提出了到 2035 年基本实现社会主义现代化的远景目标,包

括基本实现新型工业化、信息化、城镇化、农业现代化，基本实现国家治理体系和治理能力现代化，基本实现国防和军队现代化。

推进新型工业化，要求加快发展智能制造和工业互联网，促进工业转型升级和制造业高质量发展。推进新型城镇化，要求加快建设新型智慧城市。推进农业农村现代化，要求加快发展智慧农业，建设数字乡村。推进国家治理体系和治理能力现代化，要求加快发展"互联网＋党建"和智慧党建，推行"互联网＋政务服务"和"互联网＋监管"，建设"互联网＋人大"、"互联网＋政协"以及智慧法院、智慧检察院等。推进国防和军队现代化，要求积极开展新军事变革，深化军事信息化建设，打赢网络战。

2016年4月19日，习近平总书记在网络安全和信息化工作座谈会上指出，要以信息化推进国家治理体系和治理能力现代化，统筹发展电子政务，构建一体化在线服务平台，分级分类推进新型智慧城市建设，打通信息壁垒，构建全国信息资源共享体系，更好用信息化手段感知社会态势、畅通沟通渠道、辅助科学决策。

《中华人民共和国国民经济和社会发展第十四个五年规划和2035年远景目标纲要》提出，迎接数字时代，激活数据要素潜能，推进网络强国建设，加快建设数字经济、数字社会、数字政府，以数字化转型整体驱动生产方式、生活方式和治理方式变革。

1. 打造数字经济新优势

充分发挥海量数据和丰富应用场景优势，促进数字技术与实体经济深度融合，赋能传统产业转型升级，催生新产业新业态新模式，壮大经济发展新引擎。

（1）加强关键数字技术创新应用。

聚焦高端芯片、操作系统、人工智能关键算法、传感器等关键领域，加快推进基础理论、基础算法、装备材料等研发突破与迭代应用。加强通用处理器、云计算系统和软件核心技术一体化研发。加快布局量子计算、量子通信、神经芯片、DNA存储等前沿技术，加强信息科学与生命科学、材料等基础学科的交叉创新，支持数字技术开源社区等创新联合体发展，完善开源知识产权和法律体系，鼓励企业开放软件源代码、硬件设计和应用服务。

（2）加快推动数字产业化。

培育壮大人工智能、大数据、区块链、云计算、网络安全等新兴数字产业，提升通信设备、核心电子元器件、关键软件等产业水平。构建基于5G的应用场景和产业生态，在智能交通、智慧物流、智慧能源、智慧医疗等重点领域开展试点示范。鼓励企业开放搜索、电商、社交等数据，发展第三方大数据服务产业。促进共享经济、平台经济健康发展。

（3）推进产业数字化转型。

实施"上云用数赋智"行动，推动数据赋能全产业链协同转型。在重点行业和区域建设若干国际水准的工业互联网平台和数字化转型促进中心，深化研发设计、生产制造、经营管理、市场服务等环节的数字化应用，培育发展个性定制、柔性制造等新模式，加快产业园区数字化改造。深入推进服务业数字化转型，培育众包设计、智慧物流、新零售等新增长点。加快发展智慧农业，推进农业生产经营和管理服务数字化改造。

2. 加快数字社会建设步伐

适应数字技术全面融入社会交往和日常生活新趋势，促进公共服务和社会运行方式创新，构筑全民畅享的数字生活。

（1）提供智慧便捷的公共服务。

聚焦教育、医疗、养老、抚幼、就业、文体、助残等重点领域，推动数字化服务普惠应用，持续提升群众获得感。推进学校、医院、养老院等公共服务机构资源数字化，加大开放共享和应用力度。推进线上线下公共服务共同发展、深度融合，积极发展在线课堂、互联网医院、智慧图书馆等，支持高水平公共服务机构对接基层、边远和欠发达地区，扩大优质公共服务资源辐射覆盖范围。加强智慧法院建设。鼓励社会力量参与"互联网＋公共服务"，创新提供服务模式和产品。

（2）建设智慧城市和数字乡村。

以数字化助推城乡发展和治理模式创新，全面提高运行效率和宜居度。分级分类推进新型智慧城市建设，将物联网感知设施、通信系统等纳入公共基础设施统一规划建设，推进市政公用设施、建筑等物联网应用和智能化改造。完善城市信息模型平台和运行管理服务平台，构建城市数据资源体系，推进城市数据大脑建设。探索建设数字孪生城市。加快推进数字乡村建设，构建面向农业农村的综合信息服务体系，建立涉农信息普惠服务机制，推动乡村管理服务数字化。

（3）构筑美好数字生活新图景。

推动购物消费、居家生活、旅游休闲、交通出行等各类场景数字化，打造智慧共享、和睦共治的新型数字生活。推进智慧社区建设，依托社区数字化平台和线下社区服务机构，建设便民惠民智慧服务圈，提供线上线下融合的社区生活服务、社区治理及公共服务、智能小区等服务。丰富数字生活体验，发展数字家庭。加强全民数字技能教育和培训，普及提升公民数字素养。加快信息无障碍建设，帮助老年人、残疾人等共享数字生活。

3. 提高数字政府建设水平

将数字技术广泛应用于政府管理服务，推动政府治理流程再造和模式优化，不断提高决策科学性和服务效率。

（1）加强公共数据开放共享。

建立健全国家公共数据资源体系，确保公共数据安全，推进数据跨部门、跨层级、跨地区汇聚融合和深度利用。健全数据资源目录和责任清单制度，提升国家数据共享交换平台功能，深化国家人口、法人、空间地理等基础信息资源共享利用。扩大基础公共信息数据安全有序开放，探索将公共数据服务纳入公共服务体系，构建统一的国家公共数据开放平台和开发利用端口，优先推动企业登记监管、卫生、交通、气象等高价值数据集向社会开放。开展政府数据授权运营试点，鼓励第三方深化对公共数据的挖掘利用。

（2）推动政务信息化共建共用。

加大政务信息化建设统筹力度，健全政务信息化项目清单，持续深化政务信息系统整合，布局建设执政能力、依法治国、经济治理、市场监管、公共安全、生态环境等重大信息系统，提升跨部门协同治理能力。完善国家电子政务网络，集约建设政务云平台和数据中心体系，推进政务信息系统云迁移。加强政务信息化建设快速迭代，增强政务信息系统快速部署能力和弹性扩展能力。

（3）提高数字化政务服务效能。

全面推进政府运行方式、业务流程和服务模式数字化智能化。深化"互联网＋政务服务"，提升全流程一体化在线服务平台功能。加快构建数字技术辅助政府决策机制，提高基于高频大数据精准动态监测预测预警水平。强化数字技术在公共卫生、自然灾害、事故灾难、社会安全等突发公共事件应对中的运用，全面提升预警和应急处置能力。

4. 营造良好数字生态

坚持放管并重，促进发展与规范管理相统一，构建数字规则体系，营造开放、健康、安全的数字生态。

（1）建立健全数据要素市场规则。

统筹数据开发利用、隐私保护和公共安全，加快建立数据资源产权、交易流通、跨境传输和安全保护等基础制度和标准规范。建立健全数据产权交易和行业自律机制，培育规范的数据交易平台和市场主体，发展数据资产评估、登记结算、交易撮合、争议仲裁等市场运营体系。加强涉及国家利益、商业秘密、个人隐私的数据保护，加快推进数据安全、个人信息保护等领域基础性立法，强化数据资源全生命周期安全保护。完善适用于大数据环境下的数据分类分级保护制度。加强数据安全评估，推动数据跨境安全有序流动。

(2)营造规范有序的政策环境。

构建与数字经济发展相适应的政策法规体系。健全共享经济、平台经济和新个体经济管理规范,清理不合理的行政许可、资质资格事项,支持平台企业创新发展、增强国际竞争力。依法依规加强互联网平台经济监管,明确平台企业定位和监管规则,完善垄断认定法律规范,打击垄断和不正当竞争行为。探索建立无人驾驶、在线医疗、金融科技、智能配送等监管框架,完善相关法律法规和伦理审查规则。健全数字经济统计监测体系。

(3)加强网络安全保护。

健全国家网络安全法律法规和制度标准,加强重要领域数据资源、重要网络和信息系统安全保障。建立健全关键信息基础设施保护体系,提升安全防护和维护政治安全能力。加强网络安全风险评估和审查。加强网络安全基础设施建设,强化跨领域网络安全信息共享和工作协同,提升网络安全威胁发现、监测预警、应急指挥、攻击溯源能力。加强网络安全关键技术研发,加快人工智能安全技术创新,提升网络安全产业综合竞争力。加强网络安全宣传教育和人才培养。

(4)推动构建网络空间命运共同体。

推进网络空间国际交流与合作,推动以联合国为主渠道、以联合国宪章为基本原则制定数字和网络空间国际规则。推动建立多边、民主、透明的全球互联网治理体系,建立更加公平合理的网络基础设施和资源治理机制。积极参与数据安全、数字货币、数字税等国际规则和数字技术标准制定。推动全球网络安全保障合作机制建设,构建保护数据要素、处置网络安全事件、打击网络犯罪的国际协调合作机制。向欠发达国家提供技术、设备、服务等数字援助,使各国共享数字时代红利。积极推进网络文化交流互鉴。

二、信息化与全面深化改革

党的十八届三中全会通过了《中共中央关于全面深化改革若干重大问题的决定》,其中多处论及信息化,充分反映了党中央对信息化建设的高度重视以及新形势下全面深化改革的伟大事业对我国信息建设提出的新要求。值得注意的是,过去中央文件对社会领域的信息化论述很少,而这次《决定》在教科文卫、收入分配、食品安全等多个与百姓息息相关的社会民生领域对信息化均有论述。

国内外实践表明,20世纪90年代以来,无论是政治改革,还是经济改革,抑或是社会改革,信息化在其中均起到了至关重要的作用。例如,电子政务的发展推动了行政管理和公共服务方式的变革,互联网改变了不少国家政治变革的进程,信息化推动了商业模式的变革,电子商务正在重塑制造业,智能手机正在改变我们的生活方式。

因此，全面提升信息化水平，尤其是借助信息化手段提升社会管理和服务的能力，对于我国当前全面深化改革具有非常重要的意义。

1. 打击网络违法犯罪行为刻不容缓

近年来，网络违法犯罪高发，并呈现出罪犯高学历、低龄化、手段智能化、作案隐蔽化、动机多元化、影响广泛化等特点。为严厉打击这类新型网络犯罪，2019年6月13日到10月31日，公安部刑侦局组织全国公安机关刑侦部门开展"云剑"行动，共破获电信网络诈骗案件11.8万起，同比上升62.7%；抓获犯罪嫌疑人9.9万名，同比上升135.6%。2019年1月，公安部组织部署全国公安机关开展"净网2019"专项行动，依法严厉打击侵犯公民个人信息、黑客攻击破坏等网络违法犯罪活动。截至2019年10月31日，"净网2019"专项行动侦破涉网案件45 743起，抓获犯罪嫌疑人65 832名。

2. 扩大优质教育资源覆盖大有作为

我国优质教育资源分布不均衡，影响国民教育的公平性。为此，《中共中央关于全面深化改革若干重大问题的决定》提出"构建利用信息化手段扩大优质教育资源覆盖面的有效机制，逐步缩小区域、城乡、校际差距"。随着远程教育、云计算的发展，通过建设国家教育云平台，集中部署优质教育信息资源（如教学视频、PPT课件等），可以使全国任何地区的任意一所学校都可以利用教育云平台中的优质教育信息资源，从而在一定程度上弥补地处中西部地区、农村地区的学校教学条件差、师资力量弱等不利因素。

目前，全国教育信息基础设施体系初步形成，许多学校已接入互联网，并建有层次不同的校园网，电脑、多媒体教室不断普及，教育信息资源不断丰富，信息技术在教学中的应用不断深入，教育管理信息化初见成效，远程教育稳步发展。今后应加快教育网络宽带化进程，在教育领域推广并应用云计算、移动互联网、大数据等新技术，建设智能校园和智能教室，大力发展智慧教育。

3. 促进医疗资源公平化，聚焦远程医疗

信息化是提升基层医疗机构管理水平、规范基层诊疗行为、转变基层医疗机构服务模式的重要手段。促使优质医疗资源流向基层医疗机构，是我国开展"新医改"的重要举措。《中共中央关于全面深化改革若干重大问题的决定》提出："充分利用信息化手段，促进优质医疗资源纵向流动。"通过远程医疗，可以使农村地区、偏远地区人民享用到优质的医疗资源，从而在一定程度上缩小医疗条件的地区差异、城乡差异。通过对乡镇、社区医院等基层医疗机构的医生、护士开展远程教育、远程培训，可以提升他们的业务水平。

目前，全国居民电子健康档案正在建设中，电子病历快速普及，区域医疗卫生信息平台建设稳步推进。今后应大力发展远程医疗，在医疗卫生领域推广并应用物联网、云计算、移动互联网、大数据等新技术，建设智能医院和智能病房，大力发展智慧医疗和智慧卫生。

4. 保障食品药品安全信息化责任重大

食品药品安全一直是人民群众普遍关心的问题。我国食品药品安全形势十分严峻，曾发生过"三聚氰胺毒奶粉"等一系列影响恶劣的食品安全事件。党的十九大报告提出实施食品安全战略，让人民吃得放心。

建立食品药品溯源信息系统，是提高我国食品药品市场监管水平、让人民群众吃得放心的重要手段。通过食品药品溯源信息系统，食品药品的原材料采购、生产、流通、销售等过程都记录在案，一旦出现质量问题，马上就可以找到责任单位。目前，我国已经建成了一批食品药品溯源信息系统，如上海市餐饮服务食品安全溯源系统。但这些系统往往局限于某个领域或某个行业，如肉类、生猪、农产品、餐饮业等。食品药品溯源信息系统往往由地方自行建设，没有一个全国统一的平台。应充分利用云计算技术，建设全国统一的食品药品溯源信息平台，使之覆盖所有门类的食品和药品；推广应用电子标签和二维码，开发质量溯源 App，方便顾客获取相关信息；利用大数据挖掘食品药品安全问题的规律，对安全问题及时预警。

三、信息化与全面依法治国

依法治国是实现国家治理体系和治理能力现代化的必然要求。在"互联网＋"时代，全面推进依法治国要树立信息化思维，发挥信息化在科学立法、严格执法、公正司法和全民守法中的建设性作用。

1. 发挥信息化在科学立法方面的作用

在立法过程中，不能"关起门来立法"，而应充分征求社会各界的意见和建议，以提高立法质量。例如，2013 年 1 月 1 日，公安部颁布新规，闯黄灯要被扣 6 分。6 天不到，公安部就印发新的通知，对目前违反黄灯信号的以教育警示为主，暂不予以处罚。

互联网是促进公众参与立法过程的重要渠道。在立法过程中，建立基于互联网的公众参与机制，有关部门可以通过互联网平台征求广大企事业单位和社会公众的意见和建议，集思广益，充分发挥社会各界的聪明才智，促进立法工作的科学化、民主化，提高相关法律法规的立法质量和立法水平。试想，如果公安部提前就新规通过互联网向广大司机征求意见，就不会出现新规出台 5 天就夭折的局面。

互联网也是促进公众参与法律法规评估工作的重要渠道。由于立法人员知识水平的有限性、经济社会环境不断变化等原因，任何一部法律法规肯定存在不完善的地方，需要不断对其进行修订。为此，要建立法律法规评估机制，通过互联网了解社会各界对每一部法律法规实施的反馈意见和修订建议，以此提高立法质量。

2. 发挥信息化在严格执法方面的作用

对执法活动监督不足、问责不够，是造成一些执法人员执法随意、执法不文明的重要原因之一。以前，许多地方政府对执法人员的执法活动没有记录，缺乏监督。许多由于执法不严、执法不公、执法不文明而酿成的群体性事件，是由个别执法人员不作为、乱作为等引起的。

通过建立执法信息系统，完整记录每一次具体的执法活动，包括执法时间、执法地点、参与执法人员的姓名、行政处罚缘由、行政处罚结果等，可以使行政执法处处"留痕"，便于执法监督和纪检监察部门进行内部监督，提高行政问责的针对性和精准性。

加强社会监督，有利于促进严格执法。而保证社会监督的有效性，其中一个前提就是政府部门把执法过程信息向全社会公开。试想，如果社会公众无法了解政府部门的执法活动，又怎么进行社会监督呢？通过建立执法信息公开平台，或把执法信息纳入政府信息公开平台，向社会公开执法信息，便于社会公众对执法人员进行社会监督。

3. 发挥信息化在公正司法方面的作用

推进司法信息公开，是提升我国司法公信力的重要举措。一些司法人员之所以存在不规范行为，其中一个重要原因是司法活动信息不公开，监督难度大。"阳光是最好的防腐剂"，建立司法信息公开平台，或把司法信息纳入政府信息公开平台，通过互联网渠道向全社会公开全国各级人民法院的审判信息和强制执行案件信息、各级人民检察院的检务信息、各级公安机关的警务信息、各级司法部门的狱务信息，让社会公众参与对各级、各类司法机关的社会监督，有利于构建开放、动态、透明、便民的阳光司法机制。

信息化是推进"司法公信"的重要手段。例如，建立司法机关和司法人员的信用档案，并纳入信用数据库。组织、人事部门在干部任用、升迁等方面把司法人员诚信情况纳入考察范围，可以对司法人员起到一定的监督作用。同时，建立司法行业从业机构和从业人员的信用档案，归集司法行业信用信息，建立司法行业信用信息系统，并实现全国联网，有利于加强司法行业的监管。

4. 发挥信息化在全民守法方面的作用

全民守法的前提是全民懂法，而要使全民懂法，一项重要的工作就是全民普法。

传统普法工作的主要做法是制作法律法规宣传栏、发放法律法规文本、开展法律法规知识竞赛等。这不仅受到时间、空间的限制，而且成本很高，实际效果并不理想。互联网是普法工作的新渠道。许多法律法规文本字数多，人们不太可能全部背诵下来。社会公众真正需要的是，一旦用到相关法律法规，可以快速地查阅相关条款。目前，有的人还没有电脑，也不会用电脑，但几乎人人都有手机，人人都会用手机。建立全国法律法规数据库，组织开发相应的 App，可以让人们在手机上就可以快速查询、检索法律法规条文，随时了解新出台的法律法规，随时拿起法律武器捍卫自己的权益。

互联网是法律咨询的新渠道。一些人由于缺乏法律方面的专业知识，即便可以查阅到有关法律法规条文，但在实际使用中还存在许多困难，需要律师事务所提供法律服务，或法律援助机构提供法律援助。通过 QQ、微博、微信等即时通信工具，人们可以随时咨询律师事务所、法律援助机构、纠纷办、人民调解委员会等，也可以充分利用这些即时通信工具开展社会矛盾化解工作。

此外，我国优质法律资源分布不均衡，优秀律师主要集中在东部地区的大城市。通过信息化、互联网促进优质法律资源流动，让中西部地区、农村和偏远地区也可以享用优质法律资源，促进法律服务均等化。建立电子监察系统，开展网上信访工作，有序开展网络反腐，是惩治和预防执法和司法领域腐败的重要手段。

四、信息化与全面从严治党

党的十八大以来，习近平总书记高度重视党的建设，在多个场合强调"党要管党、从严治党"。"全面从严治党"是"四个全面"重要组成部分。党的十八届六中全会提出"必须筑牢拒腐防变的思想防线和制度防线，着力构建不敢腐、不能腐、不想腐的体制机制"。

从全国各级纪检机关通报的党员干部违纪典型案例来看，违纪行为以收受贿赂、利用职权为自己和亲戚朋友牟取利益、生活腐化等居多，违纪领域涉及土地、工程项目、财政资金使用等的居多，违纪发展趋势主要包括群体化（窝案多）、家属化、涉黑化、小官大贪等。造成官员腐败的主要原因包括一些党员干部道德失范、对权力运行缺乏有效监督、党员干部激励机制尚未健全等。

推进"全面从严治党"，惩治和预防腐败，除了传统的党性教育，还要不断改进相关制度设计，积极运用现代信息技术，加快构建"制度＋技术"的从严治党体系。

1. 改进相关制度设计

邓小平同志曾经说过，一个好的制度可以使坏人变成好人，一个坏的制度可以使好人变成坏人。在全面深化改革过程中，改进相关制度设计，可以有效减少党员干部违纪违法案件的发生。

一是通过制度设计使党员干部不敢腐。个别党员干部违纪，抱有侥幸心理，心想不会被发现、不会出事。对权力运行进行有效监督，前提之一是实行政务信息公开。俗话说，阳光是最好的反腐剂。人民群众和其他党员干部如果缺乏知情权，权力暗箱操作，社会监督和党内监督就无从谈起。为此，要深化政务信息公开和党务信息公开，让权力在阳光下运行。对于涉及国家安全、不便向社会公开的权力运行信息，可以实行党内公开，便于党内监督和权力制衡。要对权力运行全程留痕，对在非职权领域插手的行为推行记录制度。另外，违纪违法成本过低，也是导致官员腐败的重要原因。为此，要加强政务诚信和党务诚信建设，对党员干部失信行为开展跨部门、跨地区、跨层级的联合惩戒，提高党员干部违纪违法的机会成本。

二是通过制度设计使党员干部不能腐，即通过改进相关制度设计，减少官员腐败空间。为了促进经济社会发展，传统方法是财政资金扶持。其出发点是好的，但是有的官员掌握财政资金分配权、使用权之后就进行"寻租"。例如，给企业发放资金要收取回扣、索贿，或给自己的关系户。这样不仅无法使市场在资源配置中起决定性作用，而且对没有拿到资金的企业来说不公平。如果把"加法"改为"减法"，不对企业进行财政资金扶持，而是减轻企业税费负担。这样虽然减少了财政收入，但也减少了财政支出，减少官员"寻租"空间，对企业来说更公平。另一方面，要健全政府采购、项目招投标、公共资源交易等领域的制度，减少甚至杜绝官员插手、"寻租"的机会。

三是通过制度设计使党员干部不想腐。个别党员干部违纪违法，与其家庭经济负担重、党员干部选拔任用制度有待健全等有关。我国住房制度改革以后，有些单位可以解决公务员的住房问题，但有些单位无法解决公务员的住房问题。在房价和房租高企，许多商品价格不断上涨、上学贵、看病贵等情况下，公务员收入明显偏低。有的公务员面临结婚、买房，上有老下有小，家庭经济负担重，在金钱诱惑面前容易失去自制力；有的公务员工作"白加黑、五加二"，却没有加班费，工资反不如普通社会人员，容易造成心理失衡。因此，要完善公务员激励机制，提高公务员待遇，特别是要解决公务员住房问题；公务员工资要与社会人员工资同步上涨，让公务员过上有尊严的生活。因此，要健全党员干部选拔任用制度，改善官场生态，净化升迁渠道，杜绝买官卖官，真正实现"能者上、庸者下"，让好领导、好干部有获得感。

2. 运用现代信息技术

如果没有先进的技术手段和工具，即便有好的制度也难以得到有效落实。互联网以及物联网、云计算、移动互联网、大数据、人工智能等新一代信息技术，为推进"全面从严治党"提供了有效的技术支撑。我国已经进入互联网时代，要加快发展"互联网＋党务"，以信息化推进从严治党现代化。

一是通过互联网走群众路线，建设服务型政党。通过网站、微博、微信、App等互联网渠道问政于民、问需于民、问计于民，保持党同人民群众的血肉联系；坚持全心全意为人民服务的根本宗旨，大力推行"互联网＋政务服务"，实现"一号申请、一窗受理、一网同办"，让数据多跑路，群众少跑腿。

二是通过互联网促进党内民主和党内监督，正确地选人用人。在作出重大决策部署之前，应开展网络调查，通过互联网广泛征求党员干部和社会各界的意见和建议；通过互联网深化党务信息公开，保障党员知情权和监督权；把党支部建到网上，通过互联网让党员参与讨论党内事务，拓宽党员表达意见的渠道，落实党员参与权；结合廉政风险防控体系建设，建立和完善电子监察系统；通过权力运行在电子信息系统处处留痕，把权力关进"数字铁笼"；对党员干部开展网络舆情监测，选拔任用人民群众口碑好的干部；通过网络征求党员干部对选人用人的意见和建议，对党员进行民主评议。

三是通过大数据实现党的精准治理。通过对党员干部违纪违法案例的大数据分析，发现党员干部违纪违法规律，有针对性地采取措施；开展跨部门数据比对，消除"信息不对称"现象，及时发现党员干部违纪违法行为，堵住监管漏洞；加快建设公共资源交易平台、电子招投标系统、政府网上采购系统等，减少官员"寻租"空间；建立党员干部信用数据库和信用信息系统，对失信的党员干部进行跨部门、跨地区、跨层级联合惩戒。

综上所述，新形势下推进"全面从严治党"，要多在制度设计和技术运用上下功夫，真正使党员干部不敢腐、不能腐、不想腐。

第四节　信息化与新发展理念

党的十九大报告强调必须坚定不移贯彻创新、协调、绿色、开放、共享的发展理念。各级党政领导干部必须充分认识信息化在创新发展、协调发展、绿色发展、开放发展和共享发展中的重要作用，牢固树立信息化思维，以信息化推动新发展。

一、信息化与创新发展

党的十八届五中全会在创新发展方面提出实施网络强国战略，实施"互联网＋"行动计划，发展分享经济，实施国家大数据战略，要把"互联网＋"和大数据作为实施创新驱动发展战略的重要举措。充分发挥"互联网＋"在调结构、转方式、扩内需等方面的作用；推动互联网与实体经济深度融合发展，促进传统产业转型升级，培育和发展新业态；发展分享经济，实现"人尽其才、物尽其用"，提高闲置资源利用率，促进社会就业；开放公共数据资源，促进大数据产业发展；深化大数据在政府部门的应用，促进宏观调控科学化、市场监管和社会治理精准化、公共服务人性化；推动"互联网＋科技"发展，促进科技创新和成果转化；推动"互联网＋知识产权"，创新知识产权创造、运用、管理、保护和服务模式；推动"互联网＋双创"发展，促进大众创业和万众创新；大力发展数字经济，培育新动能；以"互联网＋"促进企业管理创新、产品创新和商业模式创新，推动供给侧结构性改革；推动"互联网＋农业"发展，走产出高效、产品安全、资源节约、环境友好的农业现代化道路；实施《中国制造2025》，深化制造业与互联网融合发展，发展智能制造、网络化协同制造、大规模定制等新一代制造业；推动服务业互联网化转型，发展电子商务、"互联网＋物流"、互联网金融等现代服务业；推行"互联网＋政务服务"，让数据多跑腿，企业少跑腿。

二、信息化与协调发展

以"互联网＋"推动城乡协调发展。进一步改善我国农村地区网络基础设施条件，通过互联网实现城市公共服务向农村延伸；大力发展农村电子商务，实现"农产品进城，工业品下乡"，促进农民增收，改善农民生活；发展"互联网＋乡村旅游"；开展电商扶贫等网络扶贫；以"互联网＋"推动经济社会协调发展；以"互联网＋"培育经济新动能，创新社会治理方式，保障和改善民生；发展"互联网＋工业""互联网＋农业"，建设智慧城市，促进新型工业化、信息化、城镇化、农业现代化同步发展；以"互联网＋"推动区域协调发展；以信息流引导要素在区域之间的自由流动和优化配置，促进基本公共服务均等化；发展远程教育、慕课等"互联网＋教育"，利用互联网扩大优质教育资源覆盖面，逐步缩小区域、城乡、校际差距；发展远程医疗等"互联网＋医疗卫生"，促进优质医疗资源纵向流动；以"互联网＋"推动物质文明和精神文明协调发展；推动"互联网＋文化"发展，加快建设社会主义文化强国；推动"互联网＋社会信用"发展，促进政务诚信、商务诚信、社会诚信和司法公信；以"互联网＋"推动军民融合发展，适应网络战要求，加强网络空间部队建设，支持大型互联网企业为军方提供服务。

三、信息化与绿色发展

以"互联网＋"推进生态文明建设，建设资源节约型、环境友好型社会和美丽中国。推动"互联网＋环保"发展。建立和完善污染源自动监控系统，对企业排污情况进行在线实时监测；完善空气质量、水质、噪声等环境动态监测网络，在线发布实时PM2.5、水质等级、噪声分贝等环境信息，让人民群众感知周边的环境状况；通过互联网让人民群众参与环境保护，使环保工作从政府监管走向社会共治。推动"互联网

"＋林业"发展，健全森林防火、病虫害防治等实时监测和预警体系，通过林产品电子商务发展林下经济，促进林区发展。推动"互联网＋海洋"发展，建立和完善海洋生态环境动态监测体系，对水温、盐度、水质、海洋生物等进行实时监测。发展分布式能源和能源互联网，建设清洁低碳、安全高效的现代能源体系。运用物联网、大数据等技术优化生产工艺流程和经营管理方式，促进工业企业的节能减排；建立基于互联网的废弃物回收和处理体系，发展循环经济；建立碳排放电子交易平台；支持网约车、网络单车等低碳出行的分享经济发展。

四、信息化与开放发展

通过互联网让我国经济深度融入世界经济，参与全球治理，开创对外开放新局面。结合"一带一路"倡议，大力发展跨境电子商务，实现"买全球、卖全球"；健全国际物流、国际金融、国际信用、国际知识产权等跨境电子商务支撑体系，培育和发展跨境电子商务服务业；积极参与甚至主导国际电子商务规则的制定，与有关国家合作建立"E-自贸区"；以"互联网＋"支撑企业"走出去"战略，鼓励企业建立和完善基于互联网的经营管理平台，实现"业务开展到哪个国家，管理就延伸到哪个国家"；支持大中型工业企业开展全球网络化协同制造，支持大型互联网企业拓展国际业务，提供国际化的"互联网＋"服务；发展软件外包、数据处理等服务贸易；以"互联网＋"促进国际人文交流，通过互联网将中华文化传播到世界每个角落，也让中国人民了解其他国家的特色文化和风土人情；推动"互联网＋海关"、电子口岸等发展，提高通关自动化、智能化水平，利用大数据等手段实现精准缉私；与其他国家和国际社会合作，共同打击电信诈骗、黑客攻击等跨国网络违法犯罪活动；深化内地和港澳台地区在网络经济等方面的合作。

五、信息化与共享发展

以人民为中心实施"互联网＋"行动计划，以"互联网＋"保障和改善民生，让人民在互联网领域有更多获得感，促进社会事业发展。发展"互联网＋教育"，创新教学模式，提高教育质量；发展"互联网＋医疗卫生"，建设健康中国；通过财政转移支付等手段改善革命老区、民族地区、边疆地区、贫困地区的人民群众上网条件；开展网络扶贫，通过大数据实施精准扶贫、精准脱贫；通过互联网整合社会公益资源，为农村留守儿童和妇女、老人提供关爱服务；通过互联网消除人才信息不对称，创新人才招聘方式；通过发展网络经济创造新的就业岗位，通过发展共享经济促进人民群众灵活就业；通过社保全国联网，实现异地社保结算；推动"互联网＋食品安全"发展，使食品安全问题从政府监管走向社会共治；通过发展"互联网＋养老"和"机器换人",应对我国人口老龄化问题。

  实践表明,"互联网+"无论在创新发展、协调发展方面,还是在绿色发展、开放发展和共享发展方面,都有巨大的促进作用。各级领导干部在贯彻落实五大发展理念过程中,要"学网、懂网、用网",自觉树立互联网思维,以"互联网+"推动新发展。

附录 A 智慧城市相关政策文件

党的十八大以来，国家出台了一些智慧城市方面的政策文件，如表 A-1 所示。

表 A-1 智慧城市相关政策文件

发布时间	文件名称	文　号
2012 年 11 月 22 日	住房城乡建设部办公厅关于开展国家智慧城市试点工作的通知	建办科〔2012〕42 号
2012 年 12 月 8 日	关于开展智慧城市时空信息云平台建设试点工作的通知	国测国发〔2012〕122 号
2013 年 2 月 5 日	国务院关于推进物联网有序健康发展的指导意见	国发〔2013〕7 号
2013 年 8 月 1 日	住房城乡建设部办公厅关于公布 2013 年度国家智慧城市试点名单的通知	建办科〔2013〕22 号
2013 年 8 月 8 日	国务院关于促进信息消费扩大内需的若干意见	国发〔2013〕32 号
2013 年 10 月 1 日	国务院办公厅关于进一步加强政府信息公开回应社会关切提升政府公信力的意见	国办发〔2013〕100 号
2014 年 3 月 16 日	国家新型城镇化规划（2014—2020 年）	国务院公报 2014 年第 9 号
2014 年 5 月 4 日	智慧社区建设指南（试行）	建办科[2014]22 号
2014 年 8 月 27 日	国家发展改革委、工业和信息化部、科技部、公安部、财政部、国土资源部、住房和城乡建设部、交通运输部关于印发促进智慧城市健康发展的指导意见的通知	发改高技〔2014〕1770 号
2014 年 11 月 26 日	国务院办公厅关于促进电子政务协调发展的指导意见	国办发〔2014〕66 号
2014 年 12 月 30 日	中央网络安全和信息化领导小组办公室关于加强党政部门云计算服务网络安全管理的意见	中网办发文〔2014〕14 号
2015 年 1 月 10 日	关于促进智慧旅游发展的指导意见	
2015 年 1 月 30 日	国务院关于促进云计算创新发展培育信息产业新业态的意见	国发〔2015〕5 号
2015 年 4 月 7 日	住房城乡建设部办公厅、科学技术部办公厅关于公布国家智慧城市 2014 年度试点名单的通知	建办科[2015]15 号
2015 年 6 月 24 日	国务院办公厅关于运用大数据加强对市场主体服务和监管的若干意见	国办发〔2015〕51 号
2015 年 7 月 1 日	国务院办公厅关于运用大数据加强对市场主体服务和监管的若干意见	国办发〔2015〕51 号
2015 年 7 月 4 日	国务院关于积极推进"互联网+"行动的指导意见	国发〔2015〕40 号
2015 年 8 月 31 日	促进大数据发展行动纲要	国发〔2015〕50 号

续表

发布时间	文件名称	文号
2015年11月11日	国家标准委、中央网信办、国家发展改革委关于开展智慧城市标准体系和评价指标体系建设及应用实施的指导意见	国标委工二联〔2015〕64号
2016年2月2日	国务院关于深入推进新型城镇化建设的若干意见	国发〔2016〕8号
2016年2月6日	中共中央 国务院关于进一步加强城市规划建设管理工作的若干意见	
2016年4月14日	国务院办公厅关于转发国家发展改革委等部门推进"互联网+政务服务"开展信息惠民试点实施方案的通知	国办发〔2016〕23号
2016年5月26日	关于开展智慧城市创建工作情况总结的通知	建科综函〔2016〕67号
2016年6月21日	国务院办公厅关于促进和规范健康医疗大数据应用发展的指导意见	国办发〔2016〕47号
2016年7月4日	促进国土资源大数据应用发展实施意见	国土资发[2016]72号
2016年7月27日	国家信息化发展战略纲要	中办发〔2016〕50号
2016年9月25日	国务院关于加快推进"互联网+政务服务"工作的指导意见	国发〔2016〕55号
2016年11月22日	关于组织开展新型智慧城市评价工作务实推动新型智慧城市健康快速发展的通知	发改办高技[2016]2476号
2016年12月15日	"十三五"国家信息化规划	国发〔2016〕73号
2016年12月20日	"互联网+政务服务"技术体系建设指南	国办函〔2016〕108号
2017年1月15日	中共中央办公厅、国务院办公厅关于促进移动互联网健康有序发展的意见	
2017年7月8日	新一代人工智能发展规划	国发〔2017〕35号
2017年7月31日	"十三五"国家政务信息化工程建设规划	发改高技〔2017〕1449号
2017年11月19日	国务院关于深化"互联网+先进制造业"发展工业互联网的指导意见	
2018年1月7日	中共中央办公厅、国务院办公厅关于推进城市安全发展的意见	
2018年4月25日	国务院办公厅关于促进"互联网+医疗健康"发展的意见	国办发〔2018〕26号
2018年6月10日	进一步深化"互联网+政务服务"推进政务服务"一网、一门、一次"改革实施方案	国办发〔2018〕45号
2018年7月25日	国务院关于加快推进全国一体化在线政务服务平台建设的指导意见	国发〔2018〕27号
2018年12月7日	国务院办公厅关于推进政务新媒体健康有序发展的意见	国办发〔2018〕123号
2018年12月21日	工业和信息化部关于加快推进虚拟现实产业发展的指导意见	工信部电子（2018）276号
2019年4月26日	国务院关于在线政务服务的若干规定	国务院令第716号

续表

发布时间	文件名称	文号
2019年8月1日	国务院办公厅关于促进平台经济规范健康发展的指导意见	国办发〔2019〕38号
2019年8月29日	国家新一代人工智能创新发展试验区建设工作指引	国科发规〔2019〕298号
2019年11月19日	"5G+工业互联网"512工程推进方案	工信厅信管〔2019〕78号
2019年12月6日	关于促进"互联网+社会服务"发展的意见	发改高技〔2019〕1903号
2020年4月7日	关于推进"上云用数赋智"行动 培育新经济发展实施方案	发改高技〔2020〕552号
2021年5月27日	关于加快推动区块链技术应用和产业发展的指导意见	工信部联信发[2021]62号
2020年7月27日	新时期促进集成电路产业和软件产业高质量发展的若干政策	国发〔2020〕8号
2020年9月24日	国务院办公厅关于加快推进政务服务"跨省通办"的指导意见	国办发〔2020〕35号
2020年11月15日	关于切实解决老年人运用智能技术困难的实施方案	国办发〔2020〕45号
2020年12月28日	国务院办公厅关于进一步优化地方政务服务便民热线的指导意见	国办发〔2020〕53号

参 考 文 献

[1] 武力. 1978—2000年中国城市化进程研究[J]. 中国经济史研究，2002(3)：73-82.

[2] 金花. 我国城镇化发展的阶段性特征与主要矛盾[J]. 经济纵横，2011(11)..

[3] 曼纽尔·卡斯泰尔. 信息化城市[M]. 南京：江苏人民出版社，2001.

[4] 饶会林. 城市经济学[M]. 大连：东北财经大学出版社，1999.

[5] 郑也夫. 城市社会学[M]. 上海：上海交通大学出版社，2009.

[6] 马彦琳，刘建平. 现代城市管理学[M]. 北京：科学出版社，2005.

[7] 许学强，周一星，宁越敏. 城市地理学[M]. 北京：高等教育出版社，2009.

[8] 孙培善. 城市地质工作概论[M]. 北京：地质出版社，2004.

[9] 吕小彪，王乘，周均清. UrbanSim城市仿真系统及其对我国数字城市建设的启示[J]. 智能建筑与城市信息，2005(1)：46-49.

[10] 安筱鹏. 物联网在工业领域中的应用专题研讨会综述[J]. 中国经济和信息化，2010(9)：62-63.

[11] 王汝林. 当前物联网发展必须重视的战略问题[EB/OL]. 中国物流与采购网，2010-10-11.

[12] 张艳. 美国政务云计算研究与应用对我们的启示[J]. 电子政务，2011(Z1)：111-115.

[13] 李国杰. 大数据成为信息科技新关注点[N]. 中国科学报，2012-06-27.

[14] 骆明. 贵阳市社会治理大数据云平台启动建设[N]. 贵阳日报，2015-06-25.

[15] 涂子沛. 大数据：正在到来的数据革命[M]. 广西师范大学出版社，2012.

[16] 谷来丰. 美国悄悄进入"新硬件"时代[N]. 人民邮电报，2015-05-19.

[17] 张少锋，万春蓉. 电子政务环境下政府知识管理探析[J]. 情报探索，2010（02）44-46.

[18] 中共中央组织部. 贯彻落实习近平新时代中国特色社会主义思想在改革发展稳定中攻坚克难案例·党的建设[M]. 北京：党建读物出版社，2019

[19] 郁建兴. "最多跑一次"改革：浙江经验，中国方案[M]. 北京：中国人民大学出版社，2019

[20] 李瑞成. 什么是工业4.0[EB/OL]. 福布斯中文网，2014-08-18.

[21] 林金忠. 论知识作为独立的生产要素——兼论知识经济的本质内涵[J]. 中国经济问题，2004(06)：33-39.

[22] 郑明媚，梁泽华. 德国绿色智慧城市发展的启示[J]. 中国经贸导刊，2019(23).

[23] 王波，甄峰，卢佩莹. 美国《科技与未来城市报告》对中国智慧城市建设的启示[J]. 科技导报，2018(18).

[24] 刘杨，龚烁，刘晋媛. 欧美智慧城市最新实践与参考[J]. 上海城市规划，2018(01).

[25] 王胤瑜，田大江，李颖玥. 以"智能"实现城市公平——美国纽约的智慧城市创建行动及启

示[J]．智能建筑与智慧城市，2017(12)．

[26]周斌，朱晨鸣，陈国星．区块链技术在智慧城市建设中的五大创新应用[J]．通信世界，2019(32)．

[27]刘春明．区块链技术在新型智慧城市建设中的应用探讨[J]．智能城市，2019(12)．

[28]韦颜秋，李瑛．新型智慧城市建设的逻辑与重构[J]．城市发展研究，2019(06)．

[29]赵卉寒，张健．以点带面 智慧城市推进的探索与实践——访江苏省住房和城乡建设厅厅长周岚[J]．经济，2014-04-28．

[30]易雄鹰，任应超，李晓锋，等．物联网中的地理信息系统[J]．地理信息世界，2011(01)：48-51．

[31]郭理桥．国家智慧城市试点工作总结与展望[J]．建设科技，2015(05)．

[32]韩睿华．城市从"数字"走向"智慧"[N]．中国建设报，2012-08-31．

[33]周宏磊，叶大华，郝庆斌．城市地下空间规划中地质条件评估及案例实践[J]．北京规划建设，2011(05)：109-113．

[34]刘军林，范云峰．智慧旅游的构成、价值与发展趋势[J]．重庆社会科学，2011(10)：121-124．

[35]党安荣，甄茂成，王丹，等．中国新型智慧城市发展进程与趋势[J]．科技导报，2018(18)．

[36]陈俣含．从传统智慧城市到新型智慧城市：建设现状及未来发展路径探讨[J]．未来与发展，2020(01)．

[37]秦勉．外国智慧城市高招各有不同[N]．北京科技报，2012-11-24．

[38]李君兰，张国强，尚时羽，等．新型智慧城市建设典型模式比较研究[J]．人工智能，2019(06)．

[39]骆小平．"智慧城市"的内涵论析[J]．城市管理与科技，2010(06)：34-37．

[40]秦洪花，李汉清，赵霞．"智慧城市"的国内外发展现状[J]．信息化建设，2010(09)：50-52．

[41]冯茂岩，蒋兰芝．浅谈"智慧城市"与"智慧产业"发展——以南京为例[J]．改革与战略，2011(09)：127-128，155．

[42]杨巍，包丽凯．日本智慧城市建设的经验及借鉴意义[J]．中国工程咨询，2020(02)．

[43]顾先立，洪格．物联网从概念走向务实 核心技术仍欠缺[J]．通信世界，2011(46)：51．

[44]芦升．人工智能助力智慧城市的建设与发展研究[J]．大连干部学刊，2020(02)．

[45]陈柳钦．物联网：国内外发展动态及亟待解决的关键问题[J]．决策咨询通信，2010(05)：15-25．

[46]张亚平．试论生产要素的变化使可持续发展成为可能[J]．科技创新导报，2010(6)：220-221．

[47]李德仁．智慧化城市运营中心：新型智慧城市建设的原动力[N]．中国建设报，2018-07-30．

[48]吕元智．基于云计算的电子政务信息资源共享系统建设研究[J]．情报理论与实践，2010(04)：106-109．

[49]曾宇．工业云计算的实践和思考[N]．科技日报，2010-03-01．

[50]杨彩云．北京推进工业云计算服务平台建设[N]．中国电子报，2011-01-19．

[51]庄一召．关于智慧产业[EB/OL]．http://www.witpark.com，2009-04-17．

[52]姚娟，闻琛阳，马婧．人工智能技术在智慧城市中的应用[J]．通讯世界，2020(01)．

[53]荣烈润．面向21世纪的智能制造[J]．机电一体化，2006(4)：6-10．

[54]郭华东，杨崇俊．建设国家对地观测体系，构筑"数字地球"[J]．遥感学报，1999(02)：13-15．

[55]辜胜阻，陈丹妮，王敏．智慧城市建设需协调三方面关系[N]．科技日报，2011-12-19．

[56]鲍凌云，刘文云．云计算在电子政务系统中的应用研究[J]．现代情报，2011(04)：170-173．

[57]李德仁，邵振峰．论物理城市、数字城市和智慧城市．地理空间信息，2018(09)．

[58]宁朝辉．智慧城市展示未来新生活[N]．科技日报，2011-09-01．

[59]贺寿昌．智慧城市建设须"应用开路"[N]．东方早报，2011-02-18．

[60]王世伟．建设绿色、泛在和协同的智慧城市[N]．文汇报，2011-12-05．

[61]沈明欢．"智慧城市"助力我国城市发展模式转型[J]．城市观察，2010(03)：140-146．

[62]张伟．破解城市病 智慧城市渐行渐近[N]．中国高新技术产业导报，2011-08-08．

[63]高燕婕．国内智慧医疗应用现状及发展规划[EB/OL]．中国数字医疗网，2012-03-28．

[64]张敬东．关于建设智慧城市的比较研究[EB/OL]．中国致公党武汉市委员会，2012-04-22．

[65]姜石良．信息时代城市空间结构的演变及对城市规划的启示[D]．2010 城市发展与规划国际大会论文集，2010-06-22：152-157．

[66]巫细波，杨再高．智慧城市理念与未来城市发展[J]．城市发展研究，2010(11)：56-60．

[67]翟步红，王晶，余正昊．移动 GIS 在位置信息服务中的应用初探[J]．中国科技信息，2009(05)：106-108．

[68]张向达．智慧型企业的特征及其作用[EB/OL]．智慧网，2009-07-28．

[69]童明荣．我国城市建设智慧城市的做法及启示[N]．宁波日报，2010-08-26．

[70]莫欣．信息化是产品智能化重要途径[EB/OL]．天极网，2010-11-25．

[71]林跃勤．智慧城市：未来城镇发展的方向[N]．中国社会科学报，2011-09-02．

[72]王保云．物联网技术研究综述[J]．电子测量与仪器学报，2009(12)：1-7．

[73]刘国旺，严馨．用新基建构筑数字时代的新结构性力量[N]．中国财经报，2019-12-17．

[74]孙杰贤．新加坡"iN2015"计划完全解读[J]．通信世界，2007(7)．

[75]王忠．美国推动大数据技术发展的战略价值及启示[J]．中国发展观察，2012(6)：44-45．

[76]曹磊．世界大数据发展态势研究[J]．竞争情报，2012(2)：33-42．

[77]丁颐，郑煊．解析我国三网融合现状及对策研究[J]．广播电视信息，2010(06)．

[78]邬贺铨．大数据是智慧城市的重要资产[N]．北京日报，2016-12-26．

[79]黄群慧．从高质量发展看新型基础设施建设[N]．学习时报，2020-03-18．

[80]吴以四．大数据的大价值[J]．商业价值，2011(8)．

[81]刘禹．大数据有大智慧[EB/OL]．光明网，2012-04-17．

[82]王益民．推进"互联网＋政务服务" 加快新型智慧城市建设[N]．光明日报，2016-10-12．

[83]史丹．新基建加速我国经济由大向强转变[N]．人民日报，2020-04-08．

[84]张少锋，万春蓉．电子政务环境下政府知识管理探析[J]．情报探索，2010（02）44-46．

[85]邹声文，周婷玉．中国 18 亿亩耕地红线面临严峻挑战[EB/OL]．新华网，2011-02-24．

[86]崔巍. 大数据时代新型智慧城市建设路径研究. 社会科学战线，2021(02).

[87]汤蕙溶，黄泽绵，孙妍，等. 智慧城市发展研究综述与国内建设实践探索. 智能建筑与智慧城市，2021(01).

[88]洪枫，朱艺艺. "机器换人"浙江样本调查[N]. 金华日报，2014-12-21.

[89]阿里研究院. 互联网+：从 IT 到 DT[M]. 北京：机械工业出版社，2015.

[90]李濮男，李磊. 蒙宁陕甘毗邻地区公安系统大数据应用研讨会在乌海召开[N]. 内蒙古晨报，2015-07-22.

[91]徐瑞哲. 上海率先实行政府大数据资源开放 免费供全民共享[N]. 解放日报，2014-05-15.

[92]于跃. 智慧政府的生成与演进逻辑[J]. 电子政务，2019(07).

[93]郭喜，李政蓉. 新一代信息技术驱动下的政府转型——从网络政府到数据政府、智慧政府[J]. 行政论坛，2018(04).

[94]陈启任. 中国工业机器人产业正在兴起[EB/OL]. 中国新闻网，2014-11-16.

[95]比尔·盖茨. 未来时速-数字神经系统与商务新思维[M]. 北京：北京大学出版社，1999.

[96]李彦宏. 设"中国大脑"计划 推动人工智能跨越发展[EB/OL]. 中国新闻网，2015-03-09.

[97]李建平. 我国首个工商大数据分析系统正式上线[EB/OL]. 中央政府门户网站，2015-07-01.

[98]周利敏，钟海欣. 社会5．0、超智能社会及未来图景[J]. 社会科学研究，2019(06).

[99]胡艳丽. 城市需要怎样的智慧[N]. 深圳特区报，2013-07-19.

[100]童腾飞. 智慧城市存在三点问题[EB/OL]. 新华网，2013-12-17.

[101]王璇，高峰. 智慧城市 从"头"开始[N]. 中国建设报，2015-04-27.

[102]王俊. 试述五大发展理念定义新型智慧城市[N]. 中国日报，2016-11-28.

[103]王坚. "城市大脑"：大数据让城市聪明起来[J]. 政工学刊，2020(01).

[104]刘浩. 爱沙尼亚开先河网上投票选议会[EB/OL]. 新华每日电讯. 2007-03-01(1版).

[105]俞聪，丁怡纯，王翩翩. 区域综合开发视角下未来城市新基建研究[J]. 中国房地产，2019(20).

[106]蔡宁. 智慧经济与智慧产业的内涵、功能及其关系研究[J]. 商业经济，2019(08).

[107]王国平. 突出发展特色，创新引领智慧经济. 城市开发，2019(12).

[108]熊群力. 新型智慧城市本质在提升治理服务体系能力[EB/OL]. 新华网，2016-03-13.

[109]陈刚. 运用大数据思维和手段切实提升政府治理能力[EB/OL]. 新华网，2016-04-27.

[110]黄代放. 智慧城市建设应鼓励社会资本参与[EB/OL]. 新华网，2017-03-06.

[111]王茜. 用新型智慧城市的"药方"治疗大城市病[EB/OL]. 中国青年网，2017-03-04.

[112]倪铭. 大数据为政府治理现代化"添翼"[EB/OL]. 光明网，2016-07-13.

[113]周琳. 你吐的"槽"政府当成"宝"上海市场监管引入"大数据"[EB/OL]. 新华网，2016-06-10.

[114]杰里米·里夫金. 第三次工业革命：新经济模式如何改变世界[M]. 北京：中信出版社，2012.

[115]凯文·凯利. 新经济 新规则[M]. 北京：电子工业出版社，2014.

[116]Kevin L. Jackson. Government Cloud Computing. http://Cloudcomputing.dataline.com, 2009.

[117] Horvitz P. An Introduction to Cloud Computing in the Federal Public Sector. Apptis, August, 2010.

[118] Caragliu A, Del Bo, C, Nijkamp P. Smart Cities in Europe. Journal of Urban Technology, Apr 2011, Vol. 18, Issue 2: 65-82.

[119] Leydesdorff L, Deakin M. The Triple-Helix Model of Smart Cities: A Neo-Evolutionary Perspective.Journal of Urban Technology, Apr2011, Vol. 18, Issue 2: 53-63.

[120] Kuk G, Janssen M.The Business Models and Information Architectures of Smart Cities. Journal of Urban Technology, Apr 2011, Vol. 18, Issue 2: 39-52.

[121] Allwinkle S, Cruickshank P. Creating Smart-er Cities: An Overview.Journal of Urban Technology, Apr2011, Vol. 18, Issue 2: 1-16.

[122] Murray A, Minevich M, Abdoullaev A. Putting the smarts into smart cities.KM World, Feb 2012, Vol. 21, Issue 2: 18-20.

[123] Antrobus D. Smart green cities: from modernization to resilience? Urban Research & Practice, 2011, Vol. 4, Issue 2: 207-214.

[124] Gantz J, Reinsel D. IDC iView: Extracting Value from Chaos. http://www.emc.com/ digital_universe, June 2011.

[125] Boulton C. Google Earth Builder Brings Geospatial Data to the Cloud, 2011-04-20.

[126] Bakos L A. Smart City Management and Holonic Manufacturing Concept. Annals of DAAAM & Proceedings, Jan 2011: 1623-1624.

[127] Chen T M. Smart Grids, Smart Cities Need Better Networks. IEEE Network, Mar/Apr2010, Vol. 24, Issue 2: 2-3.

[128] Reijm H. Dispatches from Smart Cities, Where Computing is Ubiquitous. Next American City, Summer 2011, Issue 31: 58-59.

[129] Helal S. IT Footprinting - Groundwork for Future Smart Cities. Computer, Jun 2011, Vol. 44, Issue 6: 30-31.

[130] The Smart Manufacturing Leadership Coalition (SMLC). Implementing 21st Century Smart Manufacturing Workshop Summary Report, June 24, 2011.

[131] Stock W G. Informational cities: Analysis and construction of cities in the knowledge society. Journal of the American Society for Information Science & Technology, May 2011, Vol. 62, Issue 5: 963-986.

[132] Qiu J L. Wireless Working-Class ICTs and the Chinese Informational City. Journal of Urban Technology, Dec 2008, Vol. 15, Issue 3: 57-77.

[133] Castells M. European cities, the informational society, and the global economy.New Left Review, Mar/Apr 94, Issue 204: 18, 15p.

[134] Monti D J. The Informational City: Information Technology, Economic Restructuring and the Urban-Regional Process (Book). Social Forces, Jun 91, Vol. 69, Issue 4, p1264-1265.

[135]Department of Broadband, Communications and the Digital Economy. National Digital Economy Strategy.www.nbn.gov.au, 2011-12-31.

[136]Federal Ministry of Economics and Technology. ICT Strategy of the German Federal Government: Digital Germany 2015. www.bmwi.de, 2012-06-19.

[137] Mobility Strategy and Web Reform Task Forces. Digital Government: Building A 21St Century Platform To Better Serve The American People. www.whitehouse.gov, May 23, 2012.

[138]McKinsey Global Institute. Big data: The next frontier for innovation, competition, and productivity. www.mckinsey.com/mgi, June 2011.

[139]Drapalova E, Wegrich K. Who governs 4.0? Varieties of smart cities. Public Management Review, 2020-03-30.

[140]European Commission. Towards a Joint Investment Programme for European Smart Cities[R]. 2018.

[141]Vogels W. A Head in the Clouds – The Power of Infrastructure as a Service. In First workshop on Cloud Computing and in Applications (CCA '08), October 2008.

[142]Executive Office of the President. Big Data Across the Federal Government. www. whitehouse.gov, March 29, 2012.

后　　记

　　本次修订工作得到了中央党校许多领导、老师和学员的支持和帮助。感谢中央党校原教育长李兴山为本书作序。感谢黄浩涛、赵长茂、谢春涛、张占斌、张忠军、张志明、倪德刚、刘学军等领导的支持。

　　感谢河北省委组织部部长廉毅敏、辽宁省委组织部部长陆治原、内蒙古自治区党委组织部部长杨伟东、四川省委组织部部长于立军、海南省委组织部部长徐启方、贵州省委组织部部长刘捷、云南省委组织部部长李刚、天津滨海区委书记连茂君、河北雄安新区管委会主任张国华、长春市委书记张志军、南京市委书记韩立明、福州市委书记林宝金、武汉市市长程用文、广州市市长温国辉、成都市委书记范锐平、北京经济技术开发区工委书记王少峰、北京市东城区区长金晖、北京市西城区区长孙硕、天津市宝坻区委书记殷向杰、承德市委书记董晓宇、临汾市委书记闫晨曦、鄂尔多斯市市长杜汇良、乌兰察布市市长奇飞云、白山市市长马坚、徐州市委书记庄兆林、盐城市委书记曹路宝、金华市委书记陈龙、台州市委书记李跃旗、蚌埠市委书记黄晓武、黄山市委书记凌云、莆田市委书记刘建洋、鹰潭市委书记黄喜忠、萍乡市市长李江河、威海市委书记张海波、淄博市委书记江敦涛、郑州市市长侯红、濮阳市委书记杨青玖、株洲市委书记曹慧泉、荆门市委书记王祺扬、黄石市委书记郄英才、佛山市委书记郑轲、中山市委书记赖泽华、汕尾市委书记张晓强、韶关市委书记王瑞军、茂名市市长庄悦群、来宾市委书记农生文、三亚市市长包洪文、重庆市合川区委书记李应兰、乐山市委书记马波、自贡市委书记范波、林芝市市长旺堆、武威市委书记柳鹏、酒泉市委书记王立奇、海东市市长王华杰、乌鲁木齐市市长买买提明·卡德等学员的支持和帮助。感谢所有为本书出版作出贡献的人们！

著　者

2021 年 8 月 1 日